D1394034

Marie-Hélène Gosselin • Geneviève Bourbeau
Nathalie Collesson • Carl Diotte • Brigitte Vandal

Éditions Grand Duc ▪ HRW
Groupe Éducalivres inc.
955, rue Bergar, Laval (Québec) H7L 4Z6
Téléphone : (514) 334-8466 ▪ Télécopie : (514) 334-8387
InfoService : 1 800 567-3671

Depuis le 1er avril 2004, les Éditions HRW affichent une nouvelle raison sociale, soit Éditions Grand Duc ▪ HRW.

REMERCIEMENTS

Pour leurs suggestions et leurs judicieux commentaires à l'une ou l'autre des étapes du projet, l'Éditeur tient à remercier les personnes suivantes :

M. Claude Bhérer, École secondaire de Neufchâtel, C. s. de la Capitale ;
M. Yvan Bourgault, Collège du Sacré-Cœur, Sherbrooke ;
Mme Stéphanie Bousquet, École secondaire Saint-Joseph, Saint-Hyacinthe ;
M. Éric Campbell, Séminaire de Sherbrooke, Sherbrooke ;
M. Benoît Chicoine, École du Triolet, C. s. de la Région-de-Sherbrooke ;
Mme Nancy De Ladurantaye, École secondaire du Phare, C. s. de la Région-de-Sherbrooke ;
Mme Annie Desjardins, Collège Jésus-Marie de Sillery, Sillery ;
Mme Régine Dion, Académie Saint-Louis, Québec ;
Mme Manon Frenière, École secondaire Saint-Joseph, Saint-Hyacinthe ;
Mme Geneviève Gaucher, École d'éducation internationale de Laval, C. s. de Laval ;
M. Denis Gosselin, Séminaire de Sherbrooke, Sherbrooke ;
M. Richard Gosselin, École Chomedey-de-Maisonneuve, C. s. de Montréal ;
Mme Amélie Guilmette, Polyvalente Robert-Ouimet, C. s. de Saint-Hyacinthe ;
Mme Isabelle Lambert, École l'Odyssée des jeunes, C. s. de Laval ;
Mme Myriam Lavallée, École Chomedey-de-Maisonneuve, C. s. de Montréal;
Mme Nicole Lépine, Collège Jésus-Marie de Sillery, Sillery ;
Mme Josée Mercier, Collège du Sacré-Cœur, Sherbrooke ;
M. Jean Papillon, École secondaire de Neufchâtel, C. s. de la Capitale ;
Mme Valérie Pelletier, École de l'Envol, C. s. de la Côte-du-Sud ;
Mme Marianne Perriard, Polyvalente Robert-Ouimet, C. s. de Saint-Hyacinthe ;
Mme Annie-Caroline Roy, École l'Odyssée des jeunes, C. s. de Laval ;
Mme Annie Sarrazin, École secondaire Frenette, C. s. de la Rivière-du-Nord ;
Mme Nadine Savaria, École Leblanc, C. s. de Laval.

Pour son travail de vérification scientifique, l'Éditeur témoigne toute sa gratitude à M. Sylvio Richard.

Nous reconnaissons l'aide financière du gouvernement du Canada par l'entremise du Programme d'aide au développement de l'industrie de l'édition (PADIÉ) pour nos activités d'édition.

Ce livre est imprimé sur un papier faisant partie des catégories de produits du programme *Choix environnemental* du Canada. Fabriqué par Cascades Groupe Papiers Fins inc., le papier Rolland Matte, fini mat, blanc, contient 30 % de fibres recyclées postconsommation et n'est pas blanchi au chlore atomique.

Code produit 3495
ISBN 2-7655-0015-0

Dépôt légal
Bibliothèque et Archives nationales du Québec, 2006
Bibliothèque nationale du Canada, 2006

Imprimé au Canada
1 2 3 4 5 6 7 8 9 0 II 5 4 3 2 1 0 9 8 7 6

Table des matières

Structure du manuel

Le manuel de l'élève de *Laissez-passer,* 2e partie du 1er cycle du secondaire, est composé de deux volumes. Dans chaque volume, tu feras cinq escales, chacune basée sur une thématique que tu pourras découvrir en profondeur. À la fin de chacun des deux livres, un *Journal de bord* t'aidera à constituer ton répertoire personnalisé, c'est-à-dire qu'il te servira de guide dans tes expériences culturelles. Enfin, un *Coffret* rassemble toutes les notions grammaticales dont tu dois te servir fréquemment.

L'aventure de la sixième escale du deuxième volume de ton manuel *Laissez-passer,* intitulée *Histoires de familles,* te permettra de rendre visite à des familles bien différentes. À la septième escale, *À livre ouvert,* c'est le monde du livre qui t'ouvrira ses portes. La huitième escale, *Vie urbaine,* te conduira dans une ville qui a inspiré plusieurs auteurs, Montréal. À la neuvième escale, *Question de temps,* un voyage dans le temps te fera découvrir l'univers de la science-fiction et de l'anticipation. Enfin, la dixième escale, *Déchets d'œuvre,* te permettra de réviser toutes les notions vues dans ton manuel.

Les chemins de Laissez-passer

La première page te présente l'escale. Tu pourras lire une rubrique *L'aventure*. Elle est très importante, car elle t'explique la production que tu devras livrer à la fin de ton apprentissage grâce à tout ce que tu auras appris.

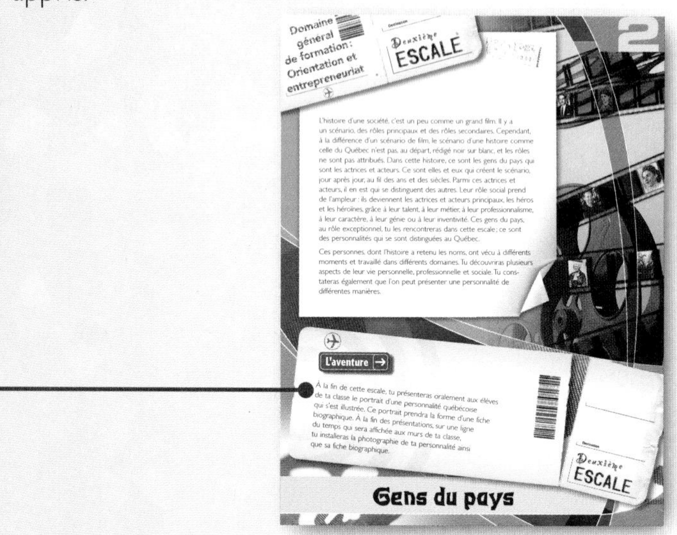

Une zone d'embarquement te propose des activités ludiques qui te permettront d'aborder la thématique de l'escale sous un angle différent.

Un itinéraire te présente tous les apprentissages que tu feras durant l'escale et dont tu te serviras pour mener à terme ta production finale.

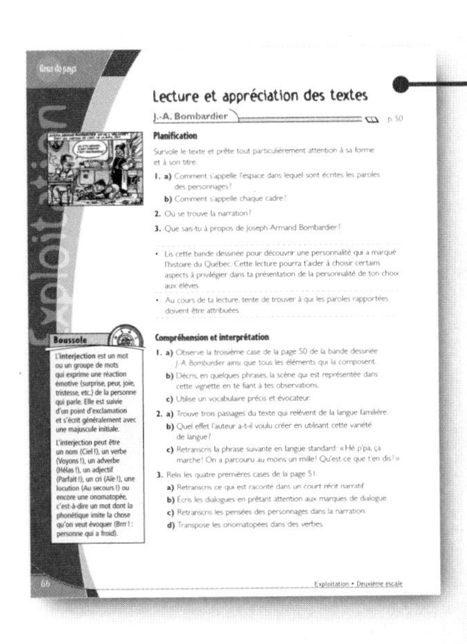

Exploitation

Lecture et appréciation des textes

J.-A. Bombardier — p. 50

Planification

Survole le texte et prête tout particulièrement attention à sa forme et à son titre.

1. a) Comment s'appelle l'espace dans lequel sont écrites les paroles des personnages?
   b) Comment s'appelle chaque cadre?
2. Où se trouve la narration?
3. Que sais-tu à propos de Joseph-Armand Bombardier?

- Lis cette bande dessinée pour découvrir un personnalité qui a marqué l'histoire du Québec. Cette lecture pourra t'aider à choisir certains aspects à privilégier dans ta présentation de la personnalité de ton choix aux élèves.
- Au cours de ta lecture, tente de trouver à qui les paroles rapportées doivent être attribuées.

Boussole

L'interjection est un mot ou un groupe de mots qui exprime une réaction émotive (surprise, peur, joie, tristesse, etc.) de la personne qui parle. Elle est suivie d'un point d'exclamation et s'écrit généralement avec une majuscule initiale.

L'interjection peut être un nom (Ciel!), un verbe (Voyons!), un adverbe (Hélas!), un adjectif (Parfait!), un cri (Aïe!), une locution (Au secours!) ou encore une onomatopée, c'est-à-dire un mot dont la phonétique imite la chose qu'on veut évoquer (Brrr! : personne qui a froid).

Compréhension et interprétation

1. a) Observe la troisième case de la page 50 de la bande dessinée J.-A. Bombardier ainsi que tous les éléments qui la composent.
   b) Décris, en quelques phrases, la scène qui est représentée dans cette vignette en te fiant à tes observations.
   c) Utilise un vocabulaire précis et évocateur.
2. a) Trouve trois passages du texte qui relèvent de la langue familière.
   b) Quel effet l'auteur a-t-il voulu créer en utilisant cette variété de langue?
   c) Retranscris la phrase suivante en langue standard : « Hé p'pa, ça marche! On a parcouru au moins un mille! Qu'est-ce que t'en dis? »
3. Relis les quatre premières cases de la page 51.
   a) Retranscris ce qui est raconté dans un court récit narratif.
   b) Écris les dialogues en prêtant attention aux marques de dialogue.
   c) Retranscris les pensées des personnages dans la narration.
   d) Transpose les onomatopées dans des verbes.

66 — Exploitation • Deuxième escale

La section *Lecture et appréciation des textes* te permettra de mieux comprendre les textes et d'apprendre à travers eux. Chaque texte est rappelé par un renvoi à la page qui lui correspond. La section *Planification* t'indique la façon d'aborder ce texte.

La collection *Laissez-passer* te propose, à chaque escale, une variété de textes courants et littéraires portant sur la thématique abordée. Tu peux ainsi mieux connaître, comprendre et apprécier l'univers qui est exploré. Chaque texte est présenté de manière particulière pour augmenter le plaisir de la découverte ; tu remarqueras que les textes courants sont disposés en deux colonnes, comme dans un magazine, et les textes littéraires, en une seule colonne, comme dans un roman.

Cora
Mussely Tsoulidou

La reine des déjeuners

Lorsqu'elle achète un petit restaurant de quartier à Montréal en 1987, Cora Mussely Tsoulidou a une seule idée en tête: survivre à son divorce et nourrir ses trois adolescents. Aujourd'hui, elle nourrit des milliers de personnes qui déjeunent tous les matins à l'un de ses 70 restaurants Chez Cora ou Cora's au Québec, en Ontario, au Nouveau-Brunswick, au Manitoba, en Nouvelle-Écosse et à l'Île-du-Prince-Édouard.

« Au début, je ne pouvais même pas me demander si j'avais le sens de l'entrepreneuriat ou non; je n'en connaissais même pas la distinction. Dès qu'on a eu la tête sortie de l'eau et qu'on s'est aperçu qu'on mangeait nos trois repas par jour, je me suis tout de suite demandé comment augmenter nos revenus, comment en faire davantage. J'avais le goût d'intensifier mes affaires. »

Si se lancer en affaires a été pour elle une question de survie, Cora Tsoulidou reconnaît que cela peut être encore plus difficile pour quiconque ne vit pas avec ce sentiment d'urgence. « Je n'ai pas eu à me demander si c'était facile ou difficile, il fallait le faire. Aujourd'hui, je constate que plus une personne a un bon emploi, est à l'aise, plus c'est difficile à cause des sacrifices à faire. C'est alors difficile d'écouter notre petite voix d'entrepreneur, cette espèce d'incessant désir de vouloir contrôler notre vie et de ne pas être à la merci des autres. Je ne pense pas que c'est plus difficile aujourd'hui que ça l'était, simplement que, plus on est à l'aise, plus c'est difficile. »

Elle est bien placée pour dire que la culture des affaires se développe avec le temps. « Lorsque j'étais jeune, j'avais le goût de faire des choses, mais je me disais que les entrepreneurs devaient être des personnes particulières, avec des dons spéciaux.

Deuxième escale • Textes — 59

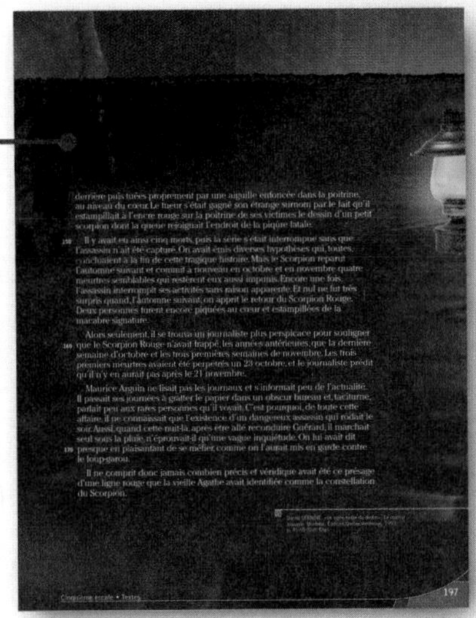

derrière puis tuées proprement par une aiguille enfoncée dans la poitrine, au niveau du cœur. Le tueur s'était gagné son étrange surnom par le fait qu'il estampillait à l'encre rouge sur la poitrine de ses victimes le dessin d'un petit scorpion dont la queue rejoignait l'endroit de la piqûre fatale.

150 Il y avait eu ainsi cinq morts, puis la série s'était interrompue sans que l'assassin n'ait été capturé. On avait émis diverses hypothèses qui, toutes, concluaient à la fin de cette tragique histoire. Mais le Scorpion reparut l'automne suivant et commit à nouveau en octobre et en novembre quatre meurtres semblables qui restèrent eux aussi impunis. Encore une fois, l'assassin interrompit ses activités sans raison apparente. Et nul ne fut très surpris quand, l'automne suivant, on apprit le retour du Scorpion Rouge. Deux personnes furent encore piquées au cœur et estampillées de la macabre signature.

Alors seulement, il se trouva un journaliste plus perspicace pour souligner 160 que le Scorpion Rouge n'avait frappé, les années antérieures, que la dernière semaine d'octobre et les trois premières semaines de novembre. Les trois premiers meurtres avaient été perpétrés un 23 octobre, et le journaliste prédit qu'il n'y en aurait pas après le 21 novembre.

Maurice Arguin ne lisait pas les journaux et s'informait peu de l'actualité. Il passait ses journées à gratter le papier dans un obscur bureau et, taciturne, parlait peu aux rares personnes qu'il voyait. C'est pourquoi, de toute cette affaire, il ne connaissait que l'existence d'un dangereux assassin qui rôdait le soir. Aussi, quand cette nuit-là, après être allé reconduire Guérard, il marchait seul sous la pluie, n'éprouvait-il qu'une vague inquiétude. On lui avait dit 170 presque en plaisantant de se méfier, comme on l'aurait mis en garde contre le loup-garou.

Il ne comprit donc jamais combien précis et véridique avait été ce présage d'une ligne rouge que la vieille Agathe avait identifiée comme la constellation du Scorpion.

Quatrième escale • Textes — 197

Tu peux découvrir un aspect du fonctionnement de la langue par toi-même de deux façons : soit en répondant aux questions de ton enseignant ou enseignante après la lecture d'un des textes de l'escale, soit en répondant aux questions de la partie *Exploration* dans la section *Fonctionnement de la langue*. Le *Tour d'horizon* de la page suivante te permettra de condenser tous les éléments que tu auras déduits en répondant aux questions. Dans la partie *Excursion*, tu exploiteras tes connaissances sur les trois notions que tu auras explorées dans l'escale.

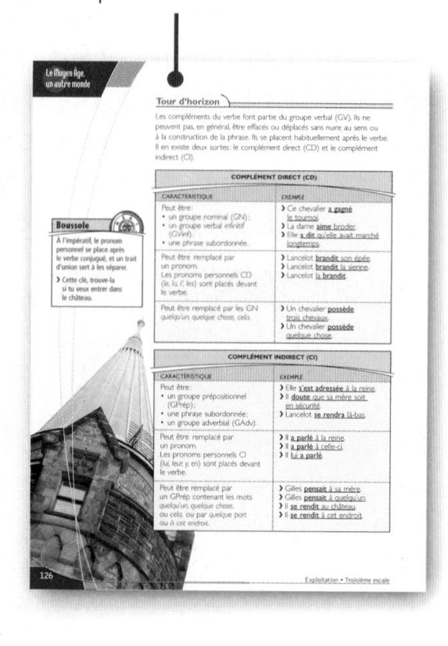
Le Moyen Âge, un autre monde

Tour d'horizon

Les compléments du verbe font partie du groupe verbal (GV). Ils ne peuvent pas, en général, être effacés ou déplacés sans nuire au sens ou à la construction de la phrase. Ils se placent habituellement après le verbe. Il en existe deux sortes : le complément direct (CD) et le complément indirect (CI).

COMPLÉMENT DIRECT (CD)	
CARACTÉRISTIQUE	EXEMPLE
Peut être : • un groupe nominal (GN) ; • un groupe verbal infinitif (GVinf) ; • une phrase subordonnée.	› Ce chevalier **a gagné** le tournoi. › La dame **aime** broder. › Elle **a dit** qu'elle avait marché longtemps.
Peut être remplacé par un pronom. Les pronoms personnels CD (*le, la, l', les*) sont placés devant le verbe.	› Lancelot **brandit** son épée. › Lancelot **brandit** la sienne. › Lancelot la **brandit**.
Peut être remplacé par les GN *quelqu'un, quelque chose, cela*.	› Un chevalier **possède** trois chevaux. › Un chevalier **possède** quelque chose.

COMPLÉMENT INDIRECT (CI)	
CARACTÉRISTIQUE	EXEMPLE
Peut être : • un groupe prépositionnel (GPrép) ; • une phrase subordonnée ; • un groupe adverbial (GAdv).	› Elle **s'est adressée** à la reine. › Il **doute** que sa mère soit en sécurité. › Lancelot **se rendra** là-bas.
Peut être remplacé par un pronom. Les pronoms personnels CI (*lui, leur, y, en*) sont placés devant le verbe.	› Il **a parlé** à la reine. › Il **a parlé** à celle-ci. › Il lui **a parlé**.
Peut être remplacé par un GPrép contenant les mots *quelqu'un, quelque chose*, ou *cela*, ou par *quelque part* ou *à cet endroit*.	› Gilles **pensait** à sa mère. › Gilles **pensait** à quelqu'un. › Il **se rendit** au château. › Il **se rendit** à cet endroit.

Boussole

À l'impératif, le pronom personnel se place après le verbe conjugué, et un trait d'union sert à les séparer.

› Cette clé, trouve-la si tu veux entrer dans le château.

126 Exploitation • Troisième escale

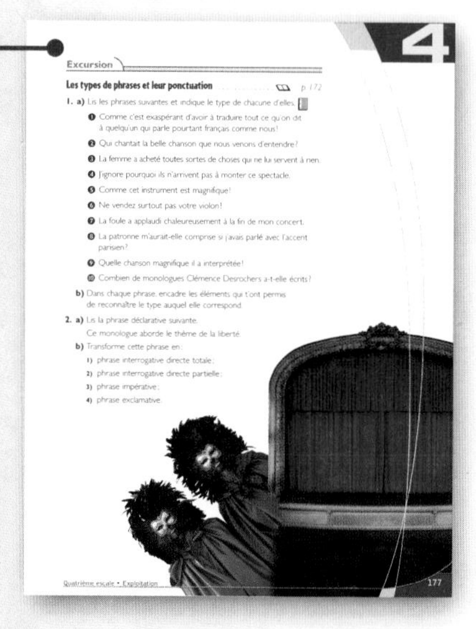
4

Excursion

Les types de phrases et leur ponctuation p. 172

1. a) Lis les phrases suivantes et indique le type de chacune d'elles.
   1. Comme c'est exaspérant d'avoir à traduire tout ce qu'on dit à quelqu'un qui parle pourtant français comme nous !
   2. Qui chantait la belle chanson que nous venons d'entendre ?
   3. La femme a acheté toutes sortes de choses qui ne lui servent à rien.
   4. J'ignore pourquoi ils n'arrivent pas à monter ce spectacle.
   5. Comme cet instrument est magnifique !
   6. Ne vendez surtout pas votre violon !
   7. La foule a applaudi chaleureusement à la fin de mon concert.
   8. La patronne m'aurait-elle comprise si j'avais parlé avec l'accent parisien ?
   9. Quelle chanson magnifique il a interprétée !
   10. Combien de monologues Clémence Desrochers a-t-elle écrits ?

   b) Dans chaque phrase, encadre les éléments qui t'ont permis de reconnaître le type auquel elle correspond.
2. a) Lis la phrase déclarative suivante.
   Ce monologue aborde le thème de la liberté.

   b) Transforme cette phrase en :
   1) phrase interrogative directe totale ;
   2) phrase interrogative directe partielle ;
   3) phrase impérative ;
   4) phrase exclamative.

Quatrième escale • Exploitation 177

Tous les éléments que tu auras explorés dans cette escale te serviront maintenant à créer ta propre aventure. Pour ce faire, des consignes te sont d'abord données dans un tableau. Puis des fiches te rappellent la marche à suivre pour mener ton projet à bien.

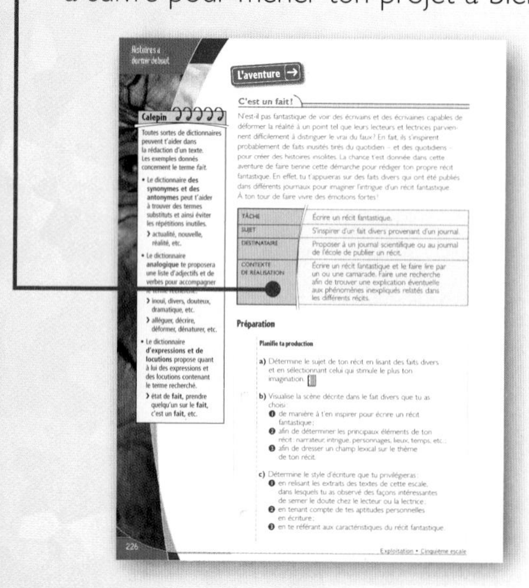
Histoires à dormir debout

L'aventure →

C'est un fait !

N'est-il pas fantastique de voir des écrivains et des écrivaines capables de déformer la réalité à un point tel que leurs lecteurs et lectrices parviennent difficilement à distinguer le vrai du faux ? En fait, ils s'inspirent probablement de faits inusités tirés du quotidien – et des quotidiens – pour créer des histoires insolites. La chance t'est donnée dans cette aventure de faire tienne cette démarche pour rédiger ton propre récit fantastique. En effet, tu t'appuieras sur des faits divers qui ont été publiés dans différents journaux pour imaginer l'intrigue d'un récit fantastique. À ton tour de faire vivre des émotions fortes !

TÂCHE	Écrire un récit fantastique.
SUJET	S'inspirer d'un fait divers provenant d'un journal.
DESTINATAIRE	Proposer à un journal scientifique ou au journal de l'école de publier un récit.
CONTEXTE DE RÉALISATION	Écrire un récit fantastique et le faire lire par un ou une camarade. Faire une recherche afin de trouver une explication éventuelle aux phénomènes inexpliqués relatés dans les différents récits.

Préparation

Planifie ta production

a) Détermine le sujet de ton récit en lisant des faits divers et en sélectionnant celui qui stimule le plus ton imagination.

b) Visualise la scène décrite dans le fait divers que tu as choisi :
   1. de manière à t'en inspirer pour écrire un récit fantastique ;
   2. afin de déterminer les principaux éléments de ton récit : narrateur, intrigue, personnages, lieux, temps, etc. ;
   3. afin de dresser un champ lexical sur le thème de ton récit.

c) Détermine le style d'écriture que tu privilégieras :
   1. en relisant les extraits des textes de cette escale, dans lesquels tu as observé des façons intéressantes de semer le doute chez le lecteur ou la lectrice ;
   2. en tenant compte de tes aptitudes personnelles en écriture ;
   3. en te référant aux caractéristiques du récit fantastique.

Calepin

Toutes sortes de dictionnaires peuvent t'aider dans la rédaction d'un texte. Les exemples donnés concernent le terme *fait*.

- Le dictionnaire des **synonymes et des antonymes** peut t'aider à trouver des termes substituts et ainsi éviter les répétitions inutiles.
  › actualité, nouvelle, réalité, etc.
- Le dictionnaire **analogique** te proposera une liste d'adjectifs et de verbes pour accompagner le terme recherché.
  › inouï, divers, douteux, dramatique, etc.
  › alléguer, décrire, déformer, dénaturer, etc.
- Le dictionnaire **d'expressions et de locutions** propose quant à lui des expressions et des locutions contenant le terme recherché.
  › état de **fait**, prendre quelqu'un sur le **fait**, c'est un **fait**, etc.

226 Exploitation • Cinquième escale

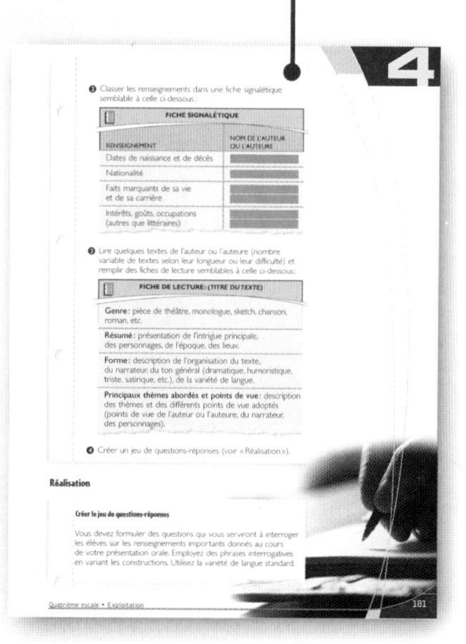
4

2. Classer les renseignements dans une fiche signalétique semblable à celle ci-dessous :

FICHE SIGNALÉTIQUE	
RENSEIGNEMENT	NOM DE L'AUTEUR OU L'AUTEURE
Dates de naissance et de décès	
Nationalité	
Faits marquants de sa vie et de sa carrière	
Intérêts, goûts, occupations (autres que littéraires)	

3. Lire quelques textes de l'auteur ou l'auteure (nombre variable de textes selon leur longueur ou leur difficulté) et remplir des fiches de lecture semblables à celle ci-dessous :

FICHE DE LECTURE : (*TITRE DU TEXTE*)
Genre : pièce de théâtre, monologue, sketch, chanson, roman, etc.
Résumé : présentation de l'intrigue principale, des personnages, de l'époque, des lieux.
Forme : description de l'organisation du texte, du narrateur, du ton général (dramatique, humoristique, triste, satirique, etc.), de la variété de langue.
Principaux thèmes abordés et points de vue : description des thèmes et des différents points de vue adoptés (points de vue de l'auteur ou l'auteure, du narrateur, des personnages).

4. Créer un jeu de questions-réponses (voir « Réalisation »).

Réalisation

Créer le jeu de questions-réponses

Vous devez formuler des questions qui vous serviront à interroger les élèves sur les renseignements importants donnés au cours de votre présentation orale. Employez des phrases interrogatives en variant les constructions. Utilisez la variété de langue standard.

Quatrième escale • Exploitation 181

Le *Journal de bord* et le *Coffret*

À la suite des cinq escales de chaque livre, tu trouveras deux outils précieux. Le premier instrument essentiel à toute personne qui voyage est le *Journal de bord.* Tu trouveras dans ton manuel les renseignements qui te permettront de confectionner ton propre journal de bord. Ainsi, tu auras sous la main des notes relatives au processus de réalisation de tes lectures et de tes expériences culturelles, des explications sur la manière de faire le compte rendu d'une expérience culturelle, un exemple d'un texte narratif annoté, ainsi que d'autres outils tout aussi indispensables.

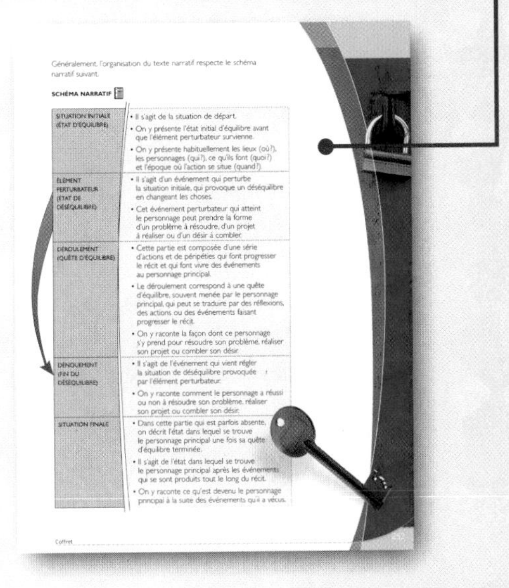
Généralement, l'organisation du texte narratif respecte le schéma narratif suivant.

SCHÉMA NARRATIF

SITUATION INITIALE (ÉTAT D'ÉQUILIBRE)	• Il s'agit de la situation de départ. • On y présente l'état initial d'équilibre avant que l'élément perturbateur survienne. • On y présente habituellement les lieux (où?), les personnages (qui?), ce qu'ils font (quoi?) et l'époque où l'action se situe (quand?).
ÉLÉMENT PERTURBATEUR (ÉTAT DE DÉSÉQUILIBRE)	• Il s'agit d'un événement qui perturbe la situation initiale, qui provoque un déséquilibre en changeant les choses. • Cet événement perturbateur qui atteint le personnage peut prendre la forme d'un problème à résoudre, d'un projet à réaliser ou d'un désir à combler.
DÉROULEMENT (QUÊTE D'ÉQUILIBRE)	• Cette partie est composée d'une série d'actions et de péripéties qui font progresser le récit et qui font vivre des événements au personnage principal. • Le déroulement correspond à une quête d'équilibre, souvent menée par le personnage principal, qui peut se traduire par des réflexions, des actions ou des événements faisant progresser le récit. • On y raconte la façon dont ce personnage s'y prend pour résoudre son problème, réaliser son projet ou combler son désir.
DÉNOUEMENT (FIN DU DÉSÉQUILIBRE)	• Il s'agit de l'événement qui vient régler la situation de déséquilibre provoquée par l'élément perturbateur. • On y raconte comment le personnage a réussi ou non à résoudre son problème, réaliser son projet ou combler son désir.
SITUATION FINALE	• Dans cette partie qui est parfois absente, on décrit l'état dans lequel se trouve le personnage principal une fois sa quête d'équilibre terminée. • Il s'agit de l'état dans lequel se trouve le personnage principal après les événements qui se sont produits tout le long du récit. • On y raconte ce qu'est devenu le personnage principal à la suite des événements qu'il a vécus.

Coffret

Le deuxième outil, intitulé *Coffret,* rassemble les notions grammaticales et langagières essentielles à ta compréhension des textes. Tu pourras t'y référer pour obtenir des renseignements complémentaires ou pour revoir certaines notions. Tu y trouveras également toute une série de verbes conjugués.

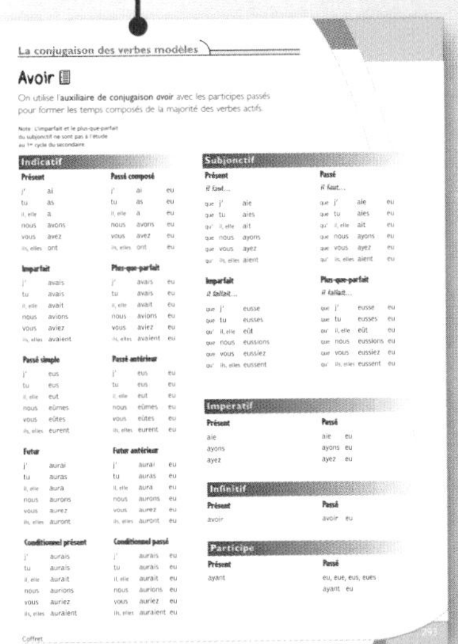
La conjugaison des verbes modèles

Avoir

On utilise l'**auxiliaire de conjugaison *avoir*** avec les participes passés pour former les temps composés de la majorité des verbes actifs.

Note : L'imparfait et le plus-que-parfait du subjonctif ne sont pas à l'étude au 1er cycle du secondaire.

Indicatif

Présent	Passé composé	Imparfait	Plus-que-parfait
j' ai	j' ai eu	j' avais	j' avais eu
tu as	tu as eu	tu avais	tu avais eu
il, elle a	il, elle a eu	il, elle avait	il, elle avait eu
nous avons	nous avons eu	nous avions	nous avions eu
vous avez	vous avez eu	vous aviez	vous aviez eu
ils, elles ont	ils, elles ont eu	ils, elles avaient	ils, elles avaient eu

Passé simple	Passé antérieur	Futur	Futur antérieur
j' eus	j' eus eu	j' aurai	j' aurai eu
tu eus	tu eus eu	tu auras	tu auras eu
il, elle eut	il, elle eut eu	il, elle aura	il, elle aura eu
nous eûmes	nous eûmes eu	nous aurons	nous aurons eu
vous eûtes	vous eûtes eu	vous aurez	vous aurez eu
ils, elles eurent	ils, elles eurent eu	ils, elles auront	ils, elles auront eu

Conditionnel présent	Conditionnel passé
j' aurais	j' aurais eu
tu aurais	tu aurais eu
il, elle aurait	il, elle aurait eu
nous aurions	nous aurions eu
vous auriez	vous auriez eu
ils, elles auraient	ils, elles auraient eu

Subjonctif

Présent *il faut...*	Passé *il faut...*	Imparfait *il fallait...*	Plus-que-parfait *il fallait...*
que j' aie	que j' aie eu	que j' eusse	que j' eusse eu
que tu aies	que tu aies eu	que tu eusses	que tu eusses eu
qu' il, elle ait	qu' il, elle ait eu	qu' il, elle eût	qu' il, elle eût eu
que nous ayons	que nous ayons eu	que nous eussions	que nous eussions eu
que vous ayez	que vous ayez eu	que vous eussiez	que vous eussiez eu
qu' ils, elles aient	qu' ils, elles aient eu	qu' ils, elles eussent	qu' ils, elles eussent eu

Impératif

Présent	Passé
aie	aie eu
ayons	ayons eu
ayez	ayez eu

Infinitif

Présent	Passé
avoir	avoir eu

Participe

Présent	Passé
ayant	eu, eue, eus, eues ayant eu

Coffret

Les rubriques

Bagage de connaissances

Cette rubrique présente des notions et des concepts qui t'aideront à développer tes compétences en français. Ces éléments d'apprentissage sont principalement liés à la grammaire du texte, à la variété de langue et à la langue orale.

L'aventure

Cette rubrique te rappelle l'importance et l'utilité d'une activité ou d'une notion pour la réalisation de ton projet de la section *L'aventure.*

Cap sur les mots

Cette rubrique présente des notions et des concepts liés au lexique. Tu élargiras tes connaissances sur la langue en t'interrogeant sur la formation des mots, le sens des mots, les relations entre les mots et l'orthographe d'usage.

Calepin

Cette rubrique présente des notions et des concepts liés à la langue orale et à l'orthographe d'usage. Tu la trouveras dans la section *L'aventure,* où tu pourras appliquer dans ton projet les connaissances qu'elle présente.

Boussole

Cette rubrique te rappelle des choses importantes, te fournit des explications supplémentaires ou te donne des trucs afin de faciliter ta compréhension d'un élément d'apprentissage ou la réalisation d'une tâche.

Journal de bord

Cette rubrique te donne des idées inspirantes relatives aux différents thèmes. Ces idées te permettront d'enrichir ton Journal de bord et de multiplier tes repères culturels.

Point de repère

Cette rubrique est un rappel de notions et de concepts associés à la grammaire de la phrase. Ces éléments grammaticaux que tu connais déjà te permettront de réactiver tes connaissances afin de mieux assimiler de nouveaux éléments d'apprentissage.

Les pictogrammes

 t'indique qu'une fiche reproductible est offerte pour faciliter la réalisation d'une tâche.

 te rappelle le texte qui est à l'étude ainsi que la page où il se trouve.

 te renvoie au *Coffret* pour que tu puisses résumer ou compléter une notion.

 te renvoie à des activités à faire avec une des cinq œuvres obligatoires que tu dois lire durant l'année.

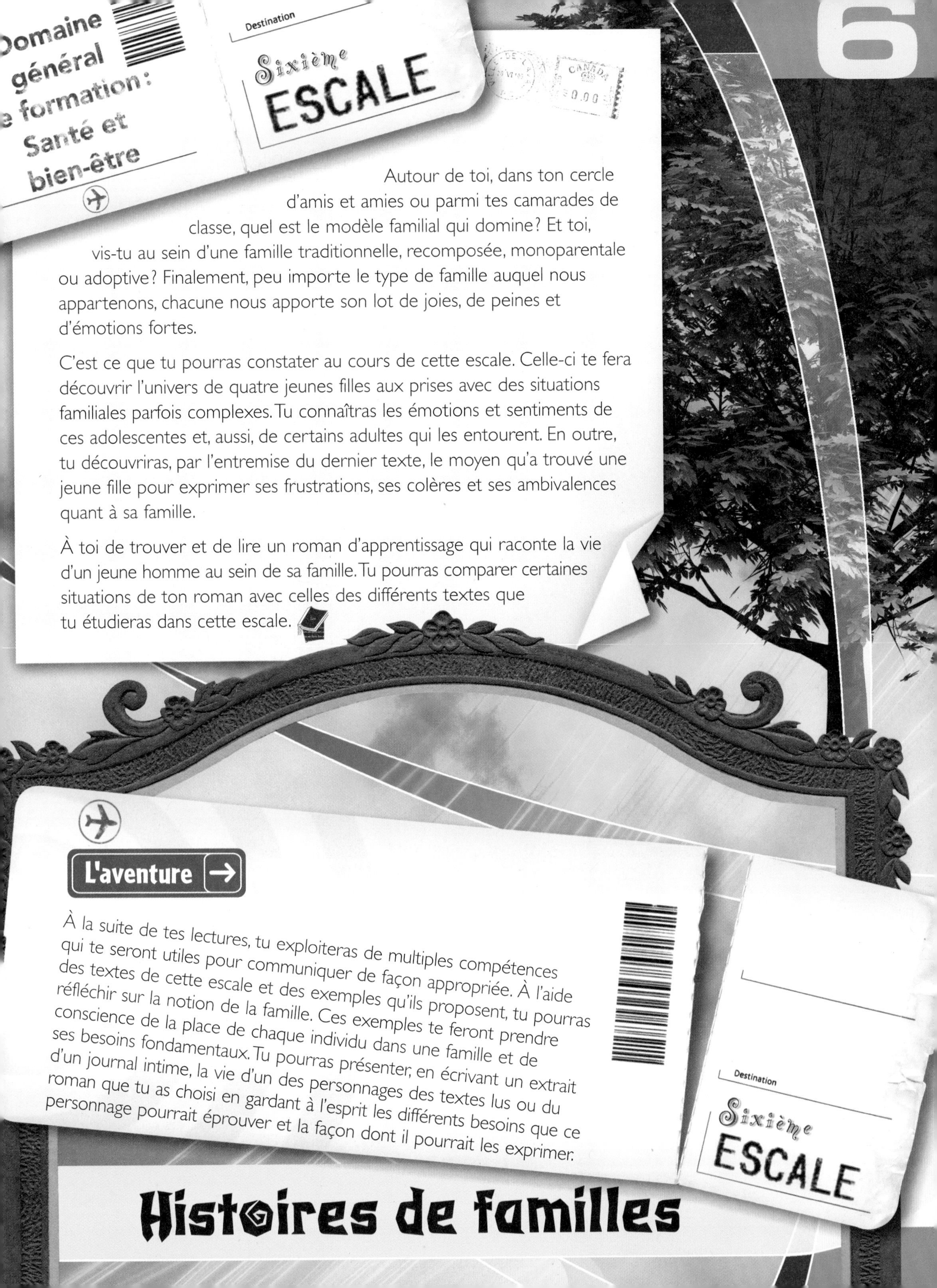

Autour de toi, dans ton cercle d'amis et amies ou parmi tes camarades de classe, quel est le modèle familial qui domine? Et toi, vis-tu au sein d'une famille traditionnelle, recomposée, monoparentale ou adoptive? Finalement, peu importe le type de famille auquel nous appartenons, chacune nous apporte son lot de joies, de peines et d'émotions fortes.

C'est ce que tu pourras constater au cours de cette escale. Celle-ci te fera découvrir l'univers de quatre jeunes filles aux prises avec des situations familiales parfois complexes. Tu connaîtras les émotions et sentiments de ces adolescentes et, aussi, de certains adultes qui les entourent. En outre, tu découvriras, par l'entremise du dernier texte, le moyen qu'a trouvé une jeune fille pour exprimer ses frustrations, ses colères et ses ambivalences quant à sa famille.

À toi de trouver et de lire un roman d'apprentissage qui raconte la vie d'un jeune homme au sein de sa famille. Tu pourras comparer certaines situations de ton roman avec celles des différents textes que tu étudieras dans cette escale.

L'aventure

À la suite de tes lectures, tu exploiteras de multiples compétences qui te seront utiles pour communiquer de façon appropriée. À l'aide des textes de cette escale et des exemples qu'ils proposent, tu pourras réfléchir sur la notion de la famille. Ces exemples te feront prendre conscience de la place de chaque individu dans une famille et de ses besoins fondamentaux. Tu pourras présenter, en écrivant un extrait d'un journal intime, la vie d'un des personnages des textes lus ou du roman que tu as choisi en gardant à l'esprit les différents besoins que ce personnage pourrait éprouver et la façon dont il pourrait les exprimer.

Histoires de familles

Itinéraire

Textes

Lecture

Grammaire

Écriture

Communication orale

6

EMBARQUEMENT

Grille logique

a) Lis d'abord attentivement l'énoncé.

Énoncé : Djamal, Tristan, Amaya et Noah sont des camarades de classe. Chaque enfant vit dans un type de famille différent. Trouve les prénoms de leurs parents.

b) Analyse les indices un par un. Ils te fourniront des renseignements que tu pourras transposer dans la grille.

Indices :

❶ Djamal, Tristan, Luc, Stéphane, Jean et Noah sont des prénoms masculins.

❷ Marianne et Jean vivent avec leur enfant naturel, qui ne se prénomme pas Tristan.

❸ Luc vit avec Djamal mais pas avec la mère naturelle de ce dernier.

❹ Djamal n'a pas été adopté et ne vit pas sous le même toit que Maryvonne.

❺ Brigitte vit seule avec sa fille.

❻ Tristan ne vit pas avec ses parents biologiques.

		Enfant				Père				Mère			
		Djamal	Tristan	Amaya	Noah	Luc	Stéphane	Jean	[Absent]	Maryvonne	Marianne	Brigitte	Nathalie
Famille	Traditionnelle												
	Recomposée												
	Monoparentale												
	Adoptive												
Mère	Maryvonne												
	Marianne												
	Brigitte												
	Nathalie												
Père	Luc												
	Stéphane												
	Jean												
	[Absent]												

Réponse			
Type de famille	Mère	Père	Enfant
Traditionnelle			
Recomposée			
Monoparentale			
Adoptive			

Lettre de Chine

Un peu avant Noël, un journal avait invité les filles de treize à quinze ans à solliciter une audition pour un rôle dans un long métrage. Les postulantes retenues devaient être avisées par téléphone en janvier. Catherine, qui avait envoyé sa photo, écoutait régulièrement les cassettes du répondeur téléphonique dès son retour de l'école.

Parmi le chapelet de messages, jamais aucun ne faisait mention de l'audition. Par contre, à la mi-janvier, une invitation du Dr Chang à venir le rencontrer la surprit au plus haut point. Son parrain affirmait, sur le ton prudent de quelqu'un qui pèse bien ses mots, avoir reçu une lettre la concernant. Une lettre de Chine.

C'est par l'entremise du Dr Chang qu'Hélène et Pierre avaient pu adopter Catherine, quatorze ans plus tôt. Pour le remercier, ils l'avaient choisi comme parrain de leur fille que les papiers de l'orphelinat chinois nommaient Yun Li. Le Dr Chang Shou venait à peine de s'établir au Canada. Les contacts qui avaient permis son émigration avaient également facilité les procédures d'adoption.

Les hypothèses les plus farfelues assaillaient Catherine qui les repoussait les unes après les autres. Aucun doute n'était possible : l'orphelinat d'où on l'avait tirée à l'orée de sa vie n'accueillait que les enfants de parents décédés et sans famille. Dès lors, nul en Chine n'avait plus entendu parler de la petite Yun Li, devenue à l'âge de six mois Catherine Renaud-Jourdain.

Le Dr Chang vivait maintenant dans le quartier chinois. Après la mort éprouvante de sa femme et de sa fille, victimes d'un accident de la route, il avait rompu son association avec le centre médical de l'ouest de la ville où il exerçait depuis des années. Pendant un temps, il abandonna complètement la médecine pour consacrer toutes ses journées à de longues promenades dans les rues de Montréal. Irrésistiblement, ses pas le ramenaient dans le quartier chinois, l'endroit qui diluait le plus sa peine. Un matin, il décida d'y installer ses pénates. À cinquante-huit ans, bien que ses moyens financiers aient pu lui assurer une retraite confortable, il ouvrit seul une clinique. Comme s'il avait voulu, en se rapprochant d'expatriés comme lui, cristalliser ses années de bonheur en terre étrangère ! À part le jour de l'anniversaire de sa filleule et celui de Noël, on ne le voyait plus chez les Renaud-Jourdain. Durant ses rares visites, la tristesse ne quittait pas son visage.

Dans le métro qui la menait trop lentement au centre-ville, Catherine se remémorait ces dîners pendant lesquels le Dr Chang et son père se relançaient joyeusement en citant des dictons ou des proverbes à la chaîne. Ou encore quand tout le monde au dessert jouait à la mourre. Le jeu, très populaire en Chine, consistait à exhiber simultanément un certain nombre de doigts et à crier au hasard le chiffre formé par tous les doigts pointés. À ces fous rires autour de la table, voilà longtemps que Chang Shou ne joignait plus les siens.

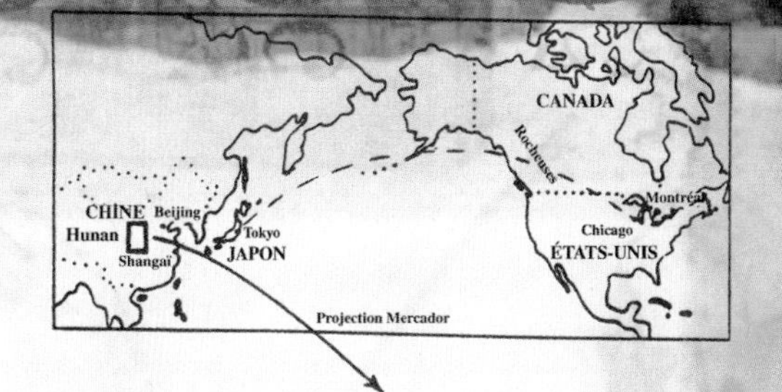

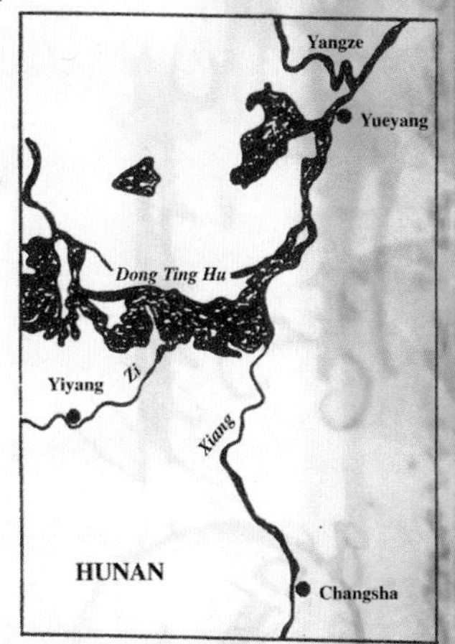

Son nouveau cabinet contrastait avec l'ancien. Les beaux fauteuils de cuir blanc, les luxueux papiers peints, les tables de verre jonchées de revues avaient fait place à une lignée de chaises dépareillées, adossées le long d'un mur en simili lambris tout gondolé. Par terre, pas de tapis mais un carrelage de linoléum qui s'écornait çà et là.

– Entre Catherine ! fit entendre la voix du Dr Chang. Je n'ai pas de rendez-vous cet après-midi. Nous serons tranquilles.

Sous ses airs calmes dans sa blouse blanche, Chang Shou cachait mal son malaise.

– Tu vas bien ?

– Oui. Pierre et Hélène m'ont demandé de te passer un savon pour la rareté de tes visites.

– Je vous néglige, c'est vrai. J'irai bientôt.

Catherine ne chercha pas à étirer les préambules. À Chang Shou de jeter la première carte !

– Mon message a dû t'intriguer, j'imagine !

– Ça, tu peux le dire !

– Je suis désolé ! J'aurais dû m'y prendre autrement. Je ne voulais pas t'énerver… Tiens, voici la lettre dont je t'ai parlé.

Sur l'enveloppe qu'il tira de sa poche et qu'il lui tendit, Catherine remarqua une écriture irrégulière, accidentée comme celle d'un enfant. Un frisson lui parcourut tout le corps : l'enveloppe était adressée à « Miss Yun Li ».

Catherine sentit en elle un flot d'émotions à la vue des lettres tracées maladroitement. Elle fouilla aussitôt le regard attentif de Chang Shou qui venait de s'installer derrière son bureau et ajustait ses lunettes sur son nez. De l'enveloppe, elle fit surgir quelques feuillets de papier de riz pliés en deux et les ouvrit délicatement. De beaux idéogrammes s'alignaient sur les trois pages.

– La lettre vient du Hunan, dit Chang Shou, ma province natale. Plus précisément de Changsha, où j'ai pratiqué de longues années. Si j'en ai pris connaissance, c'est qu'on m'en priait sur un autre feuillet, dans une plus grande enveloppe à mon nom.

Tout en parlant, il faisait machinalement tournoyer avec son doigt une mèche de cheveux sur son occiput. Un tic dont Catherine se moquait parfois devant lui.

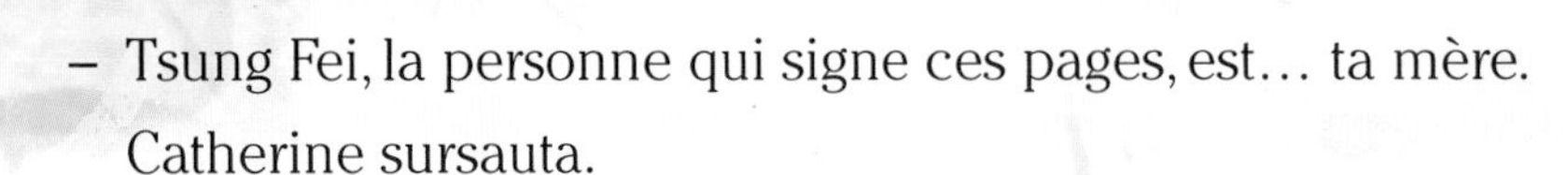

– Tsung Fei, la personne qui signe ces pages, est… ta mère.

Catherine sursauta.

– Ma mère? fit-elle, consternée. Mais tu as toujours dit… Hélène et Pierre ont toujours soutenu… que mes parents étaient morts et que c'était pour cette raison que j'avais passé les six premiers mois de ma vie à l'orphelinat!

– C'est ce que je croyais et ce que nous avons tous cru. Mais il faut nous rendre à l'évidence: ce n'est pas le cas. Cette lettre le confirme. Ma chère filleule, celle qui t'a mise au monde vit toujours, de l'autre côté de notre pauvre planète! Sa lettre est adressée à mes soins parce qu'elle te croit ma fille. Elle a retrouvé l'intermédiaire grâce auquel tu as pu quitter la République populaire de Chine pour Hong Kong, où t'attendaient Hélène et Pierre. C'était un homme important. Il estimait avoir une dette envers moi. Je te raconterai. Pour l'instant, tu me permettras de te traduire du mieux que je peux ces lignes que j'ai lues et relues et qui, je ne te le cache pas, m'ont beaucoup ému. Je te demande de pardonner mes hésitations: ce n'est pas toujours facile de rendre exactement leur sens aux mots qu'on veut traduire.

Chang Shou aurait voulu faire durer le suspense qu'il ne s'y serait pas pris autrement. Avec ménagement, il reprit les feuillets sur lesquels le regard de sa filleule restait soudé.

– Ces pages sont l'œuvre d'une artiste. On le constate au raffinement de la calligraphie. Les traits de ses caractères n'ont rien à envier aux meilleurs pinceaux de Chine. Là-bas, tu sais, le tracé des idéogrammes est un art très prisé. Il m'a même sauvé la vie. Mais cela est une autre histoire… Pardonne-moi cette digression inopportune. Je lis…

Nombre de lettres de non-opposition émises annuellement par le Secrétariat à l'adoption internationale, selon les cinq principaux pays d'origine, 2003

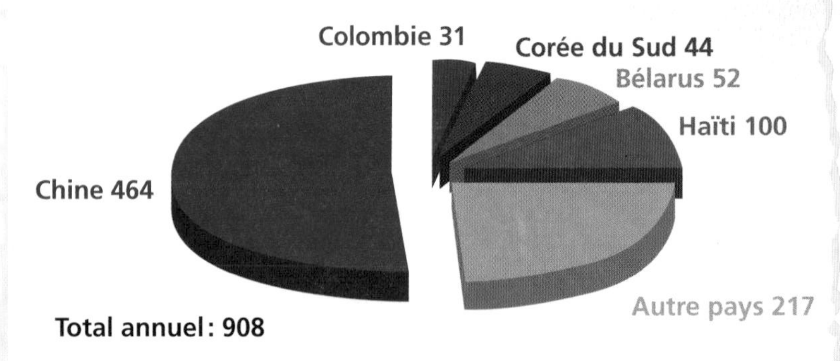

Source: Secrétariat à l'adoption internationale
Ministère de la Santé et des Services sociaux
Gouvernement du Québec

Si la honte ne gangrenait pas mon cœur, c'est à « ma chère fille » que j'adresserais cette lettre…

Chang Shou scruta furtivement le visage de sa filleule au-dessus de ses lunettes. Il voulait vérifier s'il prenait le ton qui convenait. Le message qu'il avait à livrer était si peu ordinaire, si délicat ! Depuis qu'il se trouvait entre ses mains, Shou se demandait comment se tirer d'affaire en accomplissant sa mission.

… mais je n'en ai pas le droit. Même le nom qu'on t'a donné à l'orphelinat de Yiyang n'est pas celui que j'aurais choisi si la vie ne nous avait pas aussi rapidement séparées. En fait, elle ne nous a même jamais réunies. Lorsque tu es née, deux semaines avant terme, j'étais inconsciente. En traversant une rue, j'avais été renversée par un camion que je n'avais pas vu venir. Au lieu d'aller rejoindre mes ancêtres, je restai dans un coma qui dura des mois et dont on ne comptait plus me tirer. C'est pourquoi l'hôpital de Yiyang te confia à l'orphelinat de la ville. Au nouvel hôpital où l'on me transféra, à Changsha, de bonnes gens m'ont prise en amitié et m'ont aidée à recouvrer la santé. La première chose que j'ai faite en retrouvant plus tard ma mémoire a été d'entrer en contact avec l'orphelinat de Yiyang. Pour mon plus grand malheur, croyant ma fin certaine et ne me connaissant aucun parent, on t'avait donnée à un couple privé d'enfant. Je faillis mourir pour de bon, cette fois : le seul bonheur auquel je pouvais prétendre en cette vie m'était à jamais enlevé. Quelques années après, j'ai pu connaître la vérité sur ton adoption ainsi que l'adresse de celui qui est aujourd'hui ton père.

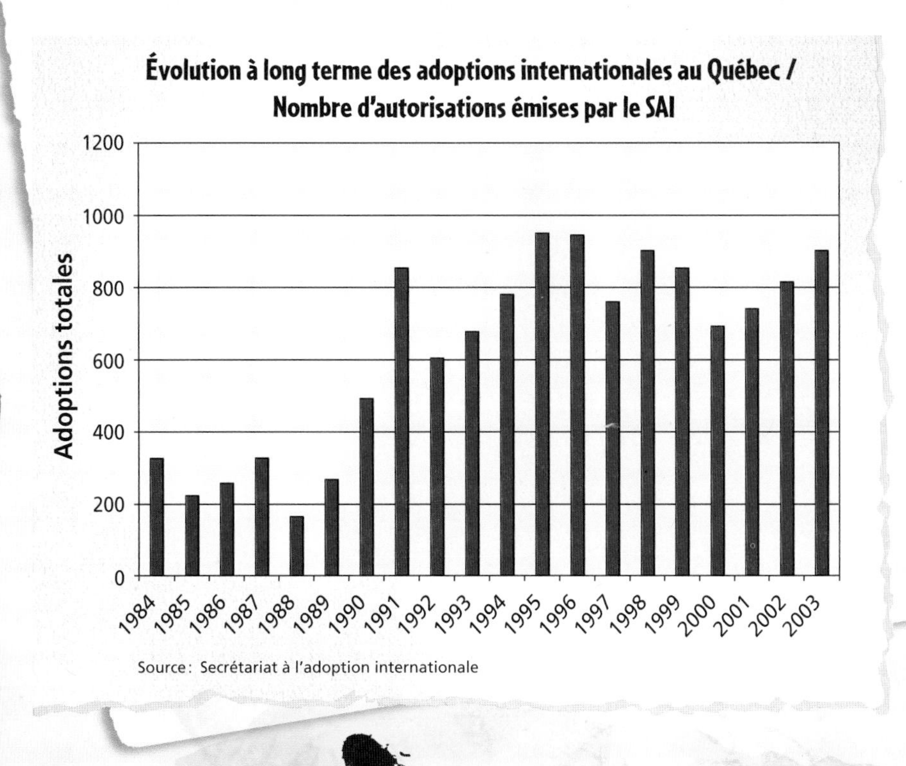

— Elle croit que c'est moi, sentit le besoin de rappeler Chang Shou.

Mais je n'ai pas osé te relancer à des milliers de kilomètres de mon malheur. Je n'avais pas le droit d'entraver le cours de ton destin, dont j'ai à peine tissé la première maille. Si aujourd'hui je brise le serment que je m'étais fait, c'est que mes jours tirent à leur fin. Je ne peux plus tenir. Je veux te parler une fois. Une seule fois dans toute cette vie que j'ai trouvée désespérément longue.

130 *Souvent je rêve d'une belle jeune fille comme celle que tu dois être. Elle m'ouvre les bras et, sur ses lèvres, je lis ce mot que je n'ai jamais entendu. Je sais que je n'ai pas le droit de te demander quoi que ce soit, mais quand le jour viendra, quelqu'un te préviendra : j'aimerais tant que tu fasses alors brûler des bâtons d'encens en pensant à celle dont le plus grand malheur aura été de n'avoir jamais pu t'embrasser.*

Adieu, Chun ! C'est le nom que je t'aurais donné. Il veut dire « printemps ». C'est la saison où tu as pris racine en moi. Celle où la vie germe partout.

Tsung Fei

Sa lecture achevée, Chang Shou enleva ses lunettes et, en silence, déposa les feuillets sur son bureau. « Plus le cœur devient gros, pensa-t-il en 140 observant sa filleule mortifiée, moins les paroles sont utiles. » En face de lui, enfoncée dans le fauteuil réservé aux patients, Catherine fixait le mur, les lèvres serrées. Puis, elle se leva d'un trait et alla se poster devant la fenêtre. De dos, sa silhouette gracieuse et ses brillants cheveux de jais montés en chignon lui rappelèrent Lian, sa fille. Elle aurait le même âge aujourd'hui.

Guy DESSUREAULT, *Lettre de Chine*, Saint-Laurent, Éditions Pierre Tisseyre, 1997, p. 7-16 (Coll. Conquêtes Poche).

Surprise !

Betsy se nicha entre son père et sa mère sur le canapé défoncé, tandis que Megan, assise par terre, fourrageait dans le feu avec un bâton. Peut-être pourrait-elle encore faire un tour de canot le lendemain.

Sa mère se racla la gorge.

« J'ai quelque chose à vous dire, les filles, et ce n'est pas facile. »

Sa voix s'étrangla, et elle se tut.

Megan, abandonnant le feu, se retourna. Depuis leur arrivée dans l'île, sa mère avait retrouvé son air normal. Que se passait-il maintenant ?

« Quelque chose de bon ou de mauvais ? » demanda Betsy en se redressant.

10 Sa mère eut un petit rire.

« De bon, oui, c'est sûr et certain. »

Une bouffée d'espoir envahit Megan. Avaient-ils attendu jusqu'à maintenant pour lui offrir son dernier cadeau d'anniversaire ? Son voyage aurait-il vraiment lieu, finalement ?

Sa mère se moucha.

« Il y a longtemps, quand je n'étais qu'une adolescente – j'avais dix-sept ans –, j'ai eu un bébé, une petite fille. J'étais trop jeune pour m'en occuper, alors je l'ai donnée en adoption. Je ne vous en avais jamais parlé parce que… parce que c'était très intime, et très triste pour moi. Et puis je me disais que 20 vous comprendriez sans doute mieux dans quelques années. »

Elle prit une grande gorgée de thé, comme quelqu'un qui avale une bouffée d'air. Le silence était tel qu'ils l'entendirent déglutir.

« À l'époque, ç'a été une décision terriblement difficile à prendre. Depuis, je me suis toujours demandé ce qu'était devenue ma petite fille. Comment grandissait-elle ? Était-elle heureuse ? Et puis, il y a quelques années, je me suis inscrite à un organisme auquel les enfants adoptés peuvent s'adresser s'ils veulent retrouver leurs parents naturels. Et, il y a environ un mois, j'ai reçu une lettre de ma fille. Nous nous sommes vues… » Sa voix n'était plus qu'un mince filet. Elle prit une nouvelle gorgée de thé. « Nous nous sommes vues, 30 et à présent elle aimerait connaître le reste de la famille. Cela me plairait aussi beaucoup. »

Il y eut une longue pause.

« Elle s'appelle Natalie. »

M. Hungerford allongea le bras au-dessus de Betsy et saisit la main de sa femme.

« Est-ce qu'elle a mon âge ? demanda Betsy. Est-ce qu'elle va vouloir jouer avec moi ? »

Sa mère esquissa un sourire.

« Non, elle est née longtemps avant toi, Betsy, longtemps avant Megan.
40 Elle a vingt-quatre ans et elle va se marier cet été, au début de juillet. Elle veut que nous assistions à son mariage. Je pense que c'est pour cette raison qu'elle a voulu me connaître. Quand on se marie, on pense plus à...

– À nos ancêtres », compléta son mari.

Megan se sentait si étourdie et si troublée qu'elle avait l'impression que ses contours s'estompaient, à la façon d'un nuage qui s'effiloche. Une petite branche éclata alors dans le feu, et Megan reprit possession d'elle-même. Elle lança une des nombreuses questions qui se bousculaient dans sa tête en une masse confuse.

« Comment se fait-il que tu sois tombée enceinte alors que tu ne voulais
50 pas de bébé ? »

Sa mère avala sa salive et redressa les épaules.

« Je ne prenais pas de moyen de contraception.

– Oui, mais *pourquoi* n'en prenais-tu pas ?

– Oh, Megan, c'est tellement compliqué. Rob est apparu, et il jouait de la guitare, et il était plus vieux que moi, et... D'une certaine façon, j'étais sûre que ça ne pouvait pas m'arriver à moi. »

Qu'est-ce que la guitare avait à voir avec ça ? Et pourquoi était-ce si « compliqué » ? Ce n'était pas ainsi que sa mère avait parlé de sexualité et de tout ça auparavant. Lui avait-elle menti ?

60 « Est-ce qu'elle est allée à la maison ? demanda Betsy. Est-ce qu'elle a vu notre chambre ?

– Non. La première fois, nous avions décidé de nous rencontrer dans un restaurant. Ce n'était peut-être pas très brillant comme idée, parce que nous n'avons pas arrêté de pleurer, toutes les deux. »

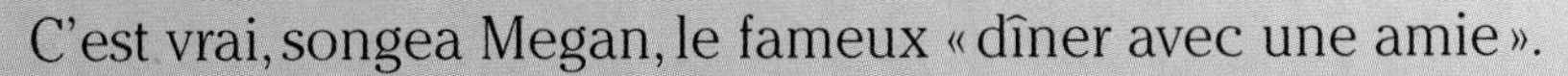

C'est vrai, songea Megan, le fameux « dîner avec une amie ».

« Eh oui, dit son père. D'après ce que j'ai compris, elles ont pleuré dans leur soupe, puis elles ont pleuré dans leur gâteau au fromage, puis elles ont pleuré dans leur café, et finalement elles n'ont rien mangé du tout.

– Pourquoi étiez-vous tristes ? demanda Betsy.

70 – Pas tristes, répondit sa mère. Heureuses.

– Je ne pleure pas quand je suis heureuse, moi, répliqua Betsy.

– En effet, admit sa mère avec un sourire. C'est une de ces choses bizarres que les grandes personnes ont tendance à faire. »

Tout cela prenait une allure un peu trop irréelle pour Megan. Il fallait qu'elle sache.

« Mais tu ne *voulais* pas le garder, ce bébé ? Il y a des tas d'enfants qui n'ont qu'un seul parent.

– Oui, il y avait une partie de moi qui voulait le garder. J'ai même acheté des trucs de bébé, des chaussons, et je les ai mis de côté. Mais, en même temps,
80 je savais que je ne pouvais pas vraiment être une mère, du moins pas le genre de mère que j'aurais voulu être. Pendant des années, j'ai porté ce regret, cette tristesse en moi. C'est seulement lorsque tu es née que cette blessure a pu enfin guérir.

– Quand je suis née ?

– Oui, dès que je t'ai serrée contre moi, tout de suite après ta naissance, cette petite boule de tristesse a fondu complètement. Parce qu'à ce moment-là j'ai su que je pouvais être une vraie mère.

– Est-ce que c'est ma sœur ou ma cousine ? voulut savoir Betsy.

– Ta sœur – ou plutôt ta demi-sœur.

90 – Son anniversaire, c'est quand ? Lui as-tu demandé ?

– Le 28 septembre. La voix de sa mère s'étrangla une fois de plus. Je n'ai pas eu besoin de le lui demander. »

Betsy hocha la tête d'un air satisfait.

« Bon, à présent, est-ce qu'on peut jouer à Pictionary ?

– Gardons plutôt cela pour demain, suggéra son père. Par contre, on aurait bien besoin de bois pour le feu. Tu viens avec moi jusqu'à la plage pour m'aider à en ramasser?

– Bien sûr », répondit Betsy.

M. Hungerford et Betsy quittèrent la pièce. Megan et sa mère restèrent assises en silence. Megan regardait fixement le feu. La main de sa mère se posa sur son épaule.

« Ça va?

– Je ne sais pas.

– C'est un choc pour toi, je m'en rends bien compte. J'ai essayé de trouver une façon de vous annoncer cela en douceur, mais, finalement, ça vous est tombé dessus plutôt brutalement. »

La main de sa mère pesait lourd sur l'épaule de Megan, qui en ressentit de l'agacement.

« Je veux juste que tu saches… J'aime beaucoup Natalie, et j'espère que vous allez l'aimer vous aussi, mais elle n'est pas ma fille comme Betsy et toi pouvez l'être. »

Sarah ELLIS, *Surprise!*, Montréal, Éditions Québec/Amérique, 1998, p. 64-69 (Coll. Titan Jeunesse).

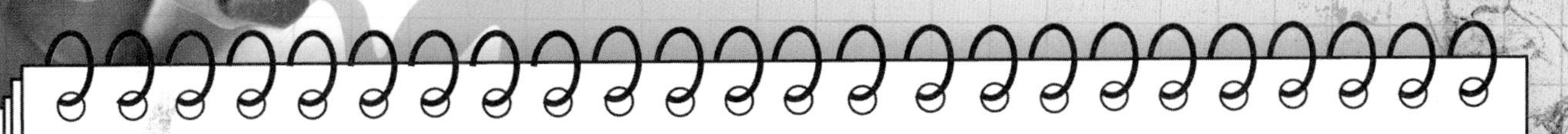

Cassiopée
ou l'été polonais

Finalement, il ne s'appelle ni Arthur ni Alphonse, mais Jacques, tout bêtement. Je rentrais de l'école quand il est venu chercher maman.

J'ai été déçue. Un petit gros à lunettes, chauve et poilu. Moi qui commençais à me faire à l'idée que maman avait un chum, je m'étais aussi un peu mise à me l'imaginer: grand, blond, l'air à la fois poétique et athlétique, genre Robert Redford, si vous voyez ce que je veux dire (ce n'est pas que j'aime tellement R. R., mais maman le trouve beau). Enfin, je suppose que Jacques est plein de qualités cachées… Moi, en tout cas, je ne sortirais jamais avec un chauve.

Ce n'est pas seulement un chauve, c'est un chauve inquiet, qui imaginait les pires tragédies sur le chemin de l'aéroport (embouteillages monstres, panne d'essence, accident, effondrement du boulevard Métropolitain…) et qui pressait maman de partir au plus vite. Leur avion n'était qu'à sept heures vingt, mais ils sont partis de la maison à cinq heures moins le quart, de peur d'être en retard.

Avant de partir, maman m'a fait cent quatre-vingt-douze recommandations, elle m'a embrassée trois fois, et elle m'a remis un bout de papier sur lequel se trouvaient inscrits tous les renseignements possibles et imaginables concernant leur avion et l'hôtel où ils devaient descendre.

« On va souper avec Jean-Claude demain soir. Je lui fais un message de ta part ?

– J'ai rien à lui dire.

– Souris un peu, Cass. Je te promets qu'on va y aller, voir Jean-Claude, ensemble, une bonne fois.

– Bye, maman. Jacques attend. Vas-y vite avant qu'il pique une crise. »

Elle m'a fait un sourire un peu mouillé, un signe de la main. Et je me suis retrouvée seule avec mes idées grises, en attendant que papa vienne me chercher pour aller à Sutton.

***

Changement de programme, c'est Patricia qui est venue me chercher. Papa avait une réunion (importante, comme *toutes* les réunions), et il ne viendra nous rejoindre que demain. L'auto de Patricia était remplie à craquer de nourriture, de jouets, de couches et d'oursons en peluche. J'ai fait le trajet en arrière, recroquevillée à côté d'Amélie, ma presque sœur. Je l'aime bien, Amélie. Elle a seize mois, elle sourit tout le temps en chuintant des tas de choses auxquelles on ne comprend rien et elle transporte partout une espèce d'affreux éléphant orange et plein de bave. Quand j'ai su qu'elle s'appellerait Amélie, j'ai dit aux heureux parents : « Bravo. Maintenant, dépêchez-vous de lui faire deux sœurs que vous pourrez appeler Émilie et Mélanie, c'est joli joli, et tout le monde va s'arracher les cheveux en cherchant qui est qui. » Ils n'ont pas trouvé ça drôle.

C'était la première fois que je passais une soirée avec Patricia, sans papa je veux dire, et rapidement je me suis mise à chercher un prétexte pour monter me coucher. Parce qu'elle a à peine dix ans de plus que moi, elle voudrait que je la considère comme ma sœur aînée et que je lui confie tous mes secrets. D'abord, ce n'est pas ma sœur. Et ensuite, même si c'était le cas, jamais je ne lui parlerais de mes états d'âme et de mes rêves. En tout cas, ce soir, elle voulait surtout savoir ce que je pensais de l'escapade de maman (c'est le mot qu'elle a employé, « escapade »), si ça ne me faisait pas trop de peine, et de quoi avait l'air son « ami », et si elle semblait très amoureuse, et si ce n'était pas un peu bizarre de voir une femme de cet âge avoir des émois de collégienne, etc. Elle a vraiment dit ça : « une femme de cet âge » et « émois de collégienne ». On aurait dit qu'elle parlait de son arrière-grand-mère ! Maman a trente-huit ans, ce n'est quand même pas *si* vieux, et elle est très passable pour son âge. Même que, moi, je la trouve plus belle que Patricia, qui se maquille trop et qui sent tellement le parfum que ça en donne mal au cœur. Alors, un linge à vaisselle dans une main et un verre à vin dans l'autre, j'ai fait un grand discours sur la liberté des femmes, la beauté qui n'est pas seulement une question de jeunesse et de mode, et ce genre de choses. C'est Suzie qui aurait été fière de moi ! Quant à son amant (j'ai bien appuyé sur « amant » pour lui montrer que je n'avais pas peur des mots, moi)... eh bien ! c'était un dieu, un Adonis ou un Apollon ou quelque chose comme ça. Grand, fort, musclé, des cheveux bouclés, une bouche sensuelle, des mains longues et fines... Patricia ouvrait de grands yeux, et un peu la bouche aussi, ce qui lui donnait l'air d'une carpe qui vient de rencontrer un ornithorynque (j'ai déjà gagné un concours d'orthographe avec ce mot-là, alors j'aime bien le placer de temps en temps). J'ai débité plein d'âneries, mais je crois que Patricia a compris et qu'elle va me laisser tranquille à l'avenir.

J'ai enfin pu m'enfermer dans ma chambre et je me suis payé quinze bonnes minutes de braillage. J'ai toujours le goût de pleurer, ces temps-ci. Ça me fait des yeux rouges, un nez brillant, un air de barbet mouillé et ça ne 70 règle rien, mais ça me fait du bien. Alors, pourquoi pas? En me mouchant ensuite vigoureusement, je me suis demandé ce que je faisais là, à attendre que la fin de semaine finisse. J'aurais juste voulu m'écraser dans un coin et lire toute la journée. Mais j'entendais déjà mon père et Patricia : il fallait profiter de la nature et de l'air pur, faire de l'exercice, prendre des couleurs... Ils ne pourraient pas me laisser tranquille, un peu ?

J'ai pris mon beau cahier bleu à petits carreaux et je me suis mise à écrire tout ça. Je me demande ce que fait maman en ce moment.

***

Déjà mardi. Papa m'a déposée à la maison après le dîner. Maman doit rentrer dans la soirée (si j'en crois son petit papier, son avion se posera à Dorval à 80 20 h 35). Et, en attendant, petite récapitulation de la fin de semaine.

Je m'attendais à mourir d'ennui. Eh bien ! j'ai survécu ! (Et même un peu plus, si vous voulez tout savoir.)

Vendredi, papa est arrivé juste avant le dîner. Il a fait un grand sourire en nous voyant toutes les trois assises sagement dans le salon, Patricia dans un fauteuil, Amélie et moi par terre, en train de jouer à construire/démolir des tours.

« Mes grandes filles ! Comme je suis content de vous voir ! »

Michèle MARINEAU, *Cassiopée ou l'été polonais,* Montréal, Éditions Québec/Amérique, 1988, p. 21-27 (Coll. Jeunesse/Romans plus).

Journal d'une effrontée timide

Le mercredi 12 août

Dernier jour de mes quinze ans… La journée s'achève. Le soleil décline paisiblement vers l'autre côté de la terre en nous faisant cadeau de couleurs magnifiques, qui semblent pénétrer la nature et les choses tout en imprégnant mon âme, mon esprit et mon cœur. Rien n'égale, à mes yeux, la magie et la beauté des crépuscules du mois d'août; c'est pourquoi j'ai choisi ce moment pour commencer mon premier journal.

C'est ma mère qui m'a donné l'idée de rédiger un journal. Quand j'étais petite et que je lui demandais de me parler de ses expériences de jeunesse (lui rappelant ainsi qu'elle ne faisait plus partie de ce groupe), elle devenait
10 amnésique.

Les *partys* où elle est allée, ses journées à l'école, ses vacances de Noël, son premier *chum,* sa première brosse ne sont pour elle, maintenant, que de vagues souvenirs. Elle ne se souvient même plus de ce qu'elle pensait dans ce temps-là, pas plus que de ses problèmes, ses craintes et ses ambitions. Je trouve ça lamentable.

C'est pour cette raison que j'ai décidé d'écrire toutes les choses qui me passeront par la tête durant l'année qui vient, pour que la période la plus géniale de mon adolescence (un petit brin d'optimisme ici!) ne sombre pas dans l'oubli.

20 Et puis, dans une vingtaine d'années, je pourrai bien rire en relisant ce que je pensais à seize ans, en me rendant compte combien j'avais tort et comment je me méprenais sur le reste du monde! (Est-ce vraiment le cas?)

Le lundi 19 octobre

Mes parents trouvent que je n'exprime pas facilement mes sentiments. Parce que je ne leur fais pas de crises de larmes ou de dépressions, ils croient que je garde tout en dedans, que je suis introvertie. Je ne crois pas que ce soit le cas, je pense que je ne suis tout simplement pas très émotive… pour une adolescente!

L'année dernière, par exemple, j'ai découvert que mon père n'était pas fidèle à ma mère. Eh bien! ça ne m'a rien fait. Je ne me suis pas mise à le haïr
30 ou à pleurer durant des jours, l'accusant de détruire l'unité familiale.

Je pense avoir trouvé une raison simple à cela: je n'ai jamais mis mon père sur un piédestal, même lorsque j'étais toute petite. Je crois que c'est seulement lorsque tu idéalises ton «paternel» ou que tu le considères comme un héros que ça peut te bouleverser. Tu t'aperçois alors qu'il n'est pas exactement l'homme parfait et qu'il a des faiblesses comme tout le monde, et tu déprimes. Je n'ai jamais pensé que mon vieux était parfait… j'étais une enfant très lucide!

Bref, j'ai appris que mon père [...] trompait ma mère avec la moitié de ses patientes (il est gynécologue). Sous prétexte qu'il est de la génération du *Peace and Love* et de la révolution sexuelle, il s'octroie le droit de commettre l'adultère s'il croit que c'est bon pour son épanouissement personnel!

Je ne crois pas que le fait qu'il ait fait pipi derrière la scène où Jimi Hendrix jouait pour des spectateurs complètement végétaux à Woodstock lui donne le droit de faire souffrir ma mère, mais il est quand même mieux qu'elle: lui, au moins, il sait s'amuser!

Ma mère, elle, ferme les yeux. Je crois qu'elle a trop peur de le perdre. Elle est si peu sûre d'elle-même, qu'elle est prête à accepter tout ce qu'il lui fait subir. C'est le parfait exemple de la femme soumise. Il ne lui viendrait jamais à l'idée de faire la même chose. La libération des femmes, je crois qu'elle ne sait pas ce que c'est. Elle s'est endormie en 1955 et ne s'est réveillée que dans les années soixante-dix, mariée, femme de ménage et, comble du malheur, enceinte!

Le pire, c'est que je dis cela avec une froideur absolue. Ils sont en train de se détruire mutuellement et, moi, j'en parle comme du dernier film à l'affiche. En fait, c'est parce que je m'en fous! On est dans l'ère des séparations, non? Le divorce est à la mode!

Ma mère, je ne la prendrai jamais en pitié, pas pour ça en tout cas. Elle a tellement d'autres choix que de rester plantée là à faire l'autruche, si elle ne s'en rend pas compte, l'idiote, c'est son problème! Elle n'a qu'à... elle n'a qu'à...

Bon! d'accord! Elle est peut-être de ces femmes qui sont trop fragiles et démunies pour demander le divorce et qui n'ont qu'à endurer leur mari profiteur. Si elle est trop faible pour se défendre, encore une fois, c'est son problème, pas le mien!

Parfois je crois vraiment que je suis sans cœur. Sûrement une question d'hormones!

Annie LAVIGNE, *Journal d'une effrontée timide*, Saint-Lambert, Les éditions Héritage, 1993, p. 15, 48-49 (Coll. Échos).

Histoires de familles

Lecture et appréciation des textes

Lettre de Chine et Surprise!

p. 328 et 333

Planification

1. Avant de lire les deux textes, jette un coup d'œil sur la couverture de chacun des livres et observe les procédés graphiques utilisés.

a) Selon toi, de qui sera-t-il question dans le texte *Lettre de Chine*?

b) Que peux-tu en déduire sur l'identité de la personne qui apparaît sur la couverture?

c) Qu'a-t-il pu arriver à cette jeune fille?

d) De qui sera-t-il question, à ton avis, dans le texte *Surprise!*?

e) Quel lien peux-tu établir entre les deux histoires?

2. Remplis une fiche bibliographique semblable à celle ci-dessous pour chacun de ces livres, ainsi que pour le livre que tu auras choisi, dans lequel on relate la vie d'un jeune homme au sein d'une famille.

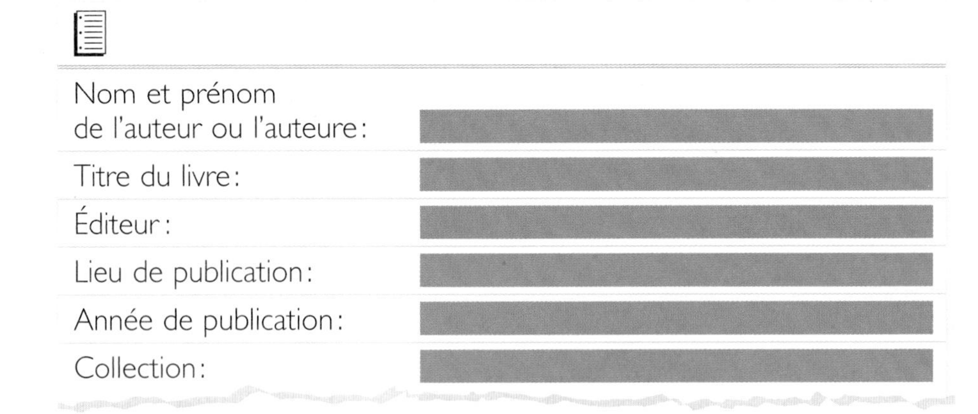

Nom et prénom de l'auteur ou l'auteure:	
Titre du livre:	
Éditeur:	
Lieu de publication:	
Année de publication:	
Collection:	

- Lis les textes *Lettre de Chine* et *Surprise!* pour entrevoir différentes facettes de l'être humain à travers les personnages et leurs réactions relativement à l'adoption.
- Tente de reconnaître les dialogues et les séquences descriptives dans les textes.
- Relie aux passages pertinents du texte *Lettre de Chine* les différents diagrammes qui accompagnent ce texte.

Cap sur les mots

Les familles de mots

a) Observe les mots suivants.

❶ adoption ❸ adoptable

❷ adoptif ❹ adoptant

b) Selon toi, ces mots sont-ils tous de la même famille? Si oui, quel en est le mot de base?

Les **familles de mots** constituent des ensembles de mots unis par la forme et le sens. Ces relations sont perceptibles dans la langue actuelle.

Que ce soit en lecture, en écriture ou à l'oral, les familles de mots sont très utiles. Elles te permettent de connaître le sens d'un mot nouveau.

› Catherine constate le *raffinement* de la calligraphie de sa mère naturelle.

En reconnaissant les mots *raffiner* et *fin* dans le mot *raffinement,* tu peux deviner que l'écriture est fine, c'est-à-dire belle et délicate.

En écriture et à l'oral, les familles de mots te permettent de reprendre de l'information pour assurer la continuité de ton propos et éviter les répétitions inutiles.

Les préfixes et les suffixes permettent la création de familles de mots. p. 630 et 631

En te servant de préfixes et de suffixes, forme avec chacun des mots ci-dessous trois mots de la même famille.

a) triste **c)** entendre **e)** an

b) connaître **d)** plaire **f)** briller

Compréhension et interprétation

1. a) Découvre les différents sens des mots suivants, employés dans le texte *Lettre de Chine,* en te servant du contexte dans lequel ils sont employés. Au besoin, consulte un dictionnaire.

❶ chapelet (ligne 7)

❷ entremise (ligne 11)

❸ cristalliser (ligne 30)

❹ exhiber (ligne 38)

❺ préambules (ligne 55)

b) Dans chaque cas, écris le sens que le mot possède dans le texte.

c) Donne la classe du mot.

d) Trouve un synonyme qui pourrait le remplacer dans le texte.

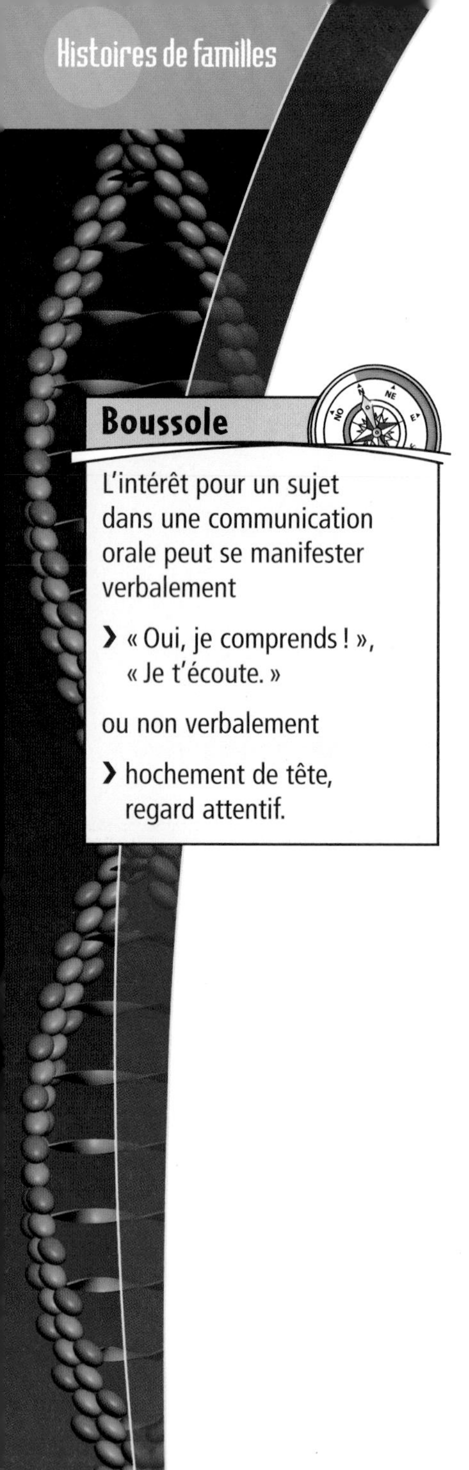

Boussole

L'intérêt pour un sujet dans une communication orale peut se manifester verbalement

› « Oui, je comprends ! », « Je t'écoute. »

ou non verbalement

› hochement de tête, regard attentif.

2. La mère biologique de Catherine est sur le point de mourir.

a) Trouve une phrase du texte qui exprime cette idée.

b) Pourquoi est-il important pour cette femme, à ce moment de sa vie, d'écrire à sa fille?

c) Récris cette lettre comme si c'était le Dr Chang qui révélait toute l'histoire à Catherine. Assure-toi de maintenir le point de vue du Dr Chang.

3. La lettre de la mère est un élément d'une grande importance dans cet extrait de roman.

a) Selon toi, le moment de l'envoi de cette lettre était-il opportun?

b) Qu'aurais-tu fait à la place de la mère?

c) L'attitude de Catherine est-elle adéquate?

d) Comment aurais-tu réagi à sa place?

4. Imagine la scène suivante: «Catherine discute avec sa meilleure amie de la lettre de sa mère.»

a) Compose le dialogue qui illustrerait bien la scène ci-dessus.

b) Répète cette scène avec un ou une camarade en prêtant une attention particulière à la position du corps, à la direction du regard, aux façons de manifester de l'intérêt pour le propos de son interlocuteur ou interlocutrice.

5. Dans un paragraphe de quelques lignes, explique la pensée de Chang Shou lorsqu'il se dit: «Plus le cœur devient gros, moins les paroles sont utiles.»

6. Relève dans le texte les regroupements suivants:

a) un regroupement de phrases qui correspond à une séquence descriptive;

b) un regroupement de phrases qui correspond à une séquence de parole;

c) un regroupement de phrases qui correspond à une séquence narrative.

7. Quelle est la séquence dominante de ce texte? Relève des indices qui te le prouvent.

8. Compare les éléments qui signalent un dialogue dans le texte *Lettre de Chine*, entre les lignes 61 à 73, et dans le roman que tu as lu. Détermine si les éléments suivants sont utilisés et donnes-en des exemples, le cas échéant.

a) Le deux-points.

b) Le tiret.

c) La phrase incise.

9. a) Dans un tableau semblable à celui ci-dessous, dresse une liste des mots difficiles que tu as relevés dans le texte *Surprise!* ainsi que dans le roman que tu as lu.

b) Trouves-en la signification.

c) Inscris la stratégie que tu as utilisée pour comprendre le sens des mots.

SENS DES MOTS DIFFICILES

MOT OU GROUPE DE MOTS DIFFICILES	SIGNIFICATION	STRATÉGIE UTILISÉE
› fourrageait	fouiller	Contexte (dans le feu avec un bâton)

10. Le texte *Surprise!* est un texte narratif. On y trouve les différentes parties du schéma narratif. p. 581

a) À l'aide d'un tableau semblable à celui ci-dessous, inscris les lignes du texte qui correspondent aux différentes parties du schéma narratif.

b) Résume ensuite chacune de ces parties.

SCHÉMA NARRATIF DU TEXTE *SURPRISE!*

PARTIE	RÉSUMÉ
Situation initiale (Lignes 1-)	
Élément perturbateur (Lignes -)	
Déroulement (Lignes 34-)	
Dénouement (Lignes -)	
Situation finale (Lignes -)	

11. Toute la scène du texte *Surprise!* se déroule dans le salon, où la famille est réunie. Dans un paragraphe de quelques lignes, décris l'atmosphère qui règne dans la pièce au moment de la conversation familiale.

a) Trouve tout d'abord un groupe adjectival (GAdj) qui qualifie l'atmosphère.

b) Explique le choix de ton GAdj en appuyant tes propos à l'aide d'exemples tirés du texte.

c) Trouve un GAdj qui qualifie l'ambiance du roman que tu as lu et justifie ce choix en quelques lignes.

12. Le temps qui passe et l'époque où ont eu lieu les événements jouent un rôle important dans le récit.

a) À l'aide des indices donnés dans le texte, trouve l'âge de la mère de Betsy et Megan.

b) À l'aide des réactions de Betsy et Megan, détermine leur âge approximatif. Explique ta réponse.

13. À la ligne 104 du texte, la mère dit: «J'ai essayé de trouver une façon de vous annoncer cela en douceur, mais, finalement, ça vous est tombé dessus plutôt brutalement.»

a) Que signifie cette affirmation?

b) Es-tu d'accord avec la mère? Explique ta réponse.

c) Aurait-elle dû s'y prendre autrement? Comment?

14. Le personnage de Chang Shou et celui de la mère de Megan ont-ils des réactions semblables?

a) Compare leurs réactions avant l'annonce de la nouvelle.

b) Compare leurs réactions après l'annonce de la nouvelle.

c) Appuie tes propos sur des exemples tirés des textes.

15. Relis le passage du texte *Surprise!* compris entre les lignes 23 et 31.

a) Relève les sept adjectifs présents dans ce passage.

b) Quel est l'adjectif participe?

c) Quel est l'adjectif précédé d'un adverbe?

d) Retranscris ce court passage en changeant «ma petite fille» pour «mon petit garçon» et ajuste le texte en conséquence.

e) Prête une attention particulière au genre des adjectifs ainsi qu'à l'accord des participes passés en transcrivant ce passage.

16. L'annonce de la nouvelle provoque chez Catherine et Megan des réactions non verbales. Certaines parties de leur corps trahissent leur état d'esprit, leurs émotions.

a) Dans un tableau semblable à celui ci-dessous, relève les groupes de mots et les phrases qui expriment les réactions non verbales de Catherine et Megan.

RÉACTIONS NON VERBALES		
	CATHERINE	MEGAN
Posture, position du corps en général, sensations physiques		
Regard, mimiques et expressions faciales		
État mental, pensées, doutes		

b) La réaction des deux filles est-elle normale ou exagérée? Explique ta réponse.

c) Comment aurais-tu réagi dans chacune de ces situations?

17. Selon toi, quelle est la nouvelle la plus difficile à apprendre? Explique ta réponse.

Bagage de connaissances

L'organisation textuelle

Les procédés graphiques

Les procédés graphiques sont des photographies, des dessins, des cartes, des schémas, des tableaux ou des diagrammes. Ils servent à fournir de l'information complémentaire ou à organiser l'information déjà présente dans le texte de manière à en faciliter la compréhension et à la rendre plus accessible.

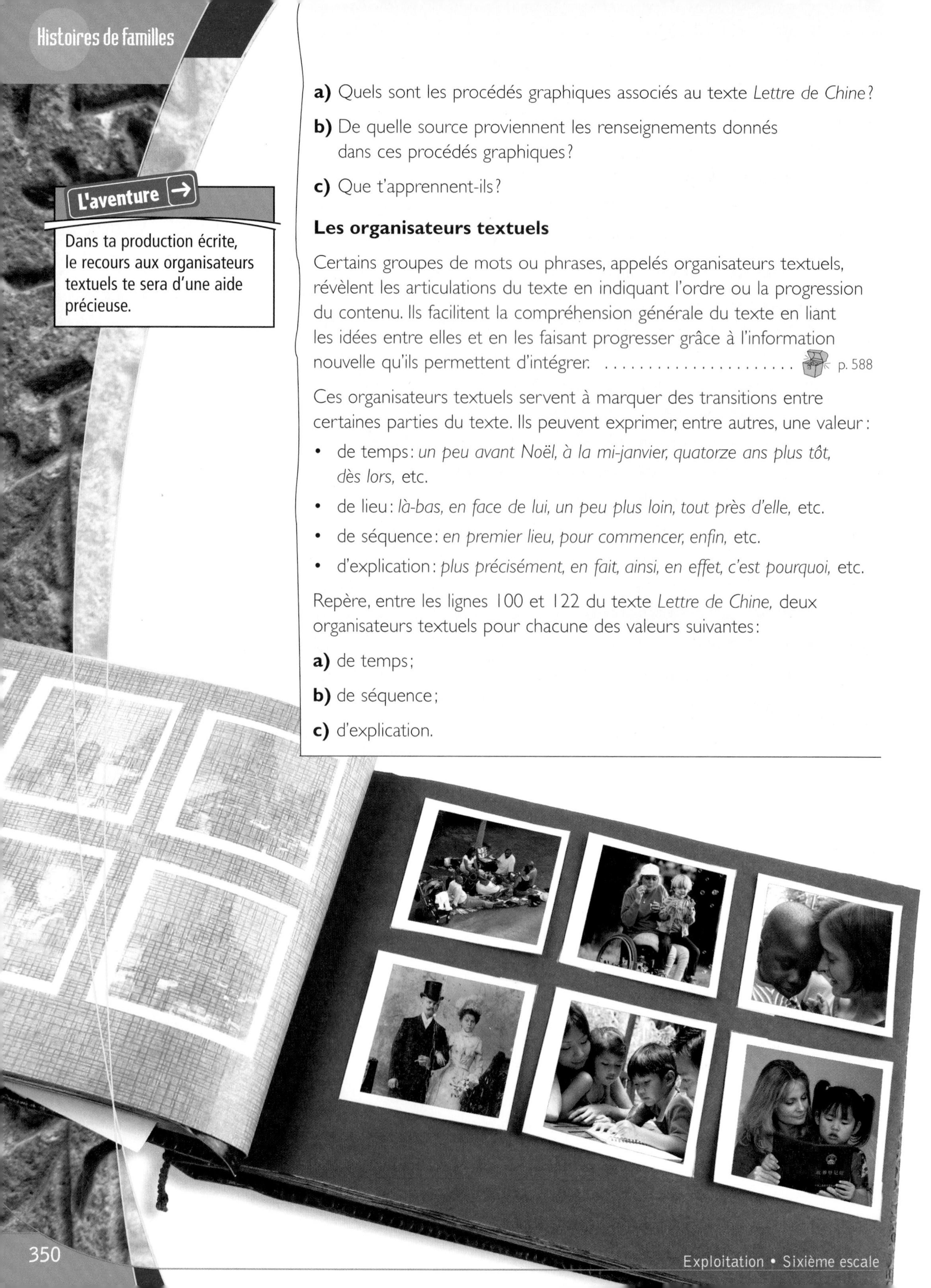

L'aventure →

Dans ta production écrite, le recours aux organisateurs textuels te sera d'une aide précieuse.

a) Quels sont les procédés graphiques associés au texte *Lettre de Chine*?

b) De quelle source proviennent les renseignements donnés dans ces procédés graphiques?

c) Que t'apprennent-ils?

Les organisateurs textuels

Certains groupes de mots ou phrases, appelés organisateurs textuels, révèlent les articulations du texte en indiquant l'ordre ou la progression du contenu. Ils facilitent la compréhension générale du texte en liant les idées entre elles et en les faisant progresser grâce à l'information nouvelle qu'ils permettent d'intégrer. . . . . p. 588

Ces organisateurs textuels servent à marquer des transitions entre certaines parties du texte. Ils peuvent exprimer, entre autres, une valeur:

- de temps: *un peu avant Noël, à la mi-janvier, quatorze ans plus tôt, dès lors,* etc.
- de lieu: *là-bas, en face de lui, un peu plus loin, tout près d'elle,* etc.
- de séquence: *en premier lieu, pour commencer, enfin,* etc.
- d'explication: *plus précisément, en fait, ainsi, en effet, c'est pourquoi,* etc.

Repère, entre les lignes 100 et 122 du texte *Lettre de Chine,* deux organisateurs textuels pour chacune des valeurs suivantes:

a) de temps;

b) de séquence;

c) d'explication.

Cassiopée ou l'été polonais

p. 337

Planification

Dans le texte que tu t'apprêtes à lire, le narrateur, c'est-à-dire la personne qui raconte l'histoire, est très présent.

a) D'après toi, qui est le narrateur de ce texte?

b) De quel type de narrateur s'agit-il?

c) Le narrateur laisse parfois la parole à d'autres personnages. Quels indices te permettent de savoir qu'il fait intervenir d'autres personnages?

Boussole

Il existe trois types de narrateurs:

- le narrateur personnage principal;
- le narrateur témoin;
- le narrateur omniscient.

- Lis le texte *Cassiopée ou l'été polonais* pour découvrir un univers littéraire et entrevoir différentes facettes de l'être humain à travers les personnages et leurs comportements.
- Au cours de ta lecture, prête attention au sujet du texte, au narrateur et à la variété de langue utilisée.

Cap sur les mots

Les mots composés

a) Observe les mots suivants.

1. téléavertisseur
2. laissez-passer
3. mot de passe

b) Quels mots trouves-tu dans chacun de ces mots?

Un mot composé est un mot formé par la réunion de deux ou de plusieurs mots. Le mot composé possède une unité de sens. Des mots de différentes classes peuvent former un mot composé. La construction d'un mot composé peut se faire de trois manières différentes:

- par la soudure de mots: *autoroute, toutefois, tournevis, portemanteau, entremêler*;
- par la réunion des mots avec un trait d'union: *là-bas, sang-froid, arrière-grand-mère*;
- par la juxtaposition de termes séparés: *boîte de conserve, trait d'union, pomme de terre, chemin de fer,* etc.

Comme il existe plusieurs manières de former les mots composés, il est généralement conseillé de consulter un dictionnaire pour bien les orthographier.

Boussole

La tendance, lorsque de nouveaux mots composés sont formés, est de souder les termes plutôt que de les réunir à l'aide d'un trait d'union.

› multiculturel, internaute, courriel.

Trouve, dans le texte *Cassiopée ou l'été polonais,* des mots composés appartenant aux catégories suivantes :

a) deux mots composés formés avec un trait d'union ;

b) un mot composé formé par une soudure ;

c) un mot composé formé par juxtaposition de termes séparés.

Compréhension et interprétation

1. a) Quel est le sujet de ce texte ?

b) Dresse un champ lexical de toutes les notions pouvant s'y rattacher.

2. À l'aide du contexte, trouve, aux lignes indiquées entre parenthèses, un synonyme à chacun des mots suivants.

a) repliée (ligne 32)

b) sortie furtive (ligne 46)

c) excitation (ligne 49)

3. a) Détermine si la variété de langue utilisée dans la séquence de parole entre les lignes 19 et 24 est familière ou standard. .... p. 645

b) Relève les indices qui te le révèlent.

4. Dans un tableau semblable à celui ci-dessous, inscris les caractéristiques des personnages.

a) Relève les caractéristiques physiques (ensemble du corps, habillement) de Patricia et de la mère de Cassiopée.

b) Relève les caractéristiques liées à la personnalité (qualités, défauts, sentiments, intérêts, goûts) de ces deux personnages.

L'aventure

Conserve précieusement cette fiche, qui t'aidera à cerner ton personnage.

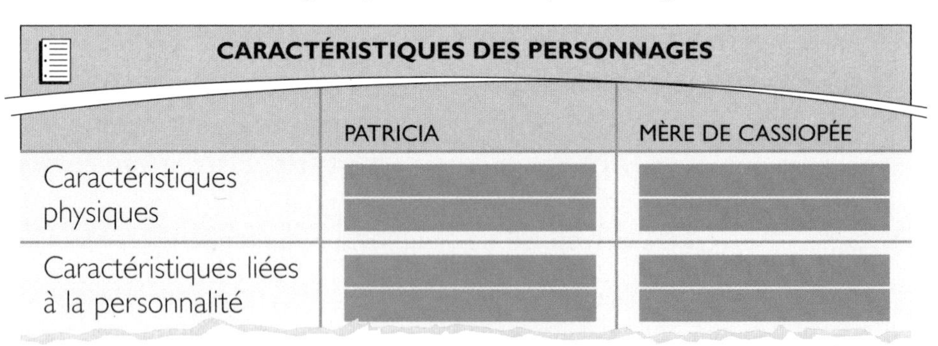

CARACTÉRISTIQUES DES PERSONNAGES

	PATRICIA	MÈRE DE CASSIOPÉE
Caractéristiques physiques		
Caractéristiques liées à la personnalité		

c) Inscris les caractéristiques physiques et liées à la personnalité de deux personnages masculins de ton choix apparaissant dans le roman que tu as lu.

5. a) Rédige un court paragraphe pour décrire l'aspect psychologique du narrateur personnage.

b) Prête une attention particulière à la formation du féminin des adjectifs. ....  p. 605

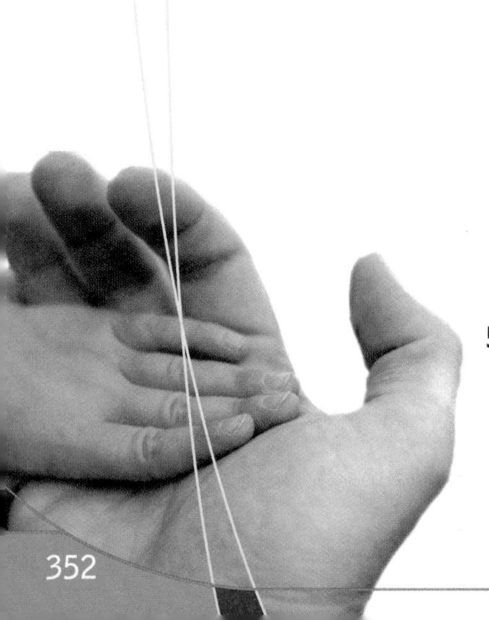

Bagage de connaissances

La reprise de l'information

La reprise de l'information permet de reprendre un élément déjà mentionné dans un texte sans le répéter. Cela permet de maintenir la continuité du propos et fait en sorte que le lecteur ou la lectrice ne perd pas le fil du texte. Lorsqu'on recourt aux différents procédés de reprise de l'information, il faut cependant s'assurer que le texte demeure cohérent malgré les substituts employés.

Voici quelques procédés courants de reprise de l'information.

Boussole

Lorsqu'on recourt à la répétition, on change fréquemment de déterminant. Cependant, l'utilisation de ce procédé ne doit pas être abusive.

PROCÉDÉ DE REPRISE DE L'INFORMATION	*EXEMPLE*
La répétition	› Ce n'est pas seulement un **chauve,** c'est un **chauve** inquiet.
La synonymie	› Patricia demanda de quoi avait l'air **l'ami** de ma mère. Je lui répondis que son **amoureux,** eh bien, c'était un dieu!
Le remplacement par un pronom	› **Jacques** attend. Vas-y vite avant qu'**il** pique une crise.
La périphrase (le remplacement d'un mot par une suite de mots)	› Il s'appelle **Jacques. Un petit gros à lunettes, chauve et poilu.**
L'utilisation d'un terme générique ou spécifique	› L'auto de Patricia était remplie à craquer de nourriture, de **jouets,** de couches. Amélie transporte partout **une espèce d'affreux éléphant orange et plein de bave.**
L'utilisation d'un mot de la même famille	› Je la trouve plus **belle** que Patricia. J'ai fait un grand discours sur la liberté des femmes, la **beauté** et ce genre de choses.
La reprise partielle du groupe de mots	› Elle aime qu'il l'appelle sa **grande fille,** et rien ne lui fait plus plaisir que d'être prise pour sa **fille** quand ils sortent ensemble.

Quel est le procédé de reprise de l'information utilisé dans les exemples ci-dessous?

a) Je commençais à me faire à l'idée que maman avait un **chum,** je m'étais aussi mise à **l'**imaginer.

b) Il imaginait les pires **tragédies** sur le chemin de l'aéroport (**embouteillages monstres, panne d'essence, accident, effondrement du boulevard Métropolitain…**).

c) J'ai fait le trajet à côté d'**Amélie, ma presque sœur.**

d) **Amélie** a 16 mois. **Elle** sourit tout le temps.

e) Quand j'ai su qu'elle s'appellerait **Amélie,** j'ai dit aux parents: «Dépêchez-vous de **lui** faire deux sœurs.»

Journal d'une effrontée timide

p. 340

Planification

Examine la forme du texte et son titre.

a) À ton avis, s'agit-il d'un texte courant ou d'un texte littéraire? Pourquoi?

b) Selon toi, quel sera le contenu de ce texte?

c) Sous quelle forme sera-t-il présenté: biographie, témoignage ou journal intime?

d) En plus d'organiser son texte en paragraphes, l'auteure a employé un moyen propre à cette forme pour diviser les parties du texte. Quel est ce moyen?

e) Comment la lecture de ce texte pourra-t-elle t'aider à rédiger ta production finale?

- Lis le texte *Journal d'une effrontée timide* afin de découvrir un univers littéraire. Tu t'inspireras de la forme et du contenu de ce texte pour rédiger ta production finale.
- Au cours de la lecture de ce texte, tente de dégager l'organisation propre au journal intime.

Compréhension et interprétation

1. a) Qui est le narrateur de ce texte?

b) Que connais-tu de son identité?

c) De quel type de narrateur s'agit-il? Explique ta réponse.

2. Certains mots de ce texte appartiennent à la langue familière.

a) Indique à côté de chaque mot de la liste ci-dessous si le mot appartient à la langue familière (*fam.*).

❶ effrontée (titre)
❷ crépuscules (ligne 5)
❸ amnésique (ligne 10)
❹ partys (ligne 11)
❺ chum (ligne 12)
❻ brosse (ligne 12)
❼ lamentable (ligne 15)
❽ piédestal (ligne 32)
❾ vieux (ligne 36)

b) Écris la définition de chaque mot à l'aide du dictionnaire et du contexte.

c) Trouve un synonyme en langue standard à chaque mot de langue familière.

3. a) Utilise un tableau semblable à celui ci-dessous pour mieux comprendre l'organisation et la structure d'un texte tel que le journal intime.

ORGANISATION DU TEXTE *JOURNAL D'UNE EFFRONTÉE TIMIDE*			
	VRAI	FAUX	RAISON
La date figure dans le texte.			
Le texte est adressé à quelqu'un ou au journal même.			
Les verbes sont généralement au présent.			
Le passé composé est parfois utilisé.			
Le texte est divisé en paragraphes.			
Les faits sont présentés dans l'ordre chronologique.			
Il y a une introduction et une conclusion.			
Le récit se déroule dans le monde réel.			
Le récit se déroule à une certaine époque.			

b) En te référant au texte *Journal d'une effrontée timide*, détermine si les énoncés du tableau sont vrais ou faux.

c) Si ta réponse est «faux», donnes-en la raison.

4. Repère les organisateurs textuels de ce texte et inscris-les dans un tableau semblable à celui ci-dessous.

ORGANISATEUR TEXTUEL			
DE TEMPS	DE LIEU	DE SÉQUENCE	D'EXPLICATION
• • • • •	• •	• •	•

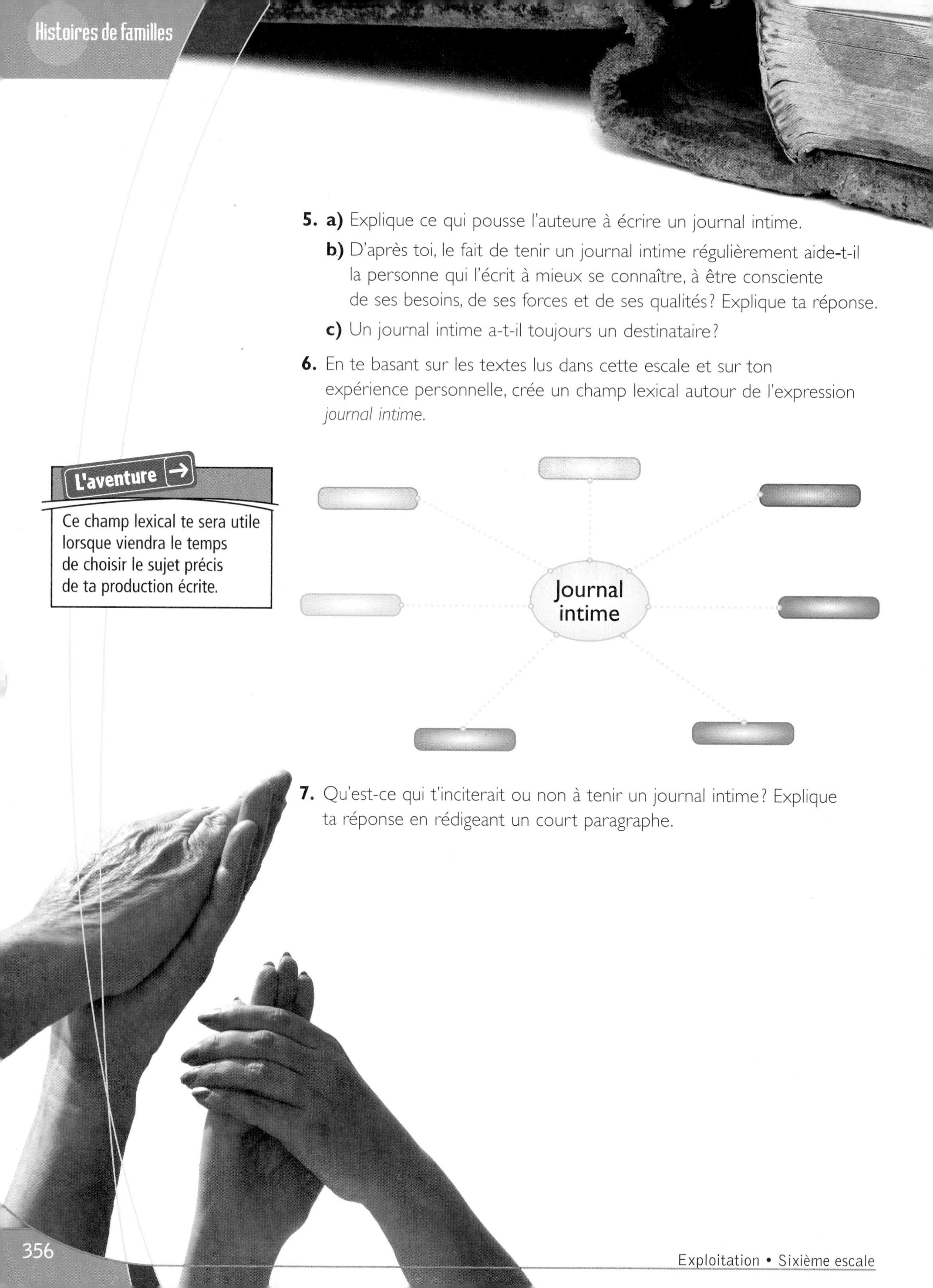

5. a) Explique ce qui pousse l'auteure à écrire un journal intime.

b) D'après toi, le fait de tenir un journal intime régulièrement aide-t-il la personne qui l'écrit à mieux se connaître, à être consciente de ses besoins, de ses forces et de ses qualités? Explique ta réponse.

c) Un journal intime a-t-il toujours un destinataire?

6. En te basant sur les textes lus dans cette escale et sur ton expérience personnelle, crée un champ lexical autour de l'expression *journal intime*.

L'aventure →

Ce champ lexical te sera utile lorsque viendra le temps de choisir le sujet précis de ta production écrite.

7. Qu'est-ce qui t'inciterait ou non à tenir un journal intime? Explique ta réponse en rédigeant un court paragraphe.

8. En te référant aux quatre textes étudiés dans l'escale, au roman que tu as lu et aux connaissances que tu as acquises jusqu'à maintenant, tente de cerner les caractéristiques propres au texte narratif.

a) Dans un tableau semblable à celui ci-dessous, indique si les énoncés sont vrais ou faux par rapport au texte narratif.

TEXTE NARRATIF		
CARACTÉRISTIQUE	VRAI	FAUX
Il vise avant tout à convaincre.		
La séquence dominante est la séquence narrative.		
Il présente un ou des personnages qui tiennent des rôles dont l'importance peut varier.		
Il vise à émouvoir, à raconter une histoire ou à divertir.		
Il présente un univers qui évoque une époque ou des lieux.		
Il comporte une intrigue relatée par un narrateur.		
L'auteur ou l'auteure nous présente un sujet et nous dévoile son opinion sur celui-ci.		
Les événements racontés peuvent être réels ou fictifs.		
Il nous informe sur un sujet bien particulier ainsi que sur ses caractéristiques.		
Il peut contenir des séquences descriptives et des séquences de parole.		
Les événements racontés sont vraisemblables.		

b) Si tu juges que l'énoncé est faux, justifie ta réponse.

Bilan

1. Parmi les personnages que les textes t'ont fait connaître, auquel t'identifies-tu davantage? Pour quelles raisons?

a) Catherine dans *Lettre de Chine.*

b) Megan dans *Surprise!*

c) Cassiopée dans *Cassiopée ou l'été polonais.*

d) L'héroïne dans *Journal d'une effrontée timide.*

e) Un des personnages du roman que tu as lu.

2. D'après toi, si les personnages principaux des textes avaient été masculins, auraient-il réagi de la même façon dans les mêmes contextes? Explique ta réponse.

3. As-tu éprouvé de la difficulté à comprendre ces textes? Si oui, précise la cause de tes difficultés: les mots utilisés, les stratégies employées, etc.

4. Depuis le début de l'année scolaire, crois-tu avoir amélioré ta compréhension en lecture? Explique ta réponse.

5. a) Lis attentivement chacune des stratégies de lecture suivantes.

❶ Diversifier ses façons de comprendre le vocabulaire.

❷ Reconnaître les différents personnages et leurs caractéristiques.

❸ Établir des liens entre les idées de l'auteur ou l'auteure et ses propres idées.

❹ Établir des liens entre le texte et la vie de tous les jours.

❺ Comparer ses idées avec celles de ses camarades de classe.

❻ Cerner l'organisation du texte (par exemple faire le schéma narratif d'un récit).

❼ Établir des liens entre différents textes.

b) Détermine les stratégies que tu as davantage utilisées en lisant chacun des textes étudiés.

c) As-tu utilisé ces stratégies dans le roman que tu as lu?

6. Qu'as-tu appris de nouveau en lisant ces textes?

7. La lecture de ces textes et du roman t'aidera-t-elle à réaliser ta production finale? Explique ta réponse en un court paragraphe.

Fonctionnement de la langue

L'accord du verbe et du participe passé avec l'auxiliaire *avoir* (PPA) dans les subordonnées relatives introduites par *que* ou *qui*

Point de repère

- Les phrases simples peuvent être jointes à l'aide de subordonnants pour former une phrase complexe. . . . . p. 311
- Le participe passé employé avec l'auxiliaire *avoir* s'accorde en genre et en nombre avec le complément direct (CD) si celui-ci est placé avant le verbe. Les pronoms *le*, *la*, *l'* et *les* exercent généralement la fonction de CD dans une phrase. . . . . p. 308
  - › Il l'a **connue** au travail. Depuis ce temps, elle vit avec lui.
  - › Cassiopée a **écrit** une lettre à son père. Elle l'a **mise** à la poste hier.

Exploration

a) Lis les phrases suivantes afin de découvrir le fonctionnement de l'accord du verbe et des participes passés employés avec l'auxiliaire *avoir* dans la subordonnée relative introduite par les pronoms relatifs *qui* ou *que*. Prête une attention particulière aux groupes de mots soulignés.

❶ L'amie du père de Cassiopée, qui s'appelle Patricia, a un bébé.

❷ Ces filles, qui étudient au Canada, sont nées en Chine.

❸ Les femmes que j'ai rencontrées pour cette étude étaient toutes monoparentales.

❹ Les garçons qu'elle a vus ne sont pas nés en Chine.

b) Quelle est la fonction du pronom relatif *qui* dans les phrases ❶ et ❷?

c) Comment se fait l'accord du verbe de la subordonnée dans ces phrases?

d) Quelle est la fonction des pronoms relatifs *que* et *qu'* dans les phrases ❸ et ❹?

e) Quels groupes de mots sont repris par les pronoms dans les phrases ❸ et ❹?

f) Quels sont le genre et le nombre de ces groupes de mots?

g) Relève les participes passés dans les deux subordonnées des phrases ❸ et ❹.

h) Quelles sont leurs terminaisons?

i) Comment justifies-tu l'accord de ces participes passés?

Tour d'horizon

1. Le pronom relatif *qui* ou *que* qui se trouve dans une phrase complexe indique la présence d'une subordonnée relative.

› Cassiopée, **qui** est enfant unique, vit le plus souvent chez sa mère.
subordonnée relative

2. La phrase subordonnée ne peut exister seule. Elle doit être liée à une phrase simple pour avoir du sens.

› ⊘ Qui est enfant unique. → C'est une phrase qui n'a pas de sens.

3. La phrase subordonnée relative complète généralement un nom et, comme les autres compléments du nom, elle est généralement effaçable.

› L'homme que sa mère a rencontré est chauve. → L'homme est chauve.
sub. relative complément du nom

4. Le pronom relatif ***qui*** a la **fonction de sujet** dans la phrase subordonnée relative. Ainsi, le verbe conjugué de cette subordonnée s'accorde en personne et en nombre avec le pronom *qui,* lequel prend la personne et le nombre de son antécédent. Si cette subordonnée contient un participe passé employé avec *être,* ce participe passé s'accorde également avec le pronom *qui.*

pl. **pl.**
› Les parents **qui** se séparent doivent penser au bien-être des enfants.
fonction : sujet

pl. **pl.**
› Cet été, nous rencontrerons nos amies **qui** viendront de loin.
sujet

5. Le pronom relatif ***que*** a généralement la **fonction de complément direct (CD)** dans la phrase subordonnée relative. Le participe passé employé avec l'auxiliaire *avoir* qui fait partie de cette subordonnée s'accorde en genre et en nombre avec le pronom relatif *que,* complément direct placé avant le verbe. Ce pronom prend le genre et le nombre de son antécédent.

masc. pl. **masc. pl.**
› Les enfants **que** sa mère a gardés ont été adoptés.
CD

fém. sing. **fém. sing.**
› Cette femme **qu**'il a aimée était beaucoup plus jeune que lui.
CD

fém. pl. **fém. pl.**
› Les deux filles **que** j'ai rencontrées sont des cousines de mon mari.
CD

Les subordonnées relatives introduites par les pronoms relatifs *lequel, duquel, auquel* et leurs variantes

Point de repère

La subordination est l'un des trois procédés employés pour former des phrases complexes. Elle consiste à joindre des phrases simples à l'aide d'un subordonnant.

Dans une phrase complexe, le pronom relatif introduit une phrase subordonnée relative.

Il existe plusieurs pronoms relatifs. .... 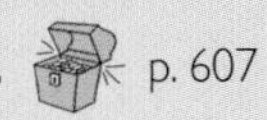 p. 607

Exploration

a) Lis les phrases suivantes en prêtant une attention particulière aux mots en gras ainsi qu'aux groupes de mots soulignés.

1. Les amis **desquels** j'ai emprunté ce chandail sont des frères jumeaux.
2. La situation **à laquelle** Catherine fait face est problématique.
3. L'orphelinat **auquel** il fait allusion se trouve près de Shanghai.
4. L'enfant ne connaît pas le nom de la ville **dans laquelle** il est né.

b) Quels sont les mots qui servent à introduire les subordonnées?

c) À quelle classe de mots peux-tu associer ces mots?

d) Quel est l'antécédent de chacun des mots en gras?

e) Quel est le genre et le nombre de chacun de ces antécédents?

f) Indique la fonction grammaticale de chacun des mots en gras. Pour ce faire, transforme les subordonnées en phrases simples en remplaçant les mots en gras par leur antécédent. Trouve ensuite la fonction de ces antécédents.

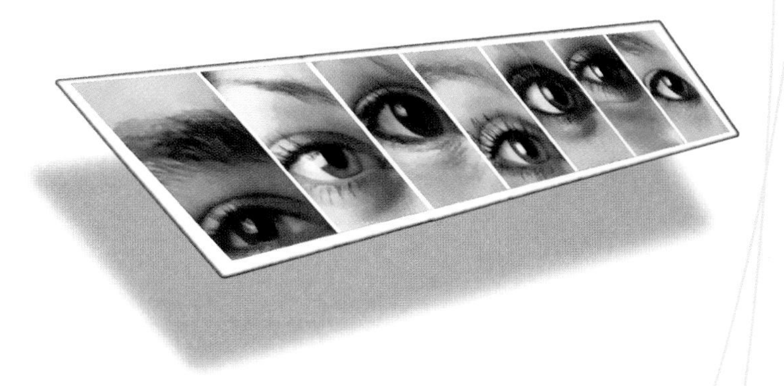

Tour d'horizon

1. On introduit une subordonnée par le pronom relatif *lequel, laquelle, lesquels* ou *lesquelles* lorsque le groupe de mots remplacé est un groupe nominal (GN) ayant la fonction de sujet. Le genre et le nombre du GN remplacé influenceront le choix du pronom.

› Elle a écrit à sa fille, **laquelle** vit au Québec.

P_1 : Elle a écrit à sa fille.

P_2 : **Sa fille** vit au Québec.

2. On introduit une subordonnée par le pronom relatif *auquel, auxquels* ou *auxquelles* lorsque le groupe de mots remplacé est un groupe prépositionnel (GPrép) commençant par *à, au* ou *aux* et ayant la fonction de complément indirect (CI) du verbe. Le genre et le nombre du GN introduit par ces prépositions influenceront le choix du pronom.

› Le jeune homme **auquel** il s'identifie vient d'une famille modeste.

P_1 : Le jeune homme vient d'une famille modeste.

P_2 : Il s'identifie **à ce jeune homme.**

3. On introduit une subordonnée par le pronom relatif *duquel, desquels* ou *desquelles* lorsque le groupe de mots remplacé est un GPrép commençant par *de, du* ou *des* et ayant la fonction de CI du verbe. Le genre et le nombre du GN introduit par ces prépositions influenceront le choix du pronom.

› L'homme **duquel** elle parle était un ami de la famille.

P_1 : L'homme était un ami de la famille.

P_2 : Elle parle **de cet homme.**

4. On introduit une subordonnée par le pronom relatif *laquelle* précédé d'une préposition (*à, de, pour, en,* etc.) lorsque le groupe de mots remplacé est un GPrép commençant par la préposition qui accompagne *laquelle* et ayant la fonction de CI du verbe.

› Elle veut revoir sa fille **pour laquelle** elle a remué ciel et terre.

P_1 : Elle veut revoir sa fille.

P_2 : Elle a remué ciel et terre **pour sa fille.**

Boussole

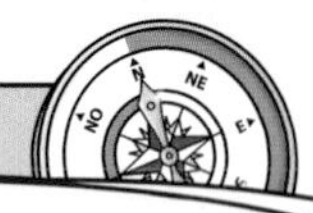

Les formes contractées *duquel, desquels, desquelles, auquel, auxquels* et *auxquelles* sont le résultat de la fusion de la préposition *de* ou *à* avec le pronom relatif *lequel* et ses variantes.

Le groupe adverbial (GAdv) et ses fonctions

Point de repère

L'adverbe est invariable et peut être de forme simple (*très, mal, ici, lentement, doucement, prudemment*) ou complexe (*tout à coup, au fur et à mesure, jusque-là*). .... p. 613

De nombreux adverbes sont formés à partir du féminin d'un adjectif auquel on a ajouté le suffixe *-ment.*

› lente → lentement; fière → fièrement; profonde → profondément

L'adverbe est le noyau d'un GAdv.

L'adverbe peut exprimer différentes valeurs: le temps (*hier*), le lieu (*ailleurs*), la négation (*ne... pas*), l'intensité (*extrêmement*), la quantité (*beaucoup*), l'affirmation (*oui*), la probabilité (*peut-être*), la manière (*vite*).

Un même adverbe peut exprimer différentes valeurs selon le contexte et sa position dans la phrase.

Boussole

Il est important de distinguer l'adverbe de l'adjectif.

› Un homme *fort* (adj.).

› Un travail *fort* (adv.) intéressant.

Seul l'adjectif s'accorde en genre et en nombre.

Exploration

a) Lis les phrases ci-dessous afin de découvrir quelques caractéristiques de l'adverbe. Prête attention aux mots en gras.

❶ Je voyais **bien** que ma mère voulait partir.

❷ **Tout à coup,** je me suis mise à pleurer.

❸ Chang Sou s'exprime **admirablement** bien.

❹ Pendant la lecture, Catherine est **très** attentive.

❺ Amélie semble **bien.**

❻ Amélie semble **très** joyeuse.

❼ Depuis le décès de sa femme et de sa fille, on le voit **peu.**

b) À quelle classe de mots les mots en gras appartiennent-ils?

c) Quelle est la classe du mot souligné dans les phrases ❶, ❸, ❹, ❻ et ❼?

d) Dans les phrases ❶, ❸, ❹, ❻ et ❼, le mot en gras modifie-t-il le sens du mot souligné?

Tour d'horizon

1. Dans un groupe adverbial (GAdv), seul un autre GAdv peut servir d'expansion. Celle-ci se place à gauche de l'adverbe noyau.

› Le temps s'écoulait [très rapidement] (GAdv).

2. Le GAdv peut exercer plusieurs fonctions. Il peut être:

- **complément de phrase** pour exprimer le temps ou le lieu (GCP);
  - › **Sous peu,** Chang Sou annoncera la nouvelle à Catherine.
- **modificateur** de l'adverbe, du verbe et de l'adjectif pour exprimer l'intensité, la quantité, la manière;
  - › Modificateur du verbe: Chang Sou prononçait **lentement** chaque mot de la lettre.
  - › Modificateur de l'adverbe: Il parlait **remarquablement** bien.
  - › Modificateur de l'adjectif: Les deux filles sont **très** attentives pendant les explications de leur mère.
- **complément indirect (CI)** du verbe avec une valeur de lieu ou de temps;
  - › Ira-t-elle **là-bas**?
  - › J'arrive **tantôt.**
- **attribut du sujet.**
  - › Elle semble **bien.**

3. Un GAdv peut jouer différents rôles dans une phrase ou un texte. Il peut servir à:

- marquer **le type ou la forme d'une phrase** (marqueur interrogatif, marqueur exclamatif, marqueur de négation);
  - › **Comme** elle aurait souhaité rencontrer sa mère naturelle avant sa mort!
  - › Elle **ne** partira **pas** avant de l'avoir vu.
- exprimer le **point de vue** du locuteur ou de la locutrice (affirmation, certitude, incertitude, sentiment, etc.);
  - › oui, sûrement, peut-être, heureusement, etc.
- **coordonner** des phrases (coordonnant);
  - › Voici une lettre de Chine, **c'est-à-dire** une lettre écrite par ta mère biologique.
- **organiser** le texte (organisateur textuel).
  - › premièrement, d'abord, deuxièmement, finalement, etc.

Excursion

L'accord du verbe et du participe passé avec l'auxiliaire *avoir* (PPA) dans les subordonnées relatives introduites par *que* ou *qui*

... p. 360

1. a) Lis les phrases suivantes.

❶ Catherine et son parrain ont reçu une lettre qui les (**bouleverser**, présent).

❷ Son parrain qui (**apprendre,** passé composé) cette langue dans sa jeunesse va lui lire le message.

❸ La lettre que cette femme (**composer**, passé composé) est longue.

❹ Ses phrases, qui (**être,** présent) très belles, évoquent le passé.

❺ Cette femme qui toujours (**respecter**, passé composé) Catherine est maintenant âgée.

❻ Les notes qu'elles (**prendre,** passé composé) étaient mal traduites.

❼ Les démarches d'adoption que cette famille (**entreprendre,** passé composé) étaient laborieuses.

❽ Les documents que les autorités chinoises (**demander**, plus-que-parfait) n'étaient pas dûment complétés.

❾ L'enfant qui (**devoir**, conditionnel passé) quitter le Canada en mars dernier n'a pas pu le faire.

❿ Les infirmières de l'orphelinat que nous (**rencontrer**, passé simple) étaient méfiantes à notre égard.

b) Conjugue les verbes entre parenthèses aux temps de l'indicatif demandés. Accorde correctement ces verbes de même que les participes passés qui les forment.

2. a) Définis chacun des personnages des textes que tu as lus par une subordonnée relative introduite par *qui* ou *que*.

❶ Le Dr Chang est le médecin qui...

❷ Natalie est la fille que...

❸ Jacques est le beau-père que...

❹ Cassiopée est une jeune fille qui...

b) Fais le même exercice avec deux des personnages du roman que tu as lu.

c) Accorde correctement les verbes et les participes passés de tes subordonnées.

Les subordonnées relatives introduites par les pronoms relatifs *lequel, duquel, auquel* et leurs variantes

p. 362

1. a) Lis les phrases suivantes.

1. Je voyais maman dans le salon. Le salon était dans l'obscurité.
2. Maman a acheté une boîte magique. Xavier apprendra à reconnaître les formes avec cette boîte magique.
3. Elle imagine son pays d'origine. Elle se souvient peu de son pays d'origine.
4. J'ai rencontré cet homme. Tu t'es inspiré de cet homme pour écrire.
5. Il avait acheté un livre. Le livre traînait dans un tiroir.
6. Elle avait deux sœurs plus jeunes. Elle ressemblait à ses deux sœurs.
7. Le plus jeune se cachait derrière le meuble. Édouard s'identifiait au plus jeune.
8. Il devait faire face à un défi. Ce défi le motivait à poursuivre ses recherches pour retrouver sa mère biologique.
9. J'ai rencontré une fille. Je suis très attaché à cette fille.
10. Le père de Noah enseigne près du conservatoire. Tu es finissant de ce conservatoire.
11. Christophe est le père d'Evan. Evan est marié à Justine.
12. La maison était romantique. Il régnait une ambiance nostalgique dans la maison.
13. La mère de Camille avait été ma professeure de musique. J'avais beaucoup d'affection pour la mère de Camille.

b) Dans chaque cas, crée des phrases complexes en joignant les deux phrases simples à l'aide des pronoms relatifs *lequel*, *duquel*, *auquel* et leurs variantes.

c) Choisis le bon pronom en fonction du genre et du nombre du groupe qu'il remplace et de la préposition qui le précède.

2. Dans les phrases ci-dessous, des erreurs ont été faites quant au choix du pronom relatif. Apporte les corrections nécessaires en te servant des pronoms *lequel*, *duquel*, *auquel* et de leurs variantes.

a) Annie, c'est la fille que je sors avec.

b) C'est le restaurant qu'on dit beaucoup de bien.

c) Les cartes que je joue avec appartiennent à mes voisins.

d) Le rêve que je m'accroche, c'est de rencontrer un jour mes parents biologiques.

Le groupe adverbial (GAdv) et ses fonctions .... p. 364

1. a) Dans les phrases suivantes, encadre les GAdv.

1. Combien de temps la réunion de ton père va-t-elle durer?
2. Patricia doit absolument lui parler.
3. Pourquoi insiste-t-elle?
4. Apparemment, elle n'est pas d'accord avec toi.
5. Nous répondrons très rapidement à sa requête.
6. Ma mère vit là-bas depuis plusieurs années.
7. Ils se sont rencontrés par hasard.
8. Megan a beaucoup pleuré.
9. La tristesse de sa fille est tellement importante pour elle.
10. Autrefois, y avait-il autant de divorces au Québec?
11. L'éclatement des familles est un phénomène social très sérieux.
12. Il y a environ une union sur trois qui ne dure pas.

b) Dans chaque cas, détermine la fonction (groupe complément de phrase; complément indirect; attribut du sujet; modificateur du verbe, de l'adjectif ou de l'adverbe) ou le rôle (marqueur interrogatif, exclamatif ou de négation; coordonnant; organisateur textuel; expression d'un point de vue) de l'adverbe.

2. Complète les phrases ci-dessous en ajoutant le groupe adverbial de ton choix qui exerce la fonction ou le rôle inscrit entre parenthèses. Utilise différents adverbes.

a) La mère de Xavier ramassait les jouets qui traînaient. (GCP)

b) Papa acceptera de nous accompagner. (expression d'un point de vue)

c) Ça lui arrivait souvent de penser à son pays d'origine. (marqueur de négation)

d) Je sortis de la maison. (modificateur du verbe)

e) Camille était nerveuse à l'idée de rencontrer sa mère biologique. (modificateur de l'adjectif)

Comme dans les meilleures familles!

Tu as pu constater dans les textes de cette escale que chaque famille a, d'une part, ses particularités et, d'autre part, son lot de soucis et de préoccupations. De plus, ces préoccupations font souvent naître de nombreux sentiments et émotions chez les personnes concernées. À toi maintenant de nous faire part de ce que ressent et vit un personnage de l'un des textes étudiés dans cette escale ou de n'importe quel personnage du roman que tu as lu. Ce texte sera présenté sous la forme d'un journal intime.

Au cours du processus de rédaction, assure-toi de respecter les consignes suivantes.

TÂCHE	Écrire un texte qui rend compte d'expériences et qui précise des sentiments et des émotions.
SUJET	Raconter un événement vécu par le personnage choisi et préciser les sentiments qui y sont associés.
DESTINATAIRE	Le personnage lui-même.
CONTEXTE DE RÉALISATION	Se glisser dans la peau du narrateur pour rédiger le texte, qui prendra la forme d'un journal intime. Travail individuel.

Calepin

Certains mots de la même famille ont une accentuation différente.

Par exemple, les noms *règle*, *hypothèque*, *repère* et *zèbre* ont un accent grave. Le verbe correspondant à chacun de ces mots s'écrit avec un accent aigu: *régler*, *hypothéquer*, *repérer* et *zébrer*.

En cas de doute, il est préférable de consulter le dictionnaire.

Préparation

Planifie ta production

a) Choisis le personnage qui sera le narrateur des propos relatés dans le journal intime. Ce personnage pourra être l'un des personnages des textes de cette escale ou l'un des personnages du roman que tu as lu.

b) Détermine le contenu de ton texte en choisissant un événement que le personnage a vécu et ses sentiments et émotions par rapport à cet événement. N'oublie pas que le narrateur personnage principal utilise la première personne (*je*) pour raconter les événements qu'il a vécus.

❶ Relis les textes présentés dans cette escale afin de t'inspirer des moyens utilisés pour décrire les lieux et les personnages, et les réactions verbales, non verbales et les émotions de ces derniers.

❷ Relis les fiches que tu as créées sur les caractéristiques des personnages.

c) Décris les émotions et sentiments ressentis avant, pendant et après l'événement dont il est question.

d) Assure-toi de faire de bonnes descriptions physiques et psychologiques.

e) Organise les éléments choisis en respectant la structure du journal intime et veille à ce que les événements racontés soient vraisemblables.

Réalisation

Rédige ton brouillon

a) Relis régulièrement ton texte au cours de la rédaction.

b) Tiens compte de la structure que tu veux donner au texte.
1. Aborde les différents aspects de la description en suivant un certain ordre (par exemple présenter les aspects par ordre d'importance selon l'évolution dans le temps).
2. Décris, dans chaque aspect traité, les émotions et sentiments ressentis.

c) Utilise un vocabulaire précis et nuancé. Emploie, si possible, les mots de vocabulaire que tu as appris dans cette escale.

d) Construis des phrases qui contiennent les deux groupes obligatoires et ajoute des subordonnées relatives à certaines d'entre elles pour les rendre plus précises.

e) Assure la cohérence de ton texte en employant des procédés de reprise de l'information.

Révise, améliore et corrige ton brouillon

a) Relis ton texte afin de t'assurer que la réponse est *oui* à chacune des questions suivantes.
- Ce texte respecte-t-il les caractéristiques d'un texte narratif?
- Ton texte vise-t-il à raconter une histoire ou un événement?
- La séquence dominante de ton texte est-elle la séquence narrative?
- Ton texte raconte-t-il une histoire fictive et vraisemblable?
- Ton texte présente-t-il un univers propre, composé d'un ou de plusieurs lieux, d'un ou de plusieurs personnages, d'une époque clairement définie et d'une intrigue (un événement de la vie du personnage)?

- Le sujet de ton texte correspond-il au récit d'un événement relaté par un personnage des textes de cette escale?
- Le personnage fait-il part de ses sentiments et de ses émotions?

c) Vérifie que les phrases contiennent toujours les deux groupes obligatoires.

d) Vérifie les accords dans les groupes nominaux et dans les subordonnées relatives.

e) Vérifie les accords des participes passés.

f) Utilise le dictionnaire pour vérifier l'orthographe des mots qui suscitent des doutes.

g) Mets le texte au propre en soignant ton écriture.

La voix du *je*

Ce qu'il y a de contradictoire avec le journal intime publié, c'est qu'un journal intime, par définition, n'est pas destiné à être lu par une personne autre que celle qui l'a écrit. Pourtant, lorsqu'il s'agit d'un journal intime publié, il est lu par un grand nombre de lecteurs et lectrices. Livre à ton tour ta version d'un personnage en lisant ton texte à voix haute. Joins-toi à tes camarades qui ont écrit à partir d'un même texte avec un autre personnage. Vous entendrez ainsi les points de vue différents sur une même situation.

Bilan

Afin de faire le bilan de ton parcours, réponds aux questions suivantes.

a) Quels sont les points forts de ta production?

b) Quelles sont les difficultés que tu as dû surmonter au cours de la rédaction de ton texte? Comment as-tu fait?

c) En comparant cette production avec tes productions précédentes, explique les progrès que tu as réalisés.

d) Selon toi, quelles habiletés aurais-tu avantage à mieux développer?

e) Qu'as-tu appris au cours de ce processus d'écriture?

f) Le fait de lire des textes sur des jeunes de ton âge et d'écrire un récit sous la forme d'un journal intime t'a-t-il permis de prendre conscience de certains aspects de ta vie et d'y réfléchir? Lesquels? Explique tes propos en un court paragraphe.

Ce septième parcours t'invite à explorer le monde fascinant du livre. Depuis Gutenberg, et même avant, les livres nous font rêver tout en nourrissant et en stimulant notre imaginaire. En plus de permettre la diffusion de la culture et des idées, ils nous donnent la possibilité d'entrevoir différentes facettes de l'être humain et de sa réalité, à travers la vie trépidante de nombreux personnages. Au cours de cette escale, tu liras différents textes et tu exerceras ensuite ton jugement critique en te prononçant sur la qualité de ces œuvres littéraires. Pour ce faire, tu développeras des compétences qui t'aideront à exercer ton jugement : tu utiliseras notamment certains critères d'appréciation qui te guideront dans ton évaluation de ces œuvres.

Bonne lecture ! Attention, le plaisir croît avec l'usage !

L'aventure

Au cours de cette aventure, tu participeras à un cercle de lecture. Ce faisant, tu tenteras de convaincre les élèves de ta classe qu'un certain livre mérite particulièrement qu'on s'y intéresse. À toi de choisir et de lire ou de relire un roman. Ainsi, tu justifieras ton choix en t'appuyant sur des critères d'appréciation pertinents. Durant cette communication orale, tu mettras à profit ton jugement critique tout en faisant preuve d'ouverture au regard d'une éventuelle remise en question de ce jugement.

À livre ouvert

Itinéraire

EMBARQUEMENT

a) Trouve les mots qui correspondent aux définitions et remplis la grille.

b) Joins-toi ensuite à un ou une élève et comparez vos réponses.

c) Au besoin, faites appel à une autre dyade pour compléter vos réponses.

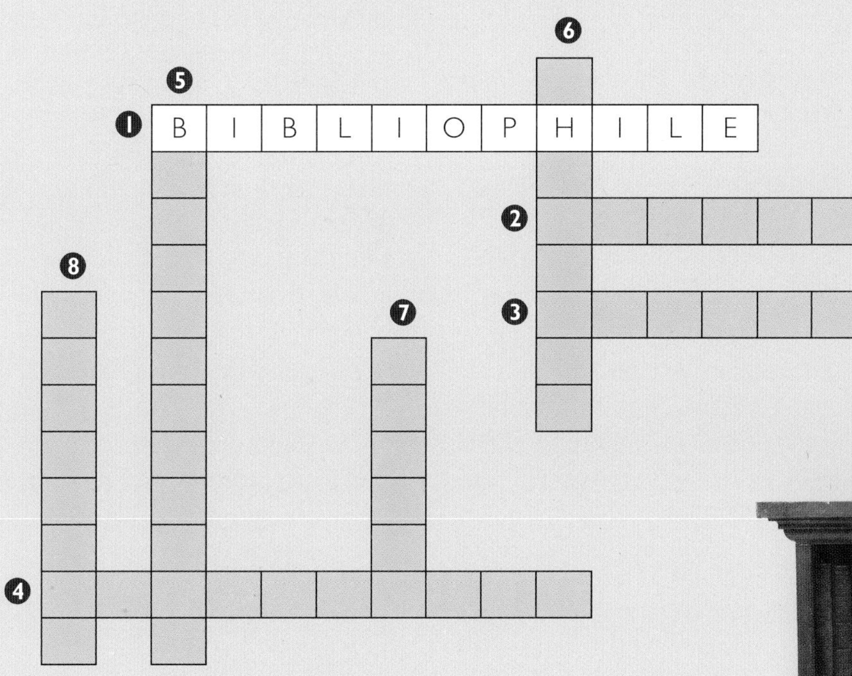

Horizontalement

1. Amateur de livres.
2. Texte placé au début d'un livre qui sert à présenter l'ouvrage aux lecteurs et lectrices.
3. Nombre d'exemplaires d'un livre.
4. Partie qui couvre, enserre les pages d'un livre.

Verticalement

5. Meuble à livres.
6. Chacune des parties qui se suivent dans un livre, divisions qui en articulent la lecture.
7. Ruban ou bande de papier servant à marquer un endroit du livre.
8. Inscription en tête d'un livre, par laquelle l'auteur ou l'auteure fait hommage à quelqu'un.

Rencontre avec un héros de chez nous

Il n'y a, après tout, que très peu de différence entre l'univers fantastique d'Amos Daragon et la vie de Bryan Perro.

La Gazette des jeunes

C'est à Shawinigan, dans un petit café, devant une tasse de chocolat chaud (excellent d'ailleurs) et des cafés que j'ai pu rencontrer l'écrivain de la nouvelle série jeunesse *Amos Daragon.* Bryan Perro, originaire de Grand-Mère, est l'auteur de ces nouveaux livres pour les jeunes. Entre Harry Potter et *Le Seigneur des anneaux,* M. Perro nous plonge dans un monde de contes et de légendes.

Dans un univers beaucoup plus poussé, côté mythologie, le jeune héros de 12 ans, Amos, doit rétablir l'équilibre entre le bien et le mal. Classique ? Non ! Tout d'abord, le mélange de culture, l'ensemble des personnages et la façon d'écrire nous montrent clairement l'originalité et la nouveauté dont l'auteur s'inspire. Visant d'abord les préadolescents, le livre atteint également leurs parents ainsi que leurs frères et sœurs.

L'idée est partie d'un « flash » qu'a eu l'éditeur de Bryan Perro dans un avion, il y a seulement un an. Michel Brûlé, des Éditions des Intouchables, avait déjà publié M. Perro. Et voilà donc les trois premiers livres de cette série de dix publiés, imprimés et en vente. Un énorme succès. Les droits sont même en vente un peu partout à travers le globe.

L'écrivain est également un grand lecteur. Lisant un peu de tout, il aime avant tout ce qui est raconté et non la façon dont c'est raconté. Comme il le dit si bien, il n'est pas un lecteur « de forme, mais de fond ». Son livre préféré, celui qui l'a le plus marqué, c'est *Moby Dick.* Pourquoi ? Parce que ce livre raconte « le combat de l'homme et de la nature, l'homme et la bête, l'humain et l'animal, de la force de la nature, de l'intelligence, de la rage ». C'est, selon lui, l'histoire du monde.

Bryan Perro, dans le milieu de la trentaine, est un homme très cultivé et passionné. Chaque petit détail de son livre est écrit d'une façon particulière. Par exemple, ce qui m'a énormément impressionnée dans ce roman, ce sont les noms des lieux et des personnages. Tous ont une prononciation et une tonalité totalement différentes, ils nous emballent et nous font rêver.

Ces noms gracieux sont sortis tout droit de l'univers imaginaire de l'écrivain. Mais où trouve-t-il ses idées ? Il m'a confié se baser sur ses expériences de voyage. M. Perro a visité plusieurs endroits au cours de sa vie et a ainsi pu entendre différentes langues et différents sons.

Il les a tous enregistrés dans sa mémoire, et il joue avec ces langages, ces gazouillis, ces babils et ces sons jusqu'à ce qu'il trouve un nom original adapté à un lieu ou à un personnage spécifique. Tout à fait étonnant ! Bien que les noms soient attirants, l'histoire n'est pas moins intéressante. Le livre nous tient en haleine d'une couverture à l'autre, jusqu'à la toute dernière phrase, qui m'a fait regretter de ne pas avoir en ma possession le deuxième tome. Toujours en action, notre jeune Amos part à la recherche du bois de Tarkasis. En route, il rencontrera un Béorite, Béorf, qui deviendra son ami. Tous deux s'embarqueront dans une grande aventure contre les méchantes Gorgones et leur maître, Karmakas.

Comme je le disais, la toute dernière petite phrase nous amène vers le deuxième livre, vers un autre conflit que le héros devra résoudre. *Amos Daragon, porteur de masques* nous entraîne dans le merveilleux, la mythologie, l'univers populaire et, bien sûr, les contes et légendes. Tout ça dans un environnement un peu médiéval.

Pour terminer, j'ai demandé à l'auteur s'il avait un passage préféré dans le premier roman. C'est celui du combat des mangoustes contre les serpents. Cela remonte à sa jeunesse, dans les louveteaux, alors qu'il avait vu un film parlant des mangoustes. Depuis ce temps, c'est à peine s'il n'en mange pas ! Avouez que c'est quand même impressionnant, ces petits êtres d'environ 50 centimètres qui peuvent vaincre les serpents, ces créatures parmi les plus redoutées de ce monde ! Dix livres à ajouter à sa bibliothèque !

Adapté de Isabelle NORMANDIN, « Rencontre avec un héros de chez nous », *La gazette de la Mauricie*, 2003, nº 7, p. 10.

La cité de Pégase

– Tu n'as encore rien vu, cher sans-ailes ! fit Aélig en riant. Regarde plutôt ça !

110 L'icarienne se lança hors de la nacelle et se laissa tomber en boule, dans le vide, pendant plusieurs secondes. Amos eut un vertige en voyant son amie chuter, mais il se rappela vite qu'elle avait des ailes. Rassuré, il s'installa confortablement dans la nacelle et l'observa attentivement.

Avec la grâce et l'élégance d'une ballerine, Aélig déploya ses ailes juste avant d'arriver aux nuages. Du bout des doigts, elle y traça de longs traits qui s'étirèrent dans les cumulus, puis y plongea la tête la première. Comme un dauphin qui s'amuse dans l'onde, elle en émergea une bonne dizaine de fois en exécutant des vrilles,
120 des pirouettes et des culbutes. Ses mouvements, toujours énergiques, étaient accomplis avec finesse et résultaient visiblement de plusieurs années d'entraînement.

– C'est notre championne ! dit à Amos l'un des icariens qui portaient la nacelle. Elle est d'une rare élégance, n'est-ce pas ?

– Une championne ? s'étonna le garçon. Faites-vous des compétitions de... de vol ?

– Bien sûr. C'est ce qu'on appelle le ballet aérien, lui répondit avec fierté l'icarien. Tous les ans, la cité de Pégase organise un grand concours en l'honneur de notre dieu. Nous appelons ces festivités les Grandes Pégaseries ! Il y a aussi des concours de sculpture et de philosophie,
130 des jeux de force ou d'adresse, mais l'une des disciplines les plus appréciées des spectateurs est le ballet aérien. Depuis trois ans, Aélig est notre championne !

– Effectivement, elle est vraiment... épatante !

– On dirait qu'elle ne fait qu'un avec l'air, ajouta l'icarien. Quelle beauté de la voir !...

Aélig se cabra et remonta d'un trait vers la nacelle. La princesse exécuta alors un enchaînement de bonds aériens, puis une série d'étourdissantes rotations avant d'effectuer un ultime plongeon spectaculaire. Amos et les icariens applaudirent en sifflant d'admiration. L'excitation apeura les oies qui se détachèrent des hommoiseaux et, finalement, Aélig regagna la nacelle en quelques battements d'ailes.

140 – Alors..., dit-elle, essoufflée, en s'agrippant au filet. Tu as... tu as aimé ?

– C'était spectaculaire ! Je crois n'avoir jamais rien vu de si beau ! fit Amos. Donne-moi la main que je t'aide à t'approcher !

– Rien de si beau ?

Aélig rougit légèrement en prenant place près du garçon.

Bryan PERRO, *Amos Daragon, La cité de Pégase,* Montréal, Les intouchables, p. 71-72.

Un livre

Depuis six mois qu'il avait abandonné ses études et s'était en même temps libéré de sa thèse : LES ODEURS CHEZ BAUDELAIRE, cette bonbonne de parfums en forme de boulet, comme il aimait à dire, Maurice Larose passait le plus clair de son temps chez les libraires. Il n'aurait pas su dire ce qu'il poursuivait au juste, mais deux matins sur trois, il était à la porte d'une librairie et d'une en particulier qu'il avait adoptée : « Le Capharnaüm ». Il y était quelques minutes avant l'ouverture, si bien que la caissière, volontiers bavarde et toujours à l'heure, s'était prise d'une sorte d'amitié maternelle pour lui et le taquinait :

10 – Quand le patron va songer à me remplacer, c'est vous qui aurez la place !

Il souriait et ne répondait guère. Puis il entrait avec elle et recommençait, comme depuis l'automne, ses recherches sur les tables où des milliers de livres le narguaient. Car j'ai dit librairie pour faire litote… C'était une vaste salle de montre, une immense foire aux livres usagés dont l'enseigne affichait : LE CAPHARNAÜM DES AMATEURS. Ce qui avouait une grande honnêteté.

Il enlevait donc son vieux manteau gris (dix dollars au marché aux puces) et ce foulard rouge sang qu'une amoureuse lui avait tricoté aux jolis temps de leur bonheur. Puis il commençait ses fouilles. Une centaine de tables d'un mètre sur trois faisaient une mer étale sous laquelle tous les remous, tous les
20 hauts-fonds de l'aventure humaine, toutes les tempêtes attendaient qu'on les agite et qu'une main les ramène en surface.

Ce matin de mai, l'océan lui réservait une bordée de première. Il s'en allait demander à la caissière si le « Caphar » avait eu des rentrées nouvelles depuis la semaine dernière, lorsque son œil fut comme paralysé, fixé sur un dos relié, morceau d'épave sur l'eau dormante. Un cuir brun. Le titre trop connu y détachait ses lettres d'or : LES FLEURS DU MAL. Il hésita. Une interminable minute. Puis le sortit de la mer. Oui. C'était bien la même édition. *Grund.* Achevé d'imprimer le 31 mai 1958 avec les six aquarelles de La Bocetta qu'elle avait trouvées amusantes tout au plus. « Naïf et un peu gros… »,
30 qu'elle avait dit en se moquant.

Il hésitait encore à ouvrir le livre comme avant de donner le coup de barre qui affronte l'écume ou refuse le combat. Il eut un tel choc en l'ouvrant que la caissière qui l'observait demanda :

– Ça va, Monsieur Maurice… ?

Il ne répondit pas, tout à sa surprise faite de joie et de tristesse. Recto et verso d'une vieille histoire étalée sous ses yeux. Ses yeux qui s'emplirent de larmes. La dédicace de sa propre main parlait d'elle-même :

« À Lucienne, mon beau navire, avec les souhaits de mille traversées encore. Momo. »

40 Tout lui revint alors. Mais surtout la rupture. Et la gueule effrontée de ce sportif de télé qui pérorait sur toutes choses avec une gouaille et une prétention qui avait fait dire à Maurice : « Elle s'en fatiguera vite… »

Mais il était déjà externe en médecine, le grand Richard, et Maurice était toujours étudiant en lettres…

– Il est… combien ?

Et le racheta pour le dernier cinq dollars qui lui restait.

– Je n'ai plus que ça.

– Allez, je dirai que c'était le prix marqué, et comptez-vous heureux d'avoir une amie au comptoir.

50 Il revint dans sa chambre d'étudiant pauvre, la tête et le cœur en morceaux. Partagé entre une infinie tristesse et une colère dont il fit sa conseillère. Il prit le téléphone et composa, sans réfléchir aux mots qu'il lancerait comme cailloux, un numéro qu'il savait par cœur et qu'il avait cent fois refusé de composer par un orgueil qui restait son seul bien.

Il n'y avait plus d'abonné.

Il recomposa. « J'ai dû me tromper de chiffre. Mais non ! » C'était bien chez Monsieur et Madame Richard Delmont qu'il n'y avait plus de service. « Ils ont dû déménager. » Mais les recherches de la téléphoniste ne donnèrent rien de plus. Monsieur Delmont avait un numéro confidentiel… Il avisa de demander,
60 incrédule, le numéro de Mme Lucienne Galibois et l'obtint aussitôt. Ces quelques minutes avaient émoussé sa colère mais piqué sa curiosité. Et la curiosité l'emporta : « Il faudra bien que je le fasse un jour, alors… »

– Oui ? Qui est là ?…

Malgré tout heureux de l'entendre, il mit une éternité de quelques secondes pour répondre :

– C'est… C'est moi, Maurice.

– Maurice… C'est toi ? Que ça fait du bien de t'entendre. Comment ça va… As-tu du boulot… ? Quel bon vent… ?

Il ne trouvait plus ses mots. Sa colère était
70 tombée, maintenant.

– C'est que… Lucienne, il faut que je te voie. Non… Non… Ne crains rien. Une simple nécessité, j'ai retrouvé un truc qui t'appartient et je tiens à te le remettre en mains propres. Où es-tu rendue… ?

– Mais bien sûr, Maurice, sans problème. Je suis de retour sur le Plateau. C'est un miracle qu'on ne se soit pas croisés. Je suis à
80 deux pas de chez toi, au bout de la rue Cartier, le 4880.

– De... depuis quand?

– Trois mois à peine. Mais arrive donc. Je t'expliquerai.

Le temps de revenir de sa surprise, de remettre un semblant d'ordre dans ses pensées, il fut chez elle.

Elle portait son chandail orange et ses jeans noirs. Ses beaux cheveux noirs qu'elle avait coupés deux ans plus tôt avaient repoussé et couvraient ses épaules comme avant. Il la trouva plus belle que dans ses rêves les plus vrais. Elle habitait un tout petit deux pièces et demie depuis que Richard l'avait
90 mise à la porte sans le sou et sans même lui laisser prendre le peu de meubles et d'objets qu'elle avait gardé de sa chambre d'étudiante.

– Mais tu n'as pas pris un avocat?

– Pour le payer comment? J'ai recommencé à donner des cours de piano au Collège.

Il avait beau voir le dénuement complet que criaient les murs vides, les deux chaises et la table de formica signée : « Marché aux puces », il n'arrivait pas à se persuader que Lucienne était de retour dans cette vie qu'elle avait semblé quitter avec un tel soulagement.

– Tu te souviens comme il était jaloux... déjà, au temps où je te voyais encore.
100 Hé bien, je ne te raconte pas la suite. Tout alla de mal en pis. Un soir, il s'est imaginé que je couchais avec un de mes élèves et ça été effrayant. J'ai failli aller au Chaînon. Le lendemain, je suis partie. Quand j'ai voulu récupérer mes affaires, il avait fait changer toutes les serrures. Voilà. Mais toi, comment ça va, dis-moi un peu?

Ce fut un effort pour lui de répondre. Il avait raté un examen de français, n'avait pas remis en temps un exposé littéraire puis avait finalement quitté les cours dont il n'entendait plus rien. Depuis...

– Je vivote. On peut dire qu'à part le Capharnaüm... Je suis... un itinérant.

Il ne voulait pas se plaindre. Ni d'elle ni de rien d'ailleurs.

110 – Mais la petite lampe Tiffany? Et notre belle affiche de Chagall. Et... ton piano?

– Figure-toi qu'il l'a vendu aussi. Les livres, les disques. Tout. Un fou furieux, je te dis.

Au mot LIVRE il se souvint du beau prétexte qu'il avait pris pour la revoir...

et réalisa que dans ce brouillon de nouvelles qu'elle venait de lui déballer, il n'avait plus pensé à sa trouvaille pour laquelle il avait maintenant une explication plus que transparente.

– Tiens, j'ai trouvé ça au « Caphar » et je m'en venais te crier des bêtises... Excuse-moi, mais sur le coup, j'avais cru...

120 – Que je l'avais vendu... Oh ! Non, Momo, quand même. C'est non seulement le plus beau livre que j'ai eu, mais de loin le plus précieux. Momo !

Elle avait retrouvé le petit nom. Il se sentit soudain très gauche et plein de mots maladroits. Mais elle, sans lui donner le temps de penser ce qu'il entendait :

– Je me fais un café. Tu en veux ? Deux sucres, peut-être ? Et un petit croissant avec ça pour Monsieur Momo ?

Elle s'affairait déjà sans attendre la réponse. Lui revint le proverbe qu'ils s'étaient fait rien que pour eux :

« UN SEUL MOT BIEN LU... TOUTE UNE ÉPOPÉE... »

130 et mille façons de faire et de dire qui refaisaient surface.

– Oui, Madame Lulu, répondit-il, jouant le jeu des amoureux tendres et fous d'autrefois.

Cela n'alla pas plus loin. Ils se quittèrent en se serrant la main, mais avec des sourires qui rêvaient déjà de rires inextinguibles.

Le lendemain, Maurice trouva cinq autres des livres de Lulu qu'il fit mettre de côté pour les acheter plus tard. Au bout de trois jours, il lui avait trouvé un synthétiseur dont un copain musicien se débarrassait, ce qui permit à Lulu de travailler la composition chez elle. Ils avaient d'un commun accord décidé de se réapprivoiser.

140 Avec tout ce temps à venir qui est l'espace immense

du désir et que tant d'amoureux franchissent

à la vitesse de la lumière.

Il y aurait donc de nouveau... un été.

Gilles VIGNEAULT, *L'armoire des jours*, Montréal, Nouvelles Éditions de l'Arc, 1998, p. 149-156.

Un ange cornu avec

Toujours est-il qu'un bon jour le frère Léon décida de nous faire une longue diatribe au sujet des livres à l'index. C'était plutôt étonnant, parce qu'à part moi, presque personne dans la classe ne lisait sérieusement. Nous étions en dixième « scientifique », les arts en général et la littérature en particulier n'étaient pas très bien vus.

Je trouvais son discours plutôt drôle parce qu'il ressemblait plus à une liste de suggestions de lectures qu'à une condamnation sans appel d'écrivains qui avaient eu l'audace de pondre les œuvres répréhensibles… Par exemple, il disait :

« *Tout* Victor Hugo, m'entendez-vous bien, *tout* Victor Hugo est à l'index ! C'était un écrivain aux mœurs dissolues qui se prétendait près de Dieu mais qui pratiquait plus la révolution que la religion ! N'approchez pas de ses livres, contentez-vous du court extrait des *Travailleurs de la mer* qu'on vous demande d'analyser dans vos cours de français. Ne lisez pas sa poésie ! Ne lisez pas ses romans ! Ce sont des œuvres pernicieuses ! »

Il donnait sûrement le goût de lire Hugo même aux derniers des cancres qui n'avaient jamais ouvert un livre de leur vie ! C'était peut-être d'ailleurs son but !

Je venais de terminer *Notre-Dame de Paris* dans la petite collection Nelson, et je ne comprenais pas du tout pourquoi ce livre était répréhensible. Je m'étais pâmé sur les longs passages au sujet de l'imprimerie, dont Hugo disait qu'elle était la plus grande invention de l'humanité depuis la roue, je les avais fait lire à mon père qui en avait eu les larmes aux yeux, j'avais eu envie de materner Quasimodo que je trouvais touchant, et j'avais trouvé Esméralda bien niaiseuse avec sa chèvre et son chum trop beau… C'était un livre qui m'avait donné envie de quitter Montréal pour aller lire la façade de Notre-Dame de Paris comme dans un livre ouvert, un volume démesuré qui me dévoilerait tous les mystères du Moyen Âge. Comment un frère enseignant catholique pouvait-il se permettre de condamner une telle œuvre ?

À cause des mœurs dissolues dont avait parlé le frère Léon, je suppose. […] Je regardais mes confrères de classe qui buvaient les paroles du professeur tout en prenant des notes… Tout ça, cette hypocrisie puante, cette façon détournée de donner envie de lire – si telle était l'intention du frère Léon, ce qui était loin d'être sûr –, était tellement ridicule ! Pourquoi ne pas dire simplement que *Notre-Dame de Paris* était un roman facile à lire, plus passionnant qu'un western et infiniment gratifiant pour l'âme ? Pourquoi ne pas essayer d'encourager la lecture pour des raisons positives plutôt que par l'attirance d'un éventuel péché ?

[…]

Mon frère enseignait le français depuis des années, il possédait donc le précieux et mythique « livre des professeurs », cette fameuse publication du département de l'Instruction publique qui contenait toutes les réponses à tous les exercices de français, de la première à la douzième année, et que je me glorifiais de n'avoir jamais consultée. Je voyais souvent le livre des professeurs traîner sur le bureau de travail de Jacques, j'aurais pu des centaines de fois y puiser les réponses aux exercices les plus difficiles que j'avais à faire, mais, n'étant pas tricheur de nature et, comme chacun le sait dans mon entourage, étant affublé d'une forte tête de cochon, je préférais chercher en sacrant, trouver en jubilant. Ou me laisser couler dans le désespoir si je ne trouvais pas.

Ce jour-là, cependant, j'avais une raison de le consulter et j'allai trouver mon frère aussitôt revenu de l'école.

50 « Depuis quand tu fouilles dans mon livre des professeurs, toi ?

– J'te jure que j'ai jamais fouillé dedans, mais là, j'veux chercher quequ'chose pis j'aime mieux te demander la permission…

– Qu'est-ce que tu cherches ? J'peux peut-être t'aider…

– J'cherche la liste des auteurs à l'index. »

Il partit d'un bon rire, la tête penchée par en arrière.

« C'est pas compliqué : tout c'que t'as envie de lire est probablement à l'index !

– Chus sérieux ! J'veux consulter la liste des romans de Victor Hugo...

– J't'ai laissé lire *Notre-Dame de Paris* sans rien te dire, mais exagère pas…

– J'veux juste lire la liste de ses romans pour voir si y sont toutes à l'index !

60 – Sont sûrement toutes à l'index, mais c'est pas dans le livre des professeurs que tu vas trouver ça… »

J'avais piqué sa curiosité, j'étais sauvé. Il sortit un gros livre que je ne connaissais pas, le Livre de l'Index du bien nommé Sagehomme, le feuilleta rapidement comme quelqu'un habitué à consulter ce genre de publications puis poussa un cri de victoire :

« Je l'ai ! Tiens, qu'est-ce que je t'avais dit ! »

Une page complète était consacrée à Victor Hugo. J'étais désespéré : *Notre-Dame de Paris*, *Les Misérables*, *Quatre-vingt-treize*, tout était condamné, défendu… J'allais refermer rageusement le livre lorsque au bas de la page 70 un petit paragraphe attira mon attention. On y disait que *Bug-Jargal*, le premier roman d'Hugo écrit à l'âge de seize ans et dont par chance nous possédions un exemplaire à la maison, toujours dans la petite et si jolie collection Nelson, *n'était pas à l'index* ! Je tenais ma vengeance !

Mon frère reprit son livre.

« T'es trop content, toi, j'me méfie ! »

Avec un front de beu que je crois ne plus avoir aujourd'hui, je me présentai le lendemain en classe avec mon exemplaire de *Bug-Jargal* que je n'avais même pas commencé à lire.

Michel TREMBLAY, *Un ange cornu avec des ailes de tôle*, Montréal, Leméac éditeur, 1994, p. 183-189.

LE CIMETIÈRE DES LIVRES OUBLIÉS

Je me souviens encore de ce petit matin où mon père m'emmena pour la première fois visiter le Cimetière des Livres Oubliés. Nous étions aux premiers jours de l'été 1945, et nous marchions dans les rues d'une Barcelone écrasée sous un ciel de cendre et un soleil fuligineux qui se répandait sur la ville comme une coulée de cuivre liquide.

– Daniel, me prévint mon père, ce que tu vas voir aujourd'hui, tu ne dois en parler à personne. Pas même à ton ami Tomás. À personne.

10 – Pas même à maman ? demandai-je à mi-voix.

Mon père soupira, en se réfugiant derrière ce sourire triste qui accompagnait toute sa vie comme une ombre.

– Si, bien sûr, répondit-il en baissant la tête. Pour elle, nous n'avons pas de secrets. Elle, on peut tout lui dire.

Peu après la fin de la guerre civile, ma mère avait été emportée par un début de choléra. Nous l'avions enterrée à Montjuïc le jour de mon quatrième anniversaire. Je me rappelle seulement qu'il avait plu toute la journée et toute la nuit, et que, lorsque j'avais demandé à mon père si le ciel pleurait, la voix lui avait manqué pour me répondre. Six ans après, l'absence de ma mère était 20 toujours pour moi un mirage, un silence hurlant que je n'avais pas encore appris à faire taire à coups de mots. Nous vivions, mon père et moi, dans un petit appartement de la rue Santa Ana, près de la place de l'église. L'appartement était situé juste au-dessus de la boutique de livres rares et d'occasion héritée de mon grand-père, un bazar enchanté que mon père comptait bien me transmettre un jour. J'ai grandi entre les livres, en me faisant des amis invisibles dans les pages qui tombaient en poussière et dont je porte encore l'odeur sur les mains. J'ai appris à m'endormir en expliquant à ma mère, dans l'ombre de ma chambre, les événements de la journée, ce que j'avais fait au collège, ce que j'avais appris ce jour-là… Je ne pouvais entendre sa 30 voix ni sentir son contact, mais sa lumière et sa chaleur rayonnaient dans chaque recoin de notre logis, et moi, avec la confiance d'un enfant qui peut encore compter ses années sur les doigts, je croyais qu'il me suffisait de fermer les yeux et de lui parler pour qu'elle m'écoute, d'où qu'elle fût. Parfois, mon père m'entendait de la salle à manger et pleurait en silence.

Je me souviens qu'en cette aube de juin je m'étais réveillé en criant. Mon cœur battait dans ma poitrine comme si mon âme voulait s'y frayer un chemin et dévaler l'escalier. Mon père effrayé était accouru dans ma chambre et m'avait pris dans ses bras pour me calmer.

– Je n'arrive pas à me rappeler son visage. Je n'arrive pas à me rappeler le visage de maman, murmurai-je, le souffle coupé.

Mon père me serrait avec force.

– Ne t'inquiète pas, Daniel. Je me rappellerai pour deux.

Nous nous regardions dans la pénombre, cherchant des mots qui n'existaient pas. Pour la première fois, je me rendais compte que mon père vieillissait et que ses yeux, des yeux de brume et d'absence, regardaient toujours en arrière. Il s'était relevé et avait tiré les rideaux pour laisser entrer la douce lumière de l'aube.

– Debout, Daniel, habille-toi. Je veux te montrer quelque chose.

– Maintenant, à cinq heures du matin ?

– Il y a des choses que l'on ne peut voir que dans le noir, avait soufflé mon père en arborant un sourire énigmatique qu'il avait probablement emprunté à un roman d'Alexandre Dumas.

Quand nous avions passé le porche, les rues sommeillaient encore dans la brume et la rosée nocturne. Les réverbères des Ramblas dessinaient en tremblotant une avenue noyée de buée, le temps que la ville s'éveille et quitte son masque d'aquarelle. En arrivant dans la rue Arco del Teatro, nous nous aventurâmes dans la direction du Raval, sous l'arcade qui précédait une voûte de brouillard bleu. Je suivis mon père sur ce chemin étroit, plus cicatrice que rue, jusqu'à ce que le rayonnement des Ramblas disparaisse derrière nous. La clarté du petit jour s'infiltrait entre les balcons et les corniches en touches délicates de lumière oblique, sans parvenir jusqu'au sol. Mon père s'arrêta devant un portail en bois sculpté, noirci par le temps et l'humidité. Devant nous se dressait ce qui me parut être le squelette abandonné d'un hôtel particulier, ou d'un musée d'échos et d'ombres.

– Daniel, ce que tu vas voir aujourd'hui, tu ne dois en parler à personne. Pas même à ton ami Tomás. À personne.

Un petit homme au visage d'oiseau de proie et aux cheveux argentés ouvrit le portail. Son regard d'aigle se posa sur moi, impénétrable.

– Bonjour, Isaac. Voici mon fils Daniel, annonça mon père. Il va sur ses onze ans et prendra un jour ma succession à la librairie. Il a l'âge de connaître ce lieu.

Le nommé Isaac eut un léger geste d'assentiment pour nous inviter à entrer.
Une pénombre bleutée régnait à l'intérieur, laissant tout juste entrevoir les formes d'un escalier de marbre et d'une galerie ornée de fresques représentant des anges et des créatures fantastiques. Nous suivîmes le gardien dans le couloir du palais et débouchâmes dans une grande salle circulaire où une véritable basilique de ténèbres s'étendait sous
80 une coupole percée de rais de lumière qui descendaient des hauteurs. Un labyrinthe de corridors et d'étagères pleines de livres montait de la base au faîte, en dessinant une succession compliquée de tunnels, d'escaliers, de plates-formes et de passerelles qui laissaient deviner la géométrie impossible d'une gigantesque bibliothèque. Je regardai mon père, interloqué. Il me sourit en clignant de l'œil.

– Bienvenue, Daniel, dans le Cimetière des Livres Oubliés.

Çà et là, le long des passages et sur les plates-formes de la bibliothèque, se profilaient une douzaine de silhouettes. Quelques-unes se retournèrent pour nous saluer de loin, et je reconnus les visages de plusieurs collègues
90 de mon père dans la confrérie des libraires d'ancien. À mes yeux de dix ans, ces personnages se présentaient comme une société secrète d'alchimistes conspirant à l'insu du monde. Mon père s'agenouilla près de moi et, me regardant dans les yeux, me parla de cette voix douce des promesses et des confidences.

– Ce lieu est un mystère, Daniel, un sanctuaire. Chaque livre, chaque volume que tu vois, a une âme. L'âme de celui qui l'a écrit, et l'âme de ceux qui l'ont lu, ont vécu et rêvé avec lui. Chaque fois qu'un livre change de mains, que quelqu'un promène son regard sur ses pages, son esprit grandit et devient plus fort. Quand mon père m'a amené ici pour la première fois,
100 il y a de cela bien des années, ce lieu existait déjà depuis longtemps. Aussi longtemps, peut-être, que la ville elle-même. Personne ne sait exactement depuis quand il existe, ou qui l'a créé. Je te répéterai ce que mon père m'a dit. Quand une bibliothèque disparaît, quand un livre se perd dans l'oubli, nous qui connaissons cet endroit et en sommes les gardiens, nous faisons en sorte qu'il arrive ici. Dans ce lieu, les livres dont personne ne se souvient, qui se sont évanouis avec le temps, continuent de vivre en attendant de parvenir un jour entre les mains d'un nouveau lecteur, d'atteindre un nouvel esprit. Dans la boutique, nous vendons et achetons les livres, mais en réalité ils n'ont pas de maîtres.
110 Chaque ouvrage que tu vois ici a été le meilleur ami de quelqu'un. Aujourd'hui, ils n'ont plus que nous, Daniel. Tu crois que tu vas pouvoir garder le secret ?

Mon regard balaya l'immensité du lieu, sa lumière enchantée. J'acquiesçai et mon père sourit.

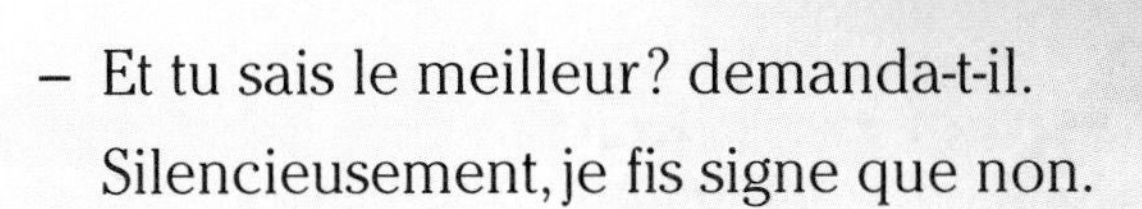

– Et tu sais le meilleur? demanda-t-il.

Silencieusement, je fis signe que non.

– La coutume veut que la personne qui vient ici pour la première fois choisisse un livre, celui qu'elle préfère, et l'adopte, pour faire en sorte qu'il ne disparaisse jamais, qu'il reste toujours vivant. C'est un serment très important. Pour la vie. Aujourd'hui, c'est ton tour.

Durant presque une demi-heure, je déambulai dans les mystères de ce labyrinthe qui sentait le vieux papier, la poussière et la magie. Je laissai ma main frôler les rangées de reliures exposées, en essayant d'en choisir une. J'hésitais parmi des titres à demi effacés par le temps, les mots dans des langues que je reconnaissais et des dizaines d'autres que j'étais incapable de cataloguer. Je parcourus des corridors et des galeries en spirale, peuplés de milliers de volumes qui semblaient en savoir davantage sur moi que je n'en savais sur eux. Bientôt, l'idée s'empara de moi qu'un univers infini à explorer s'ouvrait derrière chaque couverture tandis qu'au-delà des ces murs le monde laissait s'écouler la vie en après-midi de football et en feuilletons de radio, satisfait de n'avoir pas à regarder beaucoup plus loin que son nombril. Est-ce à cause de cette pensée, ou bien du hasard ou de son proche parent qui se pavane sous le nom de destin, toujours est-il que, tout d'un coup, je sus que j'avais déjà choisi le livre que je devais adopter. Ou peut-être devrais-je dire le livre qui m'avait adopté. Il se tenait timidement à l'extrémité d'un rayon, relié en cuir lie-de-vin, chuchotant son titre en caractères dorés qui luisaient à la lumière distillée du haut de la coupole. Je m'approchai de lui et caressai les mots du bout des doigts, en lisant en silence :

L'Ombre du Vent

JULIÁN CARAX

Je n'avais jamais entendu mentionner ce titre ni son auteur, mais cela n'avait pas d'importance. La décision était prise. Des deux côtés. Je pris le livre avec les plus grandes précautions et le feuilletai, en faisait voleter les pages. Libéré de sa geôle, il laissa échapper un nuage de poussière dorée. Satisfait de mon choix, je rebroussai chemin dans le labyrinthe, le volume sous le bras, le sourire aux lèvres.

Peut-être avais-je été ensorcelé par l'atmosphère magique du lieu, mais j'avais la certitude que ce livre m'avait attendu pendant des années, probablement bien avant ma naissance.

Cette après-midi-là, de retour dans l'appartement de la rue Santa Ana, je me réfugiai dans ma chambre et lus les premières lignes de mon nouvel ami. Avant même d'avoir pu m'en rendre compte, je me retrouvai dedans, sans espoir de retour. Le roman contait l'histoire d'un homme à la recherche de son véritable père, qu'il n'avait jamais connu et dont il n'apprenait l'existence que grâce aux dernières paroles de sa mère sur son lit de mort. Cette recherche se transformait en une odyssée fantastique où le héros luttait pour retrouver une enfance et une jeunesse perdues, et où, lentement, nous découvrions l'ombre d'un amour maudit dont le souvenir le poursuivrait jusqu'à la fin de ses jours. À mesure que j'avançais, la structure du récit commença de me rappeler une de ces poupées russes qui contiennent, quand on les ouvre, d'innombrables répliques d'elles-mêmes, de plus en plus petites. Pas à pas, le récit se démultipliait en mille histoires, comme s'il était entré dans une galerie des glaces où son identité se scindait en des douzaines de reflets différents qui, pourtant, étaient toujours le même. Les minutes et les heures glissèrent comme un mirage. Pris par le récit, c'est à peine si j'entendis au loin les cloches de la cathédrale sonner minuit. Cerné par la lumière cuivrée que projetait la lampe de bureau, je m'étais immergé dans un univers d'images et de sensations tel que je n'en avais jamais connu. Page après page, je me laissai envelopper par le sortilège de l'histoire et de son univers, jusqu'au moment où la brise de l'aube vint caresser ma fenêtre et où mes yeux fatigués glissèrent sur la dernière ligne. Je m'allongeai dans la pénombre bleutée du petit jour, le livre sur la poitrine, et j'écoutai les rumeurs de la ville endormie couler goutte à goutte sur les toits tachetés de pourpre. Le sommeil et l'épuisement frappaient à ma porte, mais je refusai de me rendre. Je ne voulais pas perdre la magie du récit ni dire tout de suite adieu à ses personnages.

Un jour, j'ai entendu un habitué de la librairie de mon père dire que rien ne marque autant un lecteur que le premier livre qui s'ouvre vraiment un chemin jusqu'à son cœur. Ces premières images, l'écho de ces premiers mots que nous croyons avoir laissés derrière nous, nous accompagnent toute notre vie et sculptent dans notre mémoire un palais auquel tôt ou tard – et peu importe le nombre de livres que nous lisons, combien d'univers nous découvrons – nous reviendrons un jour. Pour moi, ces pages ensorcelées seront toujours celles que j'ai rencontrées dans les galeries du Cimetière des Livres Oubliés.

Carlos RUIZ ZAFÓN, *L'ombre du vent*, traduit de l'espagnol par François Maspero, Paris, Éditions Grasset, 2001, p. 9-15.

À livre ouvert

Exploitation

Lecture et appréciation des textes

Rencontre avec un héros de chez nous  p. 374

Planification

1. Survole le texte *Rencontre avec un héros de chez nous* en prêtant une attention particulière aux éléments suivants :
- le nom du journal ;
- le titre du texte ;
- la photographie et sa légende ;
- la première de couverture accompagnant ce texte.

2. a) Détermine le sujet du texte.

b) Nomme le destinateur du texte et relève les indices qui t'ont permis de le trouver.

c) Précise qui sont les destinataires de ce texte et justifie ta réponse.

Boussole 

Le **destinateur,** c'est-à-dire l'auteur ou l'auteure d'un texte, écrit habituellement en s'adressant à des lecteurs et lectrices potentiels, c'est-à-dire les **destinataires.**

- Lis l'article de journal *Rencontre avec un héros de chez nous* pour mieux connaître l'auteur Bryan Perro et son œuvre.
- Pour faciliter ta compréhension du texte, note, au cours de ta lecture, les informations relatives à l'auteur et à son œuvre.

Compréhension et interprétation

1. Précise quelle est la passion qu'ont en commun Isabelle Normandin et Bryan Perro.

2. Bryan Perro affirme aimer avant tout ce qui est raconté plutôt que la façon dont les choses sont racontées. Partages-tu son opinion ?

a) En quelques lignes, explique les raisons pour lesquelles tu accordes davantage d'importance à l'histoire ou au style de l'auteur ou de l'auteure.

b) Vérifie la cohérence de ton texte en t'assurant, notamment, qu'il n'y a pas de contradictions entre les idées.

3. L'article que tu as lu t'a permis d'en apprendre davantage à propos de Bryan Perro et de son œuvre.

Dans un tableau semblable à celui de la page suivante, indique les renseignements demandés sur l'auteur et son œuvre en te servant des notes que tu as prises au cours de ta lecture. Relis le texte au besoin.

RENSEIGNEMENTS SUR L'AUTEUR ET SON ŒUVRE	
TYPE DE RENSEIGNEMENT	RENSEIGNEMENT RELEVÉ DANS L'ARTICLE
Nom de l'auteur :	
Âge :	
Ville d'origine :	
Qualités de l'auteur :	
Principale source d'inspiration :	
Titre de la collection mentionnée :	
Nom et âge du héros :	
Mission du héros :	
Public cible de la collection :	

4. Voici trois critiques tirées de sites Internet où les gens donnent leur appréciation de livres faisant partie de la série *Amos Daragon.*

a) Lis chacune des critiques en prêtant une attention particulière aux critères d'appréciation qui ont été utilisés.

Je trouve ce roman, *Le porteur de masques,* intelligent et très bien écrit. L'histoire est extraordinaire et j'ai hâte de lire les autres livres de la série.

Note : 5/5

(Simon, 12 ans, Mont-Joli/Québec)

Rats de bibliothèque, [En ligne].

En tant qu'amateur d'histoires fantastiques, j'adore la série de livres d'Amos Daragon. Je vais bientôt finir le numéro 5. Mais j'aimerais vous faire une proposition. Je trouve que c'est assez passionnant pour en faire un film. Parce que mes frères n'aiment pas vraiment lire et ils ne me croient pas quand je leur dis que vos livres sont aussi surprenants. Alors ils pourraient le voir dans un film et probablement que cela leur donnerait le goût de lire vos livres.

Note : 100/5

(Beuni, 10 ans, St-Nicolas/Canada)

Rats de bibliothèque, [En ligne].

Moi, quand je lis un livre qui est intéressant, [je ne le lâche plus] et c'est cela qui s'est passé avec le livre *Amos Daragon, La clé de Braha.* Ce que j'aime de ce livre, c'est le lexique mythologique à la fin, qu'on peut aller voir pour avoir des informations sur certains personnages. Ceci dit, les personnages sont bien décrits, ce qui nous permet de bien comprendre l'histoire qui, je vous le redis, est très bonne. Elle nous fait voyager dans un monde mystérieux et nous tient en haleine jusqu'à la fin. Je le recommande sauf que, pour bien suivre l'histoire, il faut lire le premier tome. C'est une série, alors faut aimer lire !

Appréciation :

Fascinant ☑ **Intéressant** ☐ **Ennuyant** ☐

Valérie B.

CSDM, [En ligne].

b) Dans un tableau semblable à celui ci-dessous, indique, pour chacune des critiques, les critères d'appréciation relatifs aux éléments de la première colonne qui ont été employés.

CRITÈRES D'APPRÉCIATION UTILISÉS

ÉLÉMENT	CRITIQUE 1	CRITIQUE 2	CRITIQUE 3
Vocabulaire			
Personnages			
Style d'écriture de l'auteur			
Intrigue			
Époque			
Univers			

c) Selon toi, quelle critique est la plus réussie ? Explique brièvement ton choix.

Bagage de connaissances

Le roman

Puisque le roman est au cœur de cette escale, un survol de ce genre littéraire t'est proposé.

Origine : tout comme la nouvelle, le conte, la fable, la légende, la chanson, le poème ou le monologue, le roman est un **genre littéraire** particulier. Apparu vers le milieu du 12e siècle, il est le dernier-né des genres. Le roman a été influencé, sur le plan littéraire, par la poésie antique, le théâtre, l'opéra, les mémoires réelles et les correspondances, ainsi que par la chanson de geste et le fabliau.

Historique : au Moyen Âge, le mot *roman* servait à désigner des ouvrages profanes, rédigés en vers ou en prose, qui étaient écrits en langue populaire, la langue romane, c'est-à-dire en français du Nord ou du Midi. À cette époque, la langue romane, issue du latin populaire oral, s'opposait au latin, langue savante utilisée à l'école et à l'église.

Définition : le roman est une œuvre d'imagination qui s'appuie sur le monde concret. Le récit est habituellement assez long et est rédigé en prose. Il ne présente pas une forme préétablie : de tous les genres littéraires, le roman est celui qui est le moins soumis à des règles précises. Un roman est une histoire, c'est-à-dire une suite d'événements enchaînés dans le temps depuis un début jusqu'à une fin.

Le romancier ou la romancière tente d'intéresser ses lecteurs et lectrices à la destinée d'un ou de plusieurs personnages en leur faisant connaître leur psychologie, leur milieu, leurs aventures. La personne qui écrit un roman n'est pas tenue de respecter la chronologie des actions : elle peut annoncer le dénouement dès les premières lignes ou faire languir ses lecteurs et lectrices jusqu'à la toute fin.

a) Note le titre du dernier roman que tu as lu.

b) Résume cette œuvre en prenant soin de ne pas dévoiler le dénouement. Pour t'aider, consulte la section *Le résumé* à la page 566 de ton *Journal de bord.*

c) Présente ensuite le roman que tu as choisi à tes camarades en utilisant le contenu de ton résumé.

d) Pour conclure ta présentation, précise si tu leur recommandes ou non de lire ce roman en t'appuyant sur au moins deux critères d'appréciation.

Boussole

Les langues romanes sont issues du latin populaire. On compte, parmi elles le catalan, l'espagnol, le français, l'italien, le portugais et le roumain.

Un livre

p. 376

Planification

Survole le texte intitulé *Un livre*.

1. Détermine s'il s'agit d'un texte littéraire ou d'un texte courant et justifie ta réponse.
2. **a)** Nomme l'auteur de ce texte.
   b) Que sais-tu à son sujet?
   c) Que connais-tu de son œuvre?

- Lis la nouvelle *Un livre* de Gilles Vigneault pour nourrir et stimuler ton imaginaire.
- Tente de cerner l'organisation du texte en reconnaissant, dans le récit, les différentes parties du schéma narratif.
- Au cours de ta lecture, relève les indices de temps.

Cap sur les mots

Les dictons et les proverbes

Les dictons et les proverbes sont des **expressions figées,** des phrases toutes faites que la tradition a conservées et qui expriment une vérité d'expérience ou un conseil de sagesse pratique et populaire, commun à tout un groupe social.

Le dicton comporte généralement une note humoristique et est souvent régional, alors que le proverbe a une diffusion plus étendue.

› Dicton créole: Dieu donne la gale, mais il donne les ongles pour la gratter.

› Proverbes: Les jours se suivent et ne se ressemblent pas.
Pierre qui roule n'amasse pas mousse.

Dans le texte, on apprend que les amoureux avaient composé un proverbe rien que pour eux: «Un seul mot bien lu… Toute une épopée…»

1. **a)** Invente à ton tour ton propre proverbe en t'inspirant du thème de l'amour ou de l'amitié. Fais preuve de créativité!
   › Un bon ami n'est jamais très loin.
   b) Explique la signification de ton proverbe.

2. a) Utilise un dictionnaire pour compléter les proverbes suivants.

1. Les bons comptes...
2. C'est en forgeant...
3. L'habit ne fait pas...
4. Il faut battre le fer...
5. Qui se ressemblent...
6. Nul n'est prophète...
7. Dans le doute...
8. Chat échaudé...
9. Tel est pris...
10. Vouloir, c'est...

b) Expliques-en la signification.

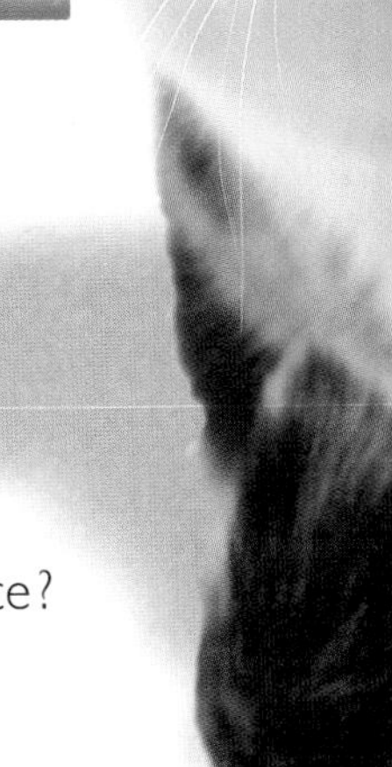

Compréhension et interprétation

1. En te servant des indices de temps que tu as relevés, réponds aux questions suivantes.

a) Depuis combien de temps Maurice fréquente-t-il cette librairie?

b) À quelle fréquence le fait-il?

c) Depuis quand Lucienne Galibois habite-t-elle près de chez Maurice?

d) Depuis quand Maurice connaît-il Lucienne?

e) Le récit respecte-t-il l'ordre chronologique de l'histoire? Explique ta réponse.

2. a) Quelle opinion Maurice a-t-il de Richard, l'ex-conjoint de Lucienne?

b) Lorsque Maurice se rend chez Lucienne, ils discutent notamment de Richard. Comment Lucienne décrit-elle alors son ex-amoureux?

c) Les portraits tracés par Lucienne et Maurice offrent-ils une vision plutôt positive ou plutôt négative de l'homme?

3. Maurice et Lucienne se retrouvent grâce à un objet: un livre.

a) Quel est le titre de ce livre?

b) Fais une brève recherche pour trouver le nom de son auteur et l'année de sa parution.

c) L'année de parution correspond-elle à l'année d'impression indiquée à la page 376? Sinon, pourquoi ces dates ne correspondent-elles pas, à ton avis?

4. Cerne l'organisation du texte *Un livre* en remplissant le schéma narratif.

SCHÉMA NARRATIF DU TEXTE *UN LIVRE*	
Situation initiale	
Élément perturbateur	
Déroulement	
Dénouement	
Situation finale	

5. Explique le sens des phrases suivantes.

a) […] l'enseigne affichait : LE CAPHARNAÜM DES AMATEURS. Ce qui avouait une grande honnêteté. (Lignes 14 et 15)

b) Je vivote. (Ligne 108)

c) Ils se quittèrent en se serrant la main, mais avec des sourires qui rêvaient déjà de rires inextinguibles. (Lignes 133 et 134)

d) Il y aurait donc de nouveau… un été. (Ligne 143)

6. a) Quelle image l'auteur utilise-t-il pour décrire les fouilles que fait Maurice sur les tables de livres, entre les lignes 18 et 21 ?

b) Dresse un champ lexical en relevant les mots ayant servi à créer cette image.

c) En un court paragraphe, raconte la suite de cette histoire d'amour en employant la même image que celle utilisée par l'auteur. Inspire-toi du champ lexical précédent et complète-le, au besoin.

d) Vérifie si la structure des phrases et la ponctuation sont appropriées en utilisant, au besoin, des outils de référence.

Un ange cornu avec des ailes de tôle

p. 380

Planification

Lis la quatrième de couverture qui accompagne ce texte.

a) À quel endroit et à quelle époque se déroule cette histoire de Michel Tremblay?

b) Comment imagines-tu une journée de classe à cette époque?

BABEL, UNE COLLECTION DE LIVRES DE POCHE

UN ANGE CORNU AVEC DES AILES DE TÔLE

Dans le Montréal populaire des années cinquante, Michel Tremblay, par la magie des mots et le jeu des signes découvrait qu'au fond des livres bat le cœur du monde. Dans la compagnie de Saint-Exupéry, Eschyle, Jules Verne, Victor Hugo, Gabrielle Roy ou Hergé, il entrait en littérature – avec la complicité de sa mère, cette Rhéauna aux reparties si savoureuses qui allait devenir la grosse femme des *Chroniques du Plateau Mont-Royal*.

Un ange cornu avec des ailes de tôles prolonge et amplifie, à travers la mémoire, un véritable chant d'amour à l'unique passion d'une vie: les livres.

Né à Montréal en 1942, Michel Tremblay est l'auteur de quelque vingt-cinq pièces de théâtre et d'une quinzaine de récits et de romans dont le cycle des Chroniques du Plateau Mont-Royal.

- Lis *Un ange cornu avec des ailes de tôle* de Michel Tremblay pour nourrir et stimuler ton imaginaire et pour découvrir la vie au Québec à une autre époque.
- Au cours de ta lecture, utilise diverses façons de mieux comprendre certains mots ou phrases du texte. Par exemple, cherche les antécédents des pronoms de la 3e personne et des autres substituts, propose un synonyme éventuel à un mot ou cherche la définition du dictionnaire qui est appropriée au contexte.

Cap sur les mots

Des procédés stylistiques: la comparaison et la métaphore

À l'oral comme à l'écrit, les **procédés stylistiques** permettent de varier et de nuancer l'expression de la pensée et des sentiments.

La **comparaison** est un procédé stylistique qui consiste à mettre en relation des éléments présentant un point en commun à l'aide d'au moins un mot permettant l'expression de la comparaison. Toutes les comparaisons ne sont pas des procédés stylistiques. Pour constituer un procédé stylistique, la comparaison entre les éléments doit être **inattendue** et doit produire une **image** dans l'imaginaire du lecteur ou de la lectrice. .... p. 637

› C'était un livre qui m'avait donné envie de quitter Montréal pour aller lire la façade de Notre-Dame de Paris **comme dans un livre ouvert,** un volume démesuré qui me dévoilerait tous les mystères du Moyen Âge.

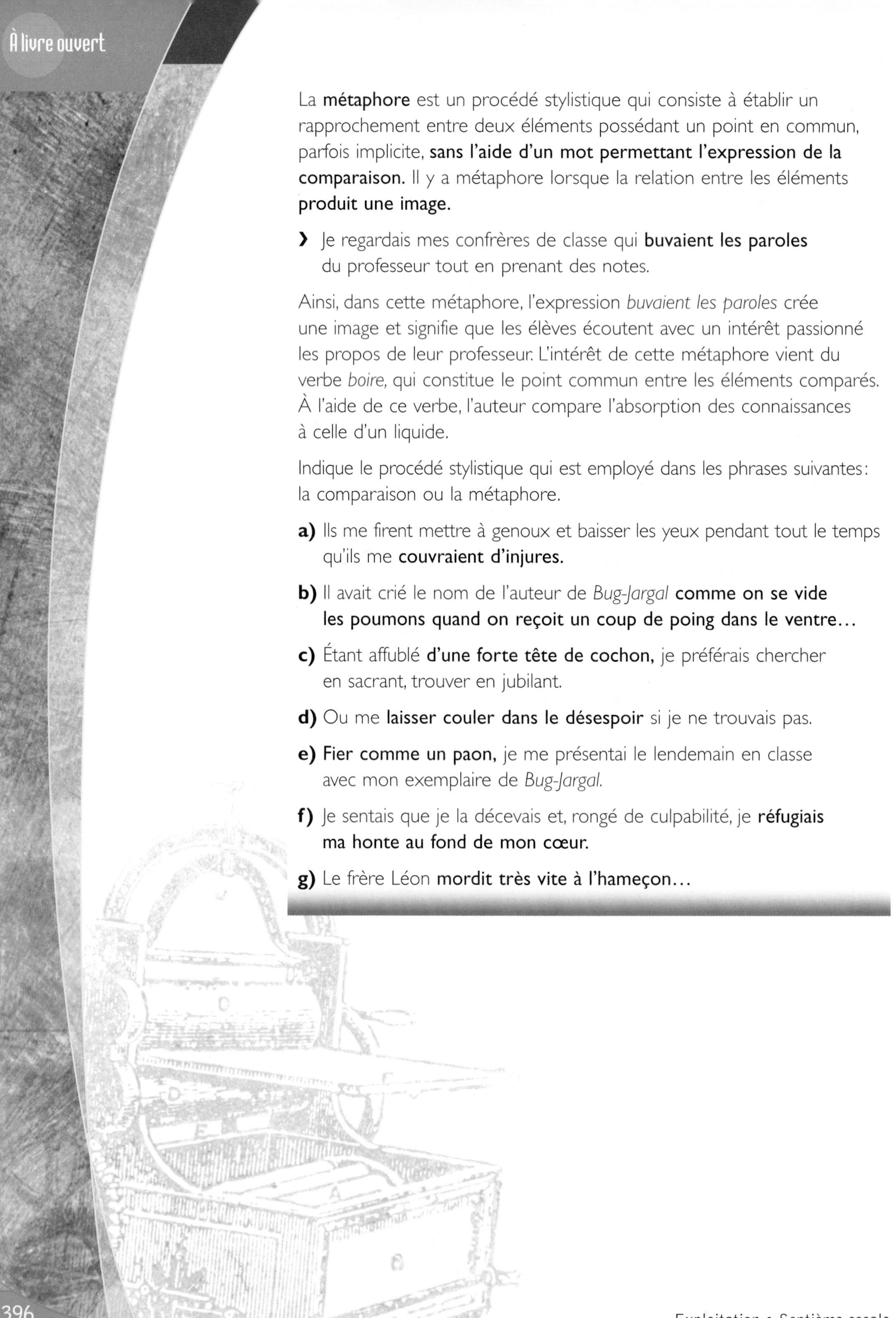

La **métaphore** est un procédé stylistique qui consiste à établir un rapprochement entre deux éléments possédant un point en commun, parfois implicite, **sans l'aide d'un mot permettant l'expression de la comparaison.** Il y a métaphore lorsque la relation entre les éléments **produit une image.**

› Je regardais mes confrères de classe qui **buvaient les paroles** du professeur tout en prenant des notes.

Ainsi, dans cette métaphore, l'expression *buvaient les paroles* crée une image et signifie que les élèves écoutent avec un intérêt passionné les propos de leur professeur. L'intérêt de cette métaphore vient du verbe *boire*, qui constitue le point commun entre les éléments comparés. À l'aide de ce verbe, l'auteur compare l'absorption des connaissances à celle d'un liquide.

Indique le procédé stylistique qui est employé dans les phrases suivantes : la comparaison ou la métaphore.

a) Ils me firent mettre à genoux et baisser les yeux pendant tout le temps qu'ils me **couvraient d'injures.**

b) Il avait crié le nom de l'auteur de *Bug-Jargal* **comme on se vide les poumons quand on reçoit un coup de poing dans le ventre…**

c) Étant affublé **d'une forte tête de cochon,** je préférais chercher en sacrant, trouver en jubilant.

d) Ou me **laisser couler dans le désespoir** si je ne trouvais pas.

e) **Fier comme un paon,** je me présentai le lendemain en classe avec mon exemplaire de *Bug-Jargal.*

f) Je sentais que je la décevais et, rongé de culpabilité, je **réfugiais ma honte au fond de mon cœur.**

g) Le frère Léon **mordit très vite à l'hameçon…**

Compréhension et interprétation

1. En te servant du contexte, effectue les tâches suivantes.

a) Définis ce qu'est l'« index ».

b) Trouve deux synonymes au mot en gras dans la phrase suivante : « C'était un écrivain aux mœurs **dissolues** [...] ».

c) Trouve les antécédents des pronoms en gras dans les phrases suivantes.

❶ [...] Hugo disait qu'**elle** était la plus grande invention de l'humanité [...] (Lignes 20 et 21)

❷ [...] je **les** avais fait lire à mon père qui en avait eu les larmes aux yeux [...] (Lignes 21 et 22)

❸ Ce jour-là, cependant, j'avais une raison de **le** consulter [...] (Ligne 49)

❹ « [...] c'est pas dans le livre des professeurs que tu vas trouver **ça**... » (Lignes 61 et 62)

❺ « T'es trop content, **toi,** j'me méfie ! » (Ligne 76)

d) Trouve, parmi les définitions suivantes, celle qui convient au sens du mot *pernicieuses* dans cette phrase.

« Ce sont des œuvres pernicieuses ! » (Ligne 14)

❶ MÉD. Se dit d'une affection dont l'évolution est très grave.

❷ (ABSTRAIT) LITTÉR. Nuisible moralement.

Les abréviations au début des définitions peuvent t'aider, MÉD. signifiant qu'il s'agit d'un terme de médecine, et LITTÉR. désignant un terme qui s'emploie surtout dans la langue écrite.

2. a) Selon toi, pourquoi Victor Hugo disait-il que l'imprimerie « était la plus grande invention de l'humanité depuis la roue » ?

b) Es-tu d'accord avec lui ? Sinon, quelle est, pour toi, la plus grande invention de l'humanité depuis la roue ?

3. Au cours de la cinquième escale, tu as pu lire un conte fantastique intitulé *Le fantôme de Don Carlos,* également écrit par Michel Tremblay. Réponds aux questions ci-dessous en discutant avec d'autres élèves.

a) As-tu préféré le texte *Un ange cornu avec des ailes de tôle* ou ce conte ? Explique les raisons de ton choix.

b) Quelles similitudes et quelles différences notes-tu entre ces deux textes ?

4. Dans le premier paragraphe, le narrateur affirme que les arts en général et la littérature en particulier n'étaient pas très bien vus à cette époque.

a) Considères-tu que la situation a évolué ? Justifie ta réponse en quelques lignes.

b) Pour justifier ton opinion, présente des faits, des exemples ou des données susceptibles d'appuyer ta position.

Bagage de connaissances

Les marques de l'oralité

Après avoir participé à plusieurs discussions, tu as probablement constaté que les messages oraux diffèrent des messages écrits. On remarque notamment des variantes en ce qui a trait au choix des mots, à la structure des phrases et à la prononciation.

a) Examine attentivement ce dialogue extrait du texte *Un ange cornu avec des ailes de tôle*. Prête une attention spéciale à la façon dont les propos sont énoncés.

Conversation entre deux frères

«Depuis quand tu fouilles dans mon livre des professeurs, toi?

– J'te jure que j'ai jamais fouillé dedans, mais là, j'veux chercher quequ'chose pis j'aime mieux te demander la permission...

– Qu'est-ce que tu cherches? J'peux peut-être t'aider...

– J'cherche la liste des auteurs à l'index.»

Il partit d'un bon rire, la tête penchée par en arrière.

«C'est pas compliqué: tout c'que t'as envie de lire est probablement à l'index!

– Chus sérieux! J'veux consulter la liste des romans de Victor Hugo...

– J't'ai laissé lire *Notre-Dame de Paris* sans rien te dire, mais exagère pas...

– J'veux juste lire la liste de ses romans pour voir si y sont toutes à l'index!

– Sont sûrement toutes à l'index, mais c'est pas dans le livre des professeurs que tu vas trouver ça...»

b) À quelle variété de langue associes-tu cette conversation?

c) Quelles marques spécifiques à la langue orale se trouvent dans cette conversation? Pour t'aider, consulte *Les marques de l'oralité*, à la page 641 du *Coffret*.

Journal de bord

Compare le traitement d'une même nouvelle lue dans un journal et entendue à la radio. Note les principales différences quant à la présentation et à l'organisation de l'information donnée aux lecteurs et lectrices, et aux auditeurs et auditrices.

Au cours de ta communication orale, fais preuve de vigilance en ce qui a trait aux erreurs fréquemment observées à l'oral et reprends-toi dès que tu constates que tu as tenu des propos fautifs.

p. 382

Le Cimetière des Livres Oubliés

Planification

Survole le texte *Le Cimetière des Livres Oubliés* et lis la première phrase.

1. Détermine s'il s'agit d'un texte courant ou d'un texte littéraire.

2. a) Nomme l'auteur de ce texte.

b) Précise la langue d'origine dans laquelle ce texte a été rédigé.

- Lis *Le Cimetière des Livres Oubliés* pour le comparer à d'autres textes littéraires et pour faire valoir tes préférences.
- Au cours de ta lecture, dégage les éléments caractéristiques de ce texte dans le but de les comparer à ceux lus précédemment dans cette escale. Prête une attention particulière au genre du texte, aux thèmes abordés ainsi qu'aux choix des procédés stylistiques.

Compréhension et interprétation

1. Tout comme Gilles Vigneault et Michel Tremblay, l'auteur de ce texte utilise abondamment les procédés stylistiques.

a) Lis les phrases ci-dessous et trouve, dans chaque cas, le procédé stylistique employé. Choisis parmi les procédés suivants: la personnification, la comparaison et la métaphore. ...... p. 637

❶ [...] nous marchions dans les rues d'une Barcelone **écrasée sous un ciel de cendre** [...] (Lignes 4 à 6)

❷ [...] un soleil fuligineux qui se répandait sur la ville **comme une coulée de cuivre** liquide. (Lignes 6 et 7)

❸ [...] en se réfugiant derrière ce sourire triste qui accompagnait toute sa vie **comme une ombre.** (Lignes 11 et 12)

❹ [...] lorsque j'avais demandé à mon père si **le ciel pleurait,** la voix lui avait manqué pour me répondre. (Lignes 18 et 19)

❺ [...] l'absence de ma mère **était toujours pour moi un mirage, un silence hurlant** que je n'avais pas encore appris à faire taire à coups de mots. (Lignes 19 à 21)

❻ [...] **les rues sommeillaient** encore dans la brume et la rosée nocturne. (Lignes 53 et 54)

❼ Les minutes et les heures glissèrent **comme un mirage.** (Lignes 167 et 168)

❽ **Le sommeil et l'épuisement frappaient à ma porte,** mais je refusai de me rendre. (Lignes 176 et 177)

b) À ton avis, lequel des trois auteurs mentionnés précédemment exploite le mieux les procédés stylistiques? Justifie ta réponse.

2. a) Remplis un tableau semblable à celui ci-dessous afin de comparer les caractéristiques des textes étudiés dans cette escale.

TABLEAU COMPARATIF DES TEXTES ÉTUDIÉS

CARACTÉRISTIQUE	*UN LIVRE*	*UN ANGE CORNU AVEC DES AILES DE TÔLE*	*LE CIMETIÈRE DES LIVRES OUBLIÉS*
Type de texte			› Texte littéraire
Genre de texte	› Nouvelle		
Univers		› Récit d'apprentissage	
Auteur			
Provenance de l'œuvre			› Patrimoine mondial (œuvre traduite)
Époque	› Contemporaine		
Lieu important		› Montréal	
Personnage principal			
Principaux thèmes abordés			› Le deuil, la relation père-fils, la passion pour la lecture
Type de narrateur			
Variété de langue dominante			

b) Au cours d'une discussion avec d'autres élèves, compare ces textes narratifs à l'aide des critères d'appréciation suivants.

❶ Le texte est-il respectueux ou non des caractéristiques de son genre?

❷ Le texte est-il respectueux ou non des caractéristiques de son univers?

❸ L'époque et les lieux sont-ils importants ou non dans ce texte?

❹ Le personnage principal est-il attachant ou non? Te donne-t-il le goût de le suivre dans cette intrigue?

❺ La façon d'aborder les thèmes de ces textes est-elle originale ou non?

❻ Le type de narrateur choisi est-il approprié ou non au texte?

❼ La variété de langue choisie pour ce texte ou pour certaines parties du texte est-elle appropriée ou non?

c) Pour chacun des critères proposés, tentez d'établir un consensus autour du texte jugé le meilleur relativement à ce critère.

d) Lors de cette discussion, relève trois marques de l'oralité et illustre-les à l'aide d'exemples. ....  p. 641

Bagage de connaissances

La justification de son opinion

Une opinion est un jugement lié aux goûts, aux valeurs et aux sentiments personnels de chaque individu. Ainsi, selon le cas, le jugement sera favorable ou défavorable, positif ou négatif.

Dans plusieurs contextes, il est nécessaire de justifier son opinion en employant des arguments, des preuves. La justification d'une opinion consiste donc à **appuyer ses propos** en présentant **les faits** sur lesquels on se base pour soutenir sa position. Lorsque tu émets ton opinion sur des œuvres littéraires, tu bases ton jugement sur des **critères d'appréciation** (complexité du vocabulaire, intérêt suscité par les thèmes abordés, qualité de l'intrigue, originalité du dénouement, vraisemblance de l'univers créé, présence de procédés stylistiques variés, caractérisation efficace des personnages, etc.) qui te serviront à soutenir ta position. ..... p. 568

opinion favorable | fait pour appuyer l'opinion

› J'aime ce personnage **parce qu'**il a fait preuve d'inventivité à trois reprises pour se sortir de situations périlleuses.

opinion défavorable | fait pour appuyer l'opinion

› Ce roman m'a déçue: le dénouement est banal et prévisible. Dès les premiers chapitres, on sait déjà que la jeune fille retrouvera ses parents.

a) Lequel des textes littéraires lus dans cette escale as-tu préféré?

b) Justifie ta réponse à l'aide d'au moins deux critères d'appréciation de ton choix.

Prête une attention spéciale aux critères d'appréciation, car ils te serviront à justifier ton choix dans la prochaine aventure.

Bilan

1. Aurais-tu aimé vivre au Québec dans les années 1950, comme le jeune élève du récit de Michel Tremblay? Explique ta réponse.

2. a) Les textes littéraires que tu as lus seraient-ils aussi intéressants sans les nombreux procédés stylistiques qu'ils contiennent?

b) Quel effet l'utilisation de ces procédés produit-elle?

c) Quels procédés stylistiques comptes-tu exploiter dans tes prochains écrits?

3. a) Le texte que tu as sélectionné comme ton préféré dans cette escale est-il le même que celui choisi par la plupart des élèves de ta classe?

b) Pourquoi, à ton avis, ce texte a-t-il ou non été choisi par la plupart des élèves?

---

4. Tout le long de cette escale, tu as pu exercer ton jugement critique à maintes reprises.

a) Lorsque tu prends position sur un sujet, es-tu maintenant en mesure de justifier ta position? Explique ta réponse.

b) De quels critères d'appréciation peux-tu te servir pour porter un jugement sur une œuvre littéraire?

c) Trouves-tu difficile de critiquer une œuvre littéraire? Explique ta réponse.

5. Lorsqu'un texte contient un vocabulaire ou certaines phrases complexes, des stratégies peuvent t'aider à mieux les comprendre.

a) Nomme quelques-unes des stratégies que tu as mises en pratique dans cette escale.

b) L'application de ces stratégies s'est-elle révélée efficace? Explique ta réponse.

6. a) Quel nouveau défi de lecture aimerais-tu te fixer?

b) Note ce défi dans la section *Mon Répertoire* de ton Journal de bord et prévois un délai raisonnable pour le relever.

Fonctionnement de la langue

Les homophones

Point de repère

Les homophones sont des mots qui se prononcent de la même façon mais dont l'orthographe et la signification diffèrent.

a/à Lorsqu'il est possible de remplacer *a* par *avait*, il s'agit du verbe *avoir*. Dans le cas contraire, il s'agit de la préposition *à* qui s'écrit avec un accent grave.

avait

› Ce livre l'**a** captivé du début **à** la fin.

ou/où *Ou* est une conjonction qui indique une alternative et qui peut être remplacée par *ou bien*. Si le remplacement par cette expression est impossible, il s'agit du pronom relatif ou de l'adverbe interrogatif *où*, qui sert à exprimer le lieu ou le temps.

ou bien

› **Où** est-il? Se trouve-t-il à la bibliothèque **ou** à la librairie?

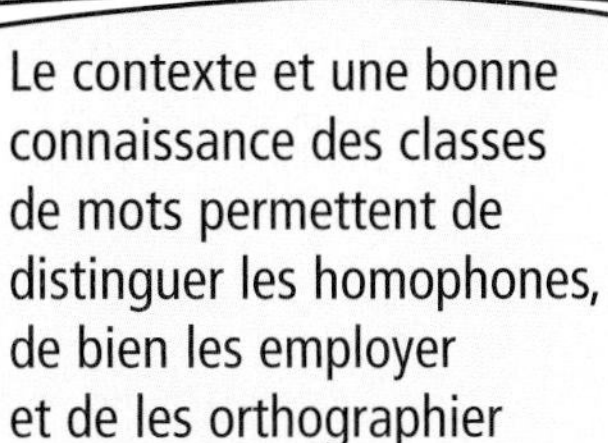

Boussole

Le contexte et une bonne connaissance des classes de mots permettent de distinguer les homophones, de bien les employer et de les orthographier correctement.

Exploration

a) Lis les phrases suivantes en prêtant une attention particulière aux mots entourant les homophones en gras.

1. **On** adore ces romans fantastiques qui **ont** beaucoup de succès actuellement. **On n'**a pas pu s'arrêter de les lire!
2. Ça semble être **sa** salle de séjour. Plusieurs livres traînent **çà** et là.
3. **La** journaliste **l'a** rencontrée par hasard. Elle ne s'attendait pas à **la** voir **là.**
4. Si je **peux** lire cette brique, il le **peut** aussi, même s'il lit habituellement très **peu. Peu** de gens sont déçus par cet auteure talentueuse, mais il le sera **peut-**être...

b) À l'aide du contexte, trouve la classe à laquelle appartient chacun des homophones en gras.

Tour d'horizon

p. 632

1. ont/on/on n'

- ***Ont*** étant le verbe *avoir,* on peut facilement le remplacer par *avaient.*
- Le pronom personnel ***on*** peut être remplacé par *il.*
- Dans une phrase négative, le pronom personnel ***on*** peut être accompagné de la marque de négation ***n'.*** On peut alors le remplacer par *il + n'.*

2. sa/ça/çà

- Le déterminant possessif ***sa*** peut être remplacé par *une.*
- Le pronom démonstratif ***ça*** peut être remplacé par *cela.*
- L'adverbe de lieu ***çà*** désigne un endroit et est surtout employé dans l'expression *çà et là.*

3. la/la/l'a/là

- Le déterminant défini ***la*** peut être remplacé par *une.*
- Le pronom personnel ***la*** précède habituellement un verbe.
- Le pronom personnel ***la*** ou ***le*** élidé suivi du verbe avoir (***l'a***) peut être remplacé par *l'avait.*
- L'adverbe ***là*** peut être remplacé par l'expression *ici.*

4. peux/peut/peut-/peu/peu

- ***Peux*** est le verbe *pouvoir* conjugué à la 1re ou à la 2e personne du singulier. Il peut être remplacé par *pouvais.*
- ***Peut*** est le verbe *pouvoir* conjugué à la 3e personne du singulier. Il peut être remplacé par *pouvait.*
- ***Peut-*** est utilisé dans l'expression *peut-être,* qui peut être remplacée par *probablement.*
- Le déterminant ***peu de*** signifie *pas beaucoup.*
- L'adverbe ***peu*** signifie également *pas beaucoup.*

La subordonnée complétive complément du verbe ou de l'adjectif

Point de repère

- Une phrase complexe se construit à l'aide de deux ou de plusieurs phrases simples. Elle contient donc plus d'un verbe conjugué.
- Les phrases simples qui sont jointes pour former une phrase complexe forment un tout et sont liées par le sens.
- La subordination est l'un des trois procédés employés pour former des phrases complexes. Elle consiste à joindre des phrases simples à l'aide d'un subordonnant. .... p. 587 et 620
- La phrase introduite par un subordonnant est appelé subordonnée.

Exploration

a) Lis les phrases ci-dessous et prête une attention particulière aux subordonnées en gras.

❶ J'espère **que le libraire recevra bientôt le prochain livre de cette collection.**

❷ Je préfère **que le récit soit illustré.**

❸ Cette auteure s'étonne **que son roman soit un aussi grand succès.**

❹ Elle est fière **que son œuvre soit appréciée.**

b) À l'aide de quelle conjonction ces subordonnées sont-elles introduites?

c) À quelle classe de mots les mots soulignés appartiennent-ils?

d) Remplace les subordonnées des phrases ❶, ❷ et ❸ par le pronom *cela*. Ajoute la préposition *de*, au besoin.

e) Quelles sont les subordonnées ci-dessus qui complètent directement le verbe, sans l'aide d'une préposition?

f) Quelle est la subordonnée qui complète indirectement un verbe, c'est-à-dire avec l'aide de la préposition *de*?

g) Quelle est la subordonnée qui complète un adjectif?

Tour d'horizon

La subordonnée complétive est une phrase jointe à une autre par la conjonction *que*. Elle est appelée *complétive* car elle a, le plus souvent, la fonction de **complément.**

1. La subordonnée complétive complément direct

- La subordonnée complétive a la fonction de **complément direct du verbe** (CD) lorsque le verbe principal dont elle dépend se construit **sans préposition.**

  › Je crois qu'il est à la bibliothèque.
  (crois : verbe ; qu'il est à la bibliothèque : subordonnée)

- La subordonnée complétive complément direct du verbe peut être remplacée par les pronoms démonstratifs *cela* et *ça.*

  › Je crois cela.
  › Je crois ça.

2. La subordonnée complétive complément indirect

- La subordonnée complétive exerce la fonction de **complément indirect du verbe** (CI) lorsque le verbe principal dont elle dépend se construit **avec une préposition** (*à*, *de*).

  › Elle ne doute pas qu'il soit venu.
  (doute : verbe ; qu'il soit venu : subordonnée)

- Le remplacement par les pronoms *cela* ou *ça* permet d'introduire la préposition exigée par le verbe principal.

  › Elle ne doute pas **de** cela.
  (de : préposition ; de cela : GPrép)

3. La subordonnée complétive complément de l'adjectif

- La subordonnée complétive **complément de l'adjectif** est une subordonnée également introduite par la conjonction *que*, mais elle complète un adjectif plutôt qu'un verbe.

  › Ma mère semble heureuse que nous lui offrions cette biographie.
  (heureuse : adjectif ; que nous lui offrions cette biographie : subordonnée)

- La subordonnée complétive complément de l'adjectif peut aussi être remplacée par le groupe prépositionnel (GPrép) *de cela.*

  › Ma mère semble heureuse **de cela.**

Boussole

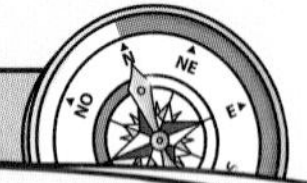

Il arrive que le subordonnant *que* de la subordonnée complétive soit précédé de *ce*, lui-même précédé de la préposition commandée par le verbe.

› Elle ne s'attendait pas **à ce que** j'arrive à l'heure !

Les formes active et passive, neutre et emphatique

Point de repère

Une phrase de base (P) est une phrase déclarative de forme positive et personnelle.

Il est possible de combiner les formes et les types de phrases.

Exploration

a) Observe les couples de phrases suivants.

❶ **P de forme active:** Bryan Perro a créé le personnage d'Amos.
P de forme passive: Le personnage d'Amos a été créé par Bryan Perro.

❷ **P de forme active:** Les deux amis combattent les méchantes Gorgones.
P de forme passive: Les méchantes Gorgones sont combattues par les deux amis.

❸ **P de forme neutre:** Isabelle Normandin a eu la chance de rencontrer cet auteur de chez nous.
P de forme emphatique: C'est cet auteur de chez nous **qu'**Isabelle Normandin a eu la chance de rencontrer.

❹ **P de forme neutre:** Thomas et Arnaud ont dévoré ce roman d'un seul trait.
P de forme emphatique: Ce sont Thomas et Arnaud **qui** ont dévoré ce roman d'un seul trait.

❺ **P de forme neutre:** Ce roman regorge d'action.
P de forme emphatique: Ce **roman, il** regorge d'action.
P de forme emphatique: Il regorge d'action, ce **roman.**

b) Découvre les manipulations qui ont permis de transformer les phrases de forme active ❶ et ❷ en phrases de forme passive.

c) Observe les mots en gras dans les phrases de forme emphatique. Quel effet leur ajout produit-il?

Tour d'horizon

1. La phrase de forme **passive** s'oppose à celle de forme **active.**

La phrase passive est une phrase dans laquelle l'**action** exprimée par le verbe est **subie** par le groupe sujet (GS). La phrase passive est une phrase transformée à l'aide de certaines manipulations:

- des **déplacements**: le GS et le complément direct du verbe de la phrase active échangent leur position dans la phrase passive;
- un **remplacement**: le verbe de la phase active est remplacé par un verbe formé à l'aide de l'auxiliaire *être* et du participe passé du verbe. L'auxiliaire se met au même temps et au même mode que le verbe de la phrase de base;
- une **addition**: on ajoute la préposition *par* après le verbe conjugué afin de former un GPrép qui devient complément du verbe passif.

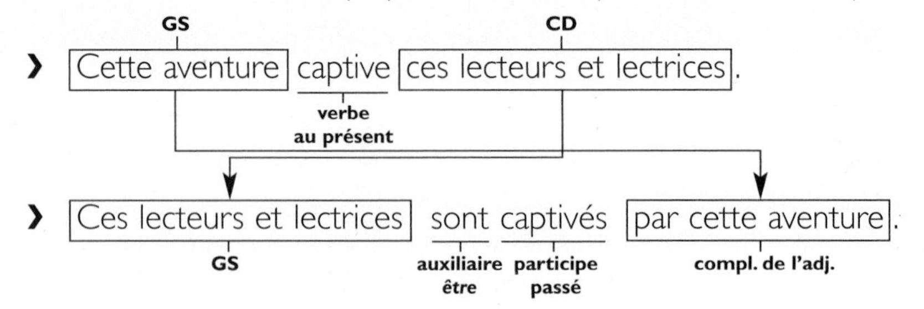

Boussole

En plus d'être de forme positive et personnelle, la phrase de base (P) est de forme active et neutre.

2. La phrase de forme **emphatique** s'oppose à celle de forme **neutre.** Elle peut servir à insister sur un élément de la phrase ou encore à assurer la progression de l'information.

La phrase emphatique peut être construite à l'aide d'un des moyens suivants:

- le **détachement** avec la reprise du groupe détaché;
  › P de base: Ce livre est génial.
  P emphatique: Ce livre**, il** est génial.
- le **détachement** avec annonce du groupe détaché par un pronom;
  › P de base: Cet univers me passionne.
  P emphatique: **Ça** me passionne**,** cet univers.
- le **détachement** par différents marqueurs emphatiques:
  ❶ *c'est… qui* et *ce sont… qui*, qui détachent le sujet de P;
  ❷ *c'est… que*, qui détache les compléments;
  ❸ *ce qui… c'est, ce que… c'est, ce dont… c'est, ce à quoi… c'est*, etc., qui détachent divers éléments de la phrase.
  › P active: J'ai découvert cet écrivain talentueux.
  P emphatique: **C'est** cet écrivain talentueux **que** j'ai découvert.

Les phrases de forme passive et de forme emphatique peuvent se combiner avec tous les **types** et toutes les **formes** de phrases.

Excursion

Les homophones p. 404

Choisis l'homophone qui convient dans chacune des phrases ci-dessous.

a) à/a

Cet auteur ___ du talent. Il ___ réussi ___ créer une histoire ___ couper le souffle ___ partir d'une anecdote dont il ___ été témoin ___ la banque.

b) ou/où

La maison ___ il écrit se trouve au bord de l'océan. Il se sent inspiré dans ce décor paradisiaque ___ l'infini semble tout près. Il s'y sent à l'aise pour écrire des romans ___ de la poésie.

c) ont/on/on n'

___ a pas compris pourquoi Samuel et Anne-Sophie ___ autant détesté ce livre. ___ l'a lu et ___ l'a beaucoup aimé. ___ dirait qu'ils n' ___ pas les mêmes goûts que nous!

d) sa/ça/çà

___ peut sembler étonnant, mais ___ grande naïveté et ___ différence rendent ce personnage attachant, particulièrement dans la scène où il erre ___ et là, seul dans le parc.

e) la/la/l'a/là

Alors qu'elle passait par ___ , elle ___ aperçue sur ___ première tablette. Elle a tout de suite su qu'elle ___ choisirait parmi toutes les œuvres.

f) peux/peut/peut-/peu

Je ne ___ pas dire que j'ai apprécié ce livre ___ divertissant. Je me trompe ___ être puisque ___ de gens sont de mon avis, mais je trouve l'intrigue trop prévisible et la fin est décevante. De plus, l'héroïne ne ___ améliorer sa situation, ce qui me déçoit grandement.

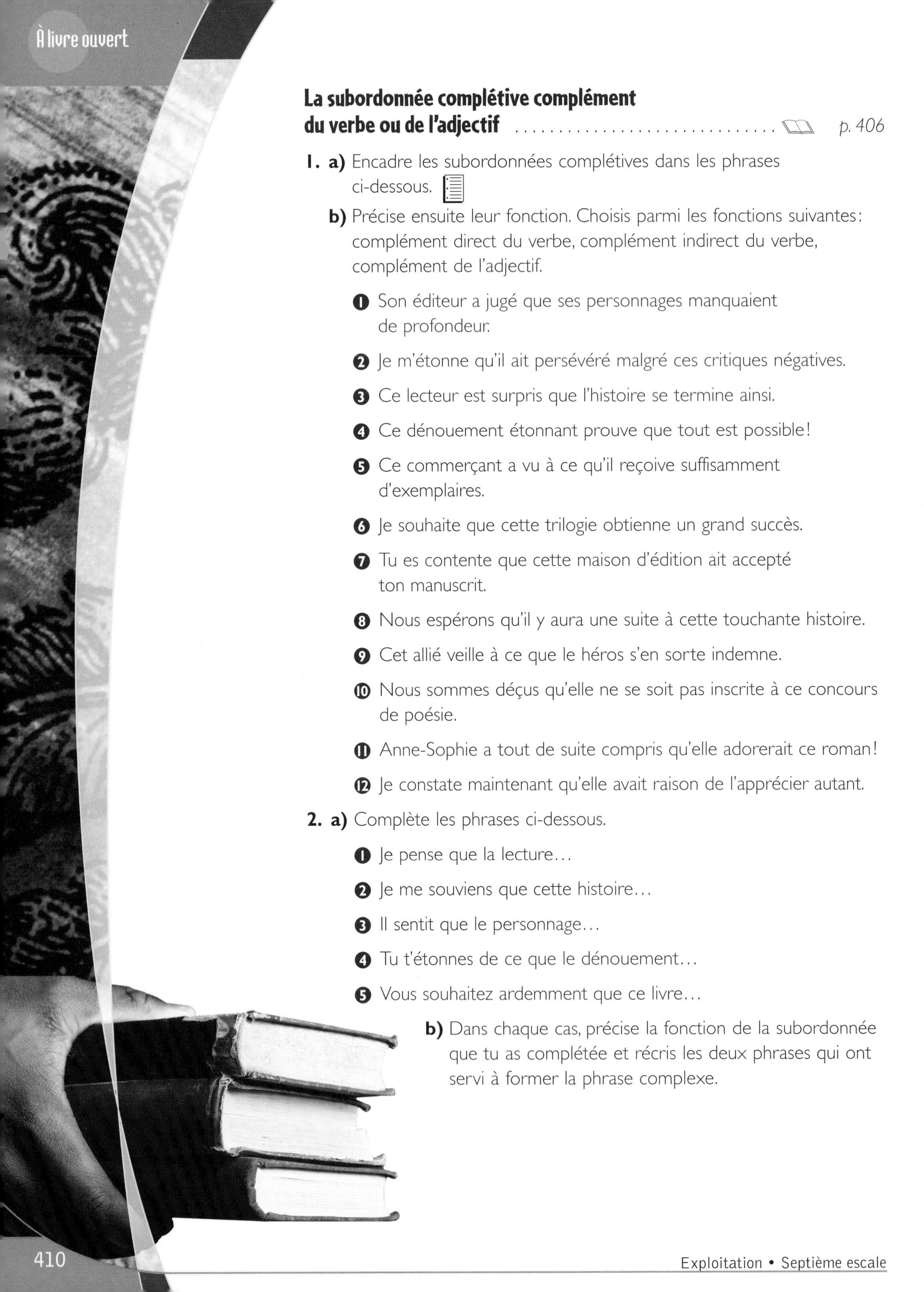

La subordonnée complétive complément du verbe ou de l'adjectif

p. 406

1. a) Encadre les subordonnées complétives dans les phrases ci-dessous.

b) Précise ensuite leur fonction. Choisis parmi les fonctions suivantes: complément direct du verbe, complément indirect du verbe, complément de l'adjectif.

1. Son éditeur a jugé que ses personnages manquaient de profondeur.
2. Je m'étonne qu'il ait persévéré malgré ces critiques négatives.
3. Ce lecteur est surpris que l'histoire se termine ainsi.
4. Ce dénouement étonnant prouve que tout est possible!
5. Ce commerçant a vu à ce qu'il reçoive suffisamment d'exemplaires.
6. Je souhaite que cette trilogie obtienne un grand succès.
7. Tu es contente que cette maison d'édition ait accepté ton manuscrit.
8. Nous espérons qu'il y aura une suite à cette touchante histoire.
9. Cet allié veille à ce que le héros s'en sorte indemne.
10. Nous sommes déçus qu'elle ne se soit pas inscrite à ce concours de poésie.
11. Anne-Sophie a tout de suite compris qu'elle adorerait ce roman!
12. Je constate maintenant qu'elle avait raison de l'apprécier autant.

2. a) Complète les phrases ci-dessous.

1. Je pense que la lecture…
2. Je me souviens que cette histoire…
3. Il sentit que le personnage…
4. Tu t'étonnes de ce que le dénouement…
5. Vous souhaitez ardemment que ce livre…

b) Dans chaque cas, précise la fonction de la subordonnée que tu as complétée et récris les deux phrases qui ont servi à former la phrase complexe.

Les formes active et passive, neutre et emphatique .... p. 408

1. Quelles formes peuvent être associées à la phrase suivante?

«Il semble que cet excellent roman ait été écrit par cette jeune auteure audacieuse.»

a) Neutre, personnelle, négative et active.

b) Emphatique, impersonnelle, négative et passive.

c) Neutre, personnelle, positive et active.

d) Neutre, impersonnelle, positive et passive.

2. En employant les manipulations appropriées, transforme ces phrases de forme active à la forme passive.

a) Cet environnement médiéval crée une ambiance mystérieuse.

b) Ces petits êtres d'environ 50 centimètres vainquent des serpents!

c) Félicia a surligné les indices de temps ainsi que les noms des lieux et des personnages.

d) Des créatures redoutables se livreront des combats captivants.

e) L'auteur plonge les lecteurs et lectrices dans un univers mythologique.

f) Ce grand voyageur trouve des noms de personnages et de lieux fort originaux.

3. À l'aide de l'une des méthodes étudiées, transforme ces phrases de forme neutre à la forme emphatique.

a) Cette histoire d'amour m'avait fait pleurer.

b) Cet homme bon avait finalement retrouvé sa bien-aimée.

c) Ces livres étaient à l'index.

d) Ce frère enseignait le français et l'histoire depuis plusieurs années.

e) Les autres élèves de la classe ignorent l'incident survenu plus tôt.

f) Le directeur et l'enseignant m'ont rencontré dans la salle d'étude.

4. Compose des phrases selon les types et les formes proposés.

a) Une phrase interrogative et passive.

b) Une phrase déclarative et impersonnelle.

c) Une phrase exclamative et emphatique.

d) Une phrase impérative et négative.

e) Une phrase exclamative, emphatique et négative.

f) Une phrase interrogative, impersonnelle et passive.

Lire, quel plaisir !

Les livres nous offrent diverses représentations de la réalité ou nous entraînent dans un monde imaginaire captivant. Au cours de cette escale, tu as découvert différents textes qui t'ont notamment permis d'exercer ton jugement critique en t'appuyant sur des critères d'appréciation pertinents. Maintenant que tu es en mesure de soutenir tes opinions à l'aide de faits, tu devras convaincre tes camarades de classe qu'un livre mérite particulièrement d'être lu. Si tu avais, tout comme Daniel dans *Le Cimetière des Livres Oubliés*, à empêcher qu'un livre tombe dans l'oubli, lequel sauverais-tu ? Et pour quelles raisons préserverais-tu l'existence de ce livre particulier ?

Dans ce projet de communication orale, respecte les consignes suivantes.

TÂCHE	Convaincre d'autres élèves qu'un livre mérite particulièrement d'être lu. Exposer les raisons pour lesquelles il devrait l'être.
SUJET	Des suggestions de lecture d'ici et d'ailleurs.
DESTINATAIRES	Les élèves de ta classe.
CONTEXTE DE RÉALISATION	Un cercle de lecture.

Préparation

Comme la section *Mon Répertoire* de ton Journal de bord pourra probablement en témoigner, tu possèdes déjà un bagage intéressant en matière de lecture. Tu as probablement déjà déterminé certaines de tes préférences ; il peut s'agir d'un auteur ou d'une auteure que tu apprécies beaucoup, ou d'un univers qui te passionne (policier, fantastique, etc.). Peut-être même possèdes-tu un livre fétiche ? Il est temps de faire le point quant à tes préférences et de choisir un livre que tu trouves particulièrement intéressant pour diverses raisons.

Planifier son écoute et sa prise de parole

a) Cerne tes intentions et tes besoins.

❶ Rappelle-toi que ton objectif est de convaincre tes camarades que le livre que tu as sélectionné constitue un excellent choix de lecture.

❷ Pour t'aider à justifier ton choix, utilise la fiche *Critique d'une œuvre littéraire*. . . . . p. 568

b) Tiens compte des conditions de réalisation du projet de communication orale.

❶ Regroupez-vous en équipe d'environ six élèves par table.

❷ Déterminez l'ordre de prise de parole des interlocuteurs et interlocutrices.

❸ Précisez s'il sera possible d'interrompre la personne qui a la parole pour lui poser des questions ou lui demander des précisions, ou si une période d'échange aura lieu une fois le choix du livre justifié.

c) Cible les éléments à privilégier en recourant à une documentation spécifique. Cible les critères d'appréciation qui seront utilisés pour la présentation. Précise s'il sera possible ou non de se reporter à la fiche critique durant la présentation.

Réalisation

Il est maintenant temps de faire part de ton coup de cœur aux élèves de ta classe et de le justifier. Sauras-tu les convaincre?

Comprendre et interpréter des productions orales; prendre la parole individuellement et en interaction

a) Utilise une variété de langue standard et prête une attention particulière aux marques de l'oralité. En cas d'erreur, ajuste tes propos sur-le-champ. .... p. 641

b) Fais ressortir les éléments importants ou utiles. Distingue ton opinion des faits utilisés pour la soutenir, les questions des commentaires, les répétitions inutiles de celles qui font progresser ton propos.

c) Intéresse-toi aux modalités d'enchaînement. Expérimente diverses façons de prendre ou de céder la parole: faire un tour de table, lever la main pour intervenir, demander l'avis d'une personne au hasard, etc.

Calepin

Avant de répondre à un interlocuteur, organise ta pensée en tirant avantage d'un silence, d'une parole en écho, d'une reformulation ou d'un questionnement.

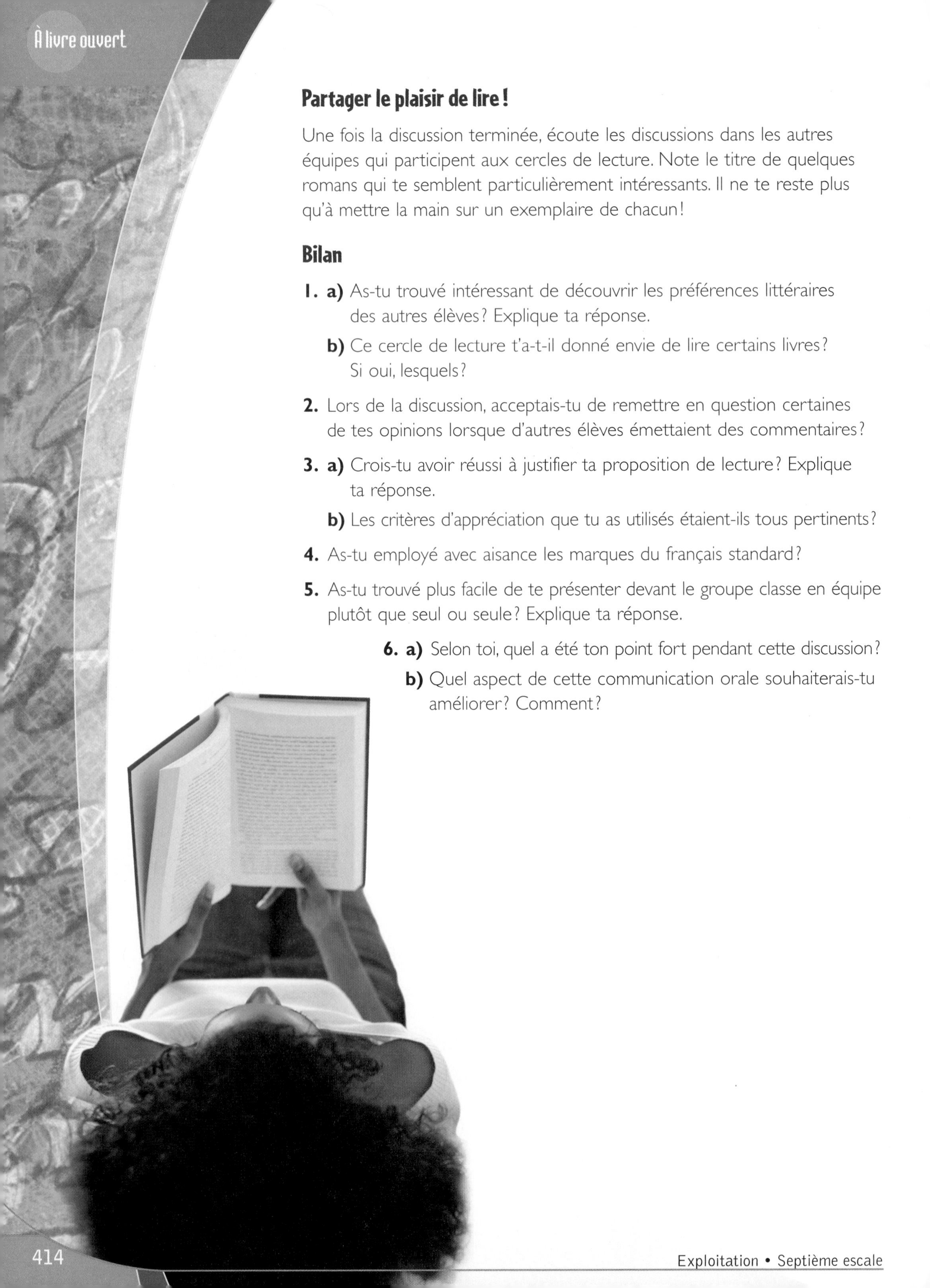

Partager le plaisir de lire !

Une fois la discussion terminée, écoute les discussions dans les autres équipes qui participent aux cercles de lecture. Note le titre de quelques romans qui te semblent particulièrement intéressants. Il ne te reste plus qu'à mettre la main sur un exemplaire de chacun !

Bilan

1. a) As-tu trouvé intéressant de découvrir les préférences littéraires des autres élèves ? Explique ta réponse.

b) Ce cercle de lecture t'a-t-il donné envie de lire certains livres ? Si oui, lesquels ?

2. Lors de la discussion, acceptais-tu de remettre en question certaines de tes opinions lorsque d'autres élèves émettaient des commentaires ?

3. a) Crois-tu avoir réussi à justifier ta proposition de lecture ? Explique ta réponse.

b) Les critères d'appréciation que tu as utilisés étaient-ils tous pertinents ?

4. As-tu employé avec aisance les marques du français standard ?

5. As-tu trouvé plus facile de te présenter devant le groupe classe en équipe plutôt que seul ou seule ? Explique ta réponse.

6. a) Selon toi, quel a été ton point fort pendant cette discussion ?

b) Quel aspect de cette communication orale souhaiterais-tu améliorer ? Comment ?

Nombre d'auteurs et auteures s'inspirent des lieux où ils vivent ou des endroits qu'ils visitent. Souvent, un même emplacement suscite des visions bien différentes et donne naissance à des œuvres variées. C'est ce que tu constateras au cours de cette escale, où des auteurs et auteures de chez nous se sont inspirés de notre métropole pour créer des textes fort distincts. Tu découvriras donc leur perception de la ville de Montréal en lisant de magnifiques textes constituant des repères culturels. Ce faisant, tu prendras conscience de l'influence de ces productions médiatiques sur notre propre vision du monde et notre environnement quotidien.

L'aventure →

Dans la prochaine aventure, tu écriras un texte inspiré de repères culturels pour étendre le registre de tes façons de t'exprimer. Ainsi, à l'instar des auteurs et auteures présentés dans cette escale, tu rédigeras un texte où les lieux de ton patelin seront à l'honneur. Tout comme ces experts et expertes de la plume, tu mettras à l'œuvre ta pensée créatrice afin d'exposer ta propre vision des choses. Tu expérimenteras également différentes façons de faire en mettant tes ressources personnelles à profit.

Vie urbaine

Itinéraire

Textes

Lecture

Grammaire

Écriture

Communication orale

EMBARQUEMENT

8

a) Observe attentivement ces panneaux et ces enseignes provenant du paysage urbain.

b) Relève les erreurs qu'ils contiennent.

c) As-tu remarqué des panneaux et des enseignes présentant des erreurs dans ta ville ou ton village? Si oui, décris-les.

Je reviendrai à Montréal

Je reviendrai à Montréal
Dans un grand Boeing bleu de mer
J'ai besoin de revoir l'hiver
Et ses aurores boréales

J'ai besoin de cette lumière
Descendue droit du Labrador
Et qui fait neiger sur l'hiver
Des roses bleues, des roses d'or

Dans le silence de l'hiver
10 Je veux revoir le lac étrange
Entre le cristal et le verre
Où viennent se poser des anges

Je reviendrai à Montréal
Écouter le vent de la mer
Se briser comme un grand cheval
Sur les remparts blancs de l'hiver

Je veux revoir le long désert
Des rues qui n'en finissent pas
Qui vont jusqu'au bout de l'hiver
20 Sans qu'il y ait trace de pas

J'ai besoin de sentir le froid
Mourir au fond de chaque pierre
Et jaillir au bord des toits
Comme des glaçons de bonbons clairs

Je reviendrai à Montréal
Dans un grand Boeing bleu de mer
Je reviendrai à Montréal
Me marier avec l'hiver
Me marier avec l'hiver

Robert CHARLEBOIS, *Je reviendrai à Montréal*,
tiré du site ABC de la chanson francophone.

Québec en chansons Montréal

Je reviens toujours

Ce sont les ruelles de Montréal, ses sirènes, ses *after-hours* et sa faune qui ont séduit Guillaume Vigneault. Mais c'est sa candeur un peu villageoise, un peu bonasse, qui l'a retenu.

GUILLAUME VIGNEAULT

La chanson me revient toujours sur les lèvres, toujours, quand apparaissent les lumières de Montréal par le hublot. C'est immanquable. J'emmêle les couplets tout en cherchant des yeux le mât du Stade, histoire de me repérer, et, en même temps, de m'assurer que j'ai bien pris le bon avion. Car j'ai toujours eu cette crainte curieuse et ridicule, d'aussi loin que je me souvienne, de me retrouver ainsi, par une monumentale inadvertance, à Ouagadougou ou à Calgary. Je ne me suis jamais trompé d'avion, naturellement, mais je mets cela sur le compte de ma vigilance.

Il y a tant d'années que je répète ce petit rituel d'arrivée que je ne pourrais plus imaginer une descente vers Dorval sans fredonner cette mélodie joliment nounoune mais insidieuse qui évoque si gaiement le retour.

Revenir. Je ne vais jamais à Montréal, je ne fais que revenir. Bien sûr, j'y habite, mais ce n'est pas ce que je voulais dire. Il y a plus que ça. Depuis mon premier quatre et demie dans Côte-des-Neiges, j'ai toujours su que Montréal serait la seule ville que j'habiterais vraiment, que tous mes chemins m'y ramèneraient. Fraîchement débarqué de ma campagne à la fin des années 1980, empruntant le boulevard Saint-Laurent à contresens aux petites heures (authentique : 200 dollars d'amende, 4 points d'inaptitude), je me suis découvert citadin. Pas pour les musées, le théâtre et les sorties ; pas non plus pour le *Voir* gratuit et le Biodôme. Ce sont là des motifs intéressés et somme toute superficiels. Non, la ville a été franche d'emblée avec moi, et ce sont ses ruelles, ses sirènes (pas celles d'Ulysse, celles du poste 26), ses *after-hours* et sa faune qui ont séduit le péquenaud en moi. Ce sont la multiplicité de ses visages, la palette de ses charmes discrets et surtout sa candeur un peu villageoise, un peu bonasse, qui m'ont retenu. C'est Montréal elle-même qui a fait de moi un citadin.

Pourtant, elle est un peu mal foutue, ma ville, mais elle a quelque chose, elle dégage, elle compense. Elle a cette « belle personnalité » des petites annonces personnelles. Sa beauté se fige assez mal sur une carte postale, ne se condense pas en un quartier, en quelques images bien choisies. Il y a bien le Vieux-Montréal, mais c'est un peu comme la jolie pièce de la maison où on ne va jamais. Comme une majorité de métropoles nord-américaines, donc, Montréal n'est pas très belle. Mais Dieu qu'elle bouge bien.

Évidemment, j'ai des escapades à mon actif… J'ai parfois mes envies de Québec, envie d'une mansarde nichée dans la vieille ville, de sa lucarne sur le fleuve. Mais au bout de trois jours, il me vient l'impression de marcher au cœur d'une bonbonnière ; et quand je me mets à traverser aux intersections, à ne plus jeter mes mégots dans le caniveau et à me coucher tôt, je sais qu'il me faut reprendre la 20.

J'ai eu un bref béguin pour Vancouver, mais je me suis bien vite senti étranger entre les joggeurs et leurs labradors végétariens.

J'ai aussi eu mon coup de foudre pour Lisbonne, mais franchement, ce que j'irais bien y foutre, ce n'est pas clair.

Et puis j'ai eu mes envies de Paris, comme bien d'autres. Mais on décevra toujours Paris, c'est une vieille dame désabusée, elle en a vu passer et vous la lasserez

inévitablement. Et il n'y a rien de plus gris, humide, dégueulasse et pourtant indécis qu'un hiver parisien.

À tout prendre, je préfère encore l'hiver ici. Mais, soyons francs, la chanson de Charlebois ne parle pas vraiment de la ville que je connais et de son hiver. Avec sa « lumière descendue droit du Labrador », son « lac étrange », son « long désert », elle aurait dû s'appeler « Je reviendrai à Rimouski ».

Nonobstant, j'aime les saisons de Montréal. J'aime combien elles jouent avec nos humeurs, combien leur passage nous obsède, combien elles transfigurent l'énergie même de la ville.

Elle est mignonne au réveil, Montréal, fin avril, avec son haleine de fond de poubelles et ses derniers bancs de neige sale. Déjà en mai, le Kanuk est au fond du placard et Montréal montre son nombril gentil. Puis le jazz revient, il chauffe la ville à blanc, les tissus collent à la peau (formule d'un ami : « Montréal, dans la mousson des robes légères »), on s'imagine à Rio, on dort sur les balcons, on peste contre cette fourmilière languide de touristes qu'est devenu le Quartier latin, mais dans le fond, on est fiers comme des paons.

Et aux Français qu'un premier hiver à l'angle de Papineau et Saint-Joseph a traumatisés, on dit : « Tu vois, je te l'avais dit ! » Qu'est-ce qu'on leur avait dit, encore, au cœur de janvier ? Quelque chose de banal, sans doute : « Tu verras, l'été à Montréal, le parc, le jazz, les feux d'artifice sur le toit... » Et ainsi de suite. Mais l'hiver nous a fait oublier qu'on lui doit tout ; que juillet dans le parc Laurier ne serait rien sans janvier sur le boulevard Crémazie. Parlant de juillet, comment ne pas trouver sympathique une ville entière qui déménage le même jour... Sans compter que ça nous fait une jolie excuse – poliment moqueuse, mais c'est une vue de l'esprit – pour oublier l'autre fête nationale. Mais merci pour la journée de congé, quand même, hein, c'est pratique pour promener son frigo.

Et puis, dans l'urgence sexy d'une fin d'été montréalais, on prend la mesure de l'automne qui arrive. À 11 h du soir, quelqu'un enfile une petite laine, et on le fusille du regard. « Homme de peu de foi ! » maugrée-t-on en son for intérieur, même si on se les gèle un peu soi-même – surtout si on se les gèle, en fait. Mais le constat est inévitable comme... comme le rythme des saisons, tiens.

Alors on ressort les pelures, et les promenades paresseuses se muent imperceptiblement en « marches de santé ». Le mot « vivifiant » reprend du service et on attend l'été indien, jusqu'à ce que quelqu'un nous dise que les deux jours légèrement moins vivifiants, la semaine passée, ben c'était ça ; on se sent trahi. Et tous les jours on se dit qu'il faudrait aller dans les Laurentides, pour voir les foutues couleurs, et si on y va, c'est toujours trop tard, c'est triste, c'est gris, tout nu, et on revient voir les couleurs dans le parc La Fontaine.

Puis la fatale première neige tombe, elle reste blanche et virginale 15 minutes, et on essaie de se convaincre que c'est beau en regardant par la fenêtre du Canadian Tire, où l'on voudrait vous faire avaler que les pneus d'hiver sont, oui, oui, « en spécial ».

Le fameux « Boeing bleu de mer » de Charlebois, c'est à peu près à ce moment-là qu'on le prendrait. Mais on manquerait quelque chose. On manquerait cette solidarité d'assiégés qui s'installe entre Montréalais quand plonge le mercure. On se priverait de la chaleur du bar de quartier quand rugit le blizzard. Et l'on se priverait de ces quatre inconnus qui, spontanément, viennent pousser votre vieille traction arrière hors d'un banc de neige rue Saint-Hubert et vous fichent la canicule au cœur pour la semaine.

Bon, j'essaie de me convaincre et ça paraît un peu, d'accord. Mais l'argument tient : Montréal vit de contrastes et de paradoxes. Et quand, fredonnant ma mélodie nounoune derrière mon hublot de Boeing, je repère enfin l'horreur olympique, je souris. On est le 3 mars et, au sol, il fait –51 °C, car le facteur éolien sonne toujours deux fois. Et moi, je souris.

Guillaume VIGNEAULT, « Je reviens toujours », *L'actualité*, juillet 2003, p. 72-73, 75.

Chronique de la dérive douce

Je viens de quitter une dictature
tropicale en folie
[…] quand j'arrive à Montréal
en plein été 1976.

L'aéroport est bondé de gens
qui arrivent ou qui partent
à cause des Jeux olympiques.
Je vois partout le visage de
Nadia Comaneci, la minuscule
petite reine du Stade.

On prépare les élections
pour novembre prochain.
J'apprends en même temps
que le Québec est une province
et non un pays comme je l'ai toujours cru,
que le hockey est un sport
qui se joue sur la glace
et que la tourtière n'est pas
un piège pour les oiseaux.
Le chauffeur de taxi haïtien me balance
tout ça en roulant vers le nord.

D'une certaine façon, ce pays
ressemble au mien.
Il y a des gens, des arbres,
un ciel, de la musique, des filles,
de l'alcool, mais quelque part, j'ai
le sentiment que c'est totalement différent
sur des points très précis : l'amour,
la mort, la maladie, la colère,
la joie, le rêve ou la jouissance.
Mais tout ça n'est qu'une intuition.

Je le savais déjà
pour l'avoir lu.
Pour l'avoir vu au cinéma.
Mais c'est différent dans
la vraie vie.
Je suis noir
et tous les autres
sont blancs.
40 Le choc !

Je traverse la ville d'est en ouest.
Rue Saint-Laurent.
Saint Lawrence Street.
Montréal coupée en deux.
Pire que le mur,
c'est son absence.

Je suis assis sur un banc
du parc Lafontaine
avec les pigeons autour de ma tête
50 et le petit lac
au bout de mes chaussures.

Combien de temps
ça va me prendre
pour oublier mes amis
laissés à Port-au-Prince ?

Je mange une pizza
sur la rue Mont-Royal.
Un journal sur le comptoir.
J'aime lire en mangeant.
60 C'est le cinquième verre d'eau
que je demande à la serveuse.
Cette fois, je remarque qu'elle
n'a pas souri comme les
fois précédentes.

Je rencontre par hasard
sur la rue Sainte-Catherine
un ami que je n'ai pas vu
depuis longtemps.
Il m'emmène chez lui.
Je couche sur le divan
mais le lendemain sa femme
fait la gueule.
Je quitte après le café.

Le soleil me frappe de plein fouet.
Pendant quelques secondes,
j'ai cru que j'étais à Port-au-Prince
et que je descendais le morne Nelhio
vers le stade Sylvio Cator.
Les voix des gens massés
le long de la rue Sherbrooke,
encourageant les coureurs du marathon,
me parviennent comme un chant créole.

J'ai vu sur la rue Saint-Denis
une jeune femme éteindre sa cigarette
dans une salade niçoise à peine entamée.
Elle devrait être jugée pour crime
contre l'humanité.

Si tu passes, le soir,
très tard,
dans le quartier chinois,
tu pourras trouver à manger
dans les ruelles.
Derrière les restaurants.
Les chiens sont aussi de la partie.

Je suis depuis quelques jours
dans la petite chambre
bien ordonnée d'un ami,
dans le riche quartier boisé d'Outremont
et quand je donne mon adresse
quelque part les gens se retournent
pour me regarder une deuxième fois.

À l'Accueil Bonneau
dans le Vieux-Montréal,
on m'a reçu avec un bol
de soupe chaude
et une paire de chaussures
qui me font presque.
Je chausse du 12.
C'est toujours difficile de
110 me trouver quelque chose.

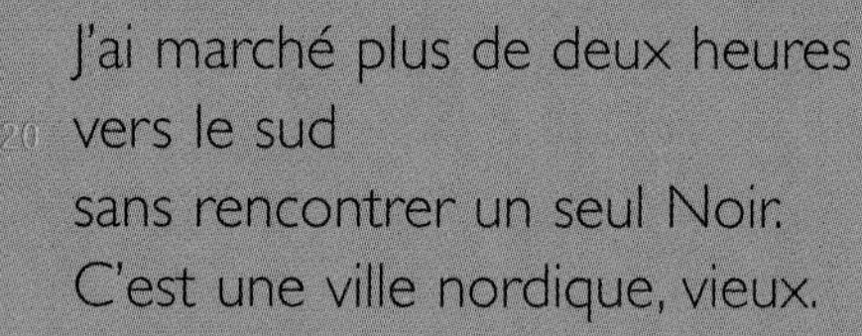

Je suis allé ce matin au bureau de dépannage des immigrants sur la rue Sherbrooke. Le type qui s'occupe de mon dossier m'a dit que si j'accepte de déclarer que je suis un exilé, il pourra me donner soixante dollars au lieu des vingt qu'il distribue aux simples immigrants. Je n'ai pas été exilé. J'ai fui avant d'être tué. C'est différent. Il me tend une enveloppe en souriant. Quand je l'ai ouverte dans la rue, j'ai trouvé cent vingt dollars.

J'ai marché plus de deux heures
120 vers le sud
sans rencontrer un seul Noir.
C'est une ville nordique, vieux.

Les pigeons du parc Lafontaine
me jettent de vifs regards inquiets.
Ils savent que j'ai une bonne recette
de pigeon au citron.

Quand je m'ennuie,
j'achète un ticket
et je passe la journée
130 dans le métro
à lire les visages.

Quand je regarde le ciel de midi
en évitant les buildings, les pins,
les couleurs, les odeurs,
la musique de la langue, je peux
m'imaginer à Port-au-Prince.

Je dois dire qu'on ne mange
pas la même nourriture,
qu'on ne s'habille pas de la
140 même manière
qu'on ne danse pas aux mêmes rythmes,
qu'on n'a pas les mêmes odeurs
ni les mêmes accents,
et surtout qu'on ne rêve pas
de la même façon,
mais c'est à moi de m'adapter.

Je dois tout dire dans une langue
qui n'est pas celle de ma mère.
C'est ça, le voyage.

150 J'ai quitté là-bas,
mais je ne suis pas
encore d'ici.
« Attendez, jeune homme,
ça fait juste un an. »

Quand on regarde, la nuit,
la glace lumineuse sur les branches
des arbres qui ploient légèrement,
ce n'est plus une ville,
c'est une féerie.

160 Je suis descendu jusqu'au
centre-ville voir bourgeonner
la foule humaine.
Ce sont des arbres
qui marchent.

Je ne peux pas dire
quand exactement cette ville
a cessé d'être pour moi
une ville étrangère.
Peut-être quand j'ai arrêté
170 de la regarder.

Dany LAFERRIÈRE, *Chronique de la dérive douce*, Montréal, VLB éditeur, 1994, p. 12-16, 20-24, 26-27, 29, 31, 39, 47, 105, 121, 134-135.

La ville en poésie

ville
haute
masse
poème
autre
tours
toits
béton
monte
froid
glace
mince
vitre
lisse
jaime
larue
autos
motos
vélos
foule
lasse
toute
place
roule
lente
houle
passe

Att
ent
ion
Sivous
prenez
lascen
seurav
eclesp
ritfar
ceuril
appuie
rasuru
nbouto
nquivo
usenve
rrasur
Pluton

VVVV
iiii
llll
llll
eeee
arra
uiee
xrgx
meap
ivrl
lido
llvr
elie
felr
eslm
naeo
ênpt
tgoa
rlèm
eomo
stet

tour
slan
cées
alas
saut
dece
jour
comm
eles
lett
ress
urla
page
leci
elpr
ison
nier
desv
itra
gesb
rise
leso
leil
alen
tour

D
una
eul
éla
nve
rsl
esn
uag
est
end
ued
ese
squ
ara
nte
éta
ges
lav
ill
epa
rde
ssu
sle
sto
its
nou
sdé
sig
nel
eci
eld
udo
igt

Vaguesd
elafoulec
ommebatla
houlecont
relajetée
sansjamai
ssarrêter

etmoilesnéonsmeclignentdeloeillesmot
ssontenvitrinepourdéchiffrerlavillet
outeslesimagessanimentetvoilàquejepr
endsparlamainlapoésiequicourtlesrues

Jacques
Charpentreau

Jacques CHARPENTREAU, « Message de la ville en poésie », *La ville en poésie*, Paris, Gallimard, 1993, p. 41.

Le Mont Royal

Souriant au milieu des toits,
Ce talus qu'ombrage un grand bois,
Au talent comme à la bêtise
Ciel réservé, Terre promise,
Qu'enveloppe avec âpreté
L'orgueil de la grande cité,
Ainsi qu'une armée en campagne…
Ce pic béni c'est la montagne.

Dans un tumulte étourdissant,
10 De toutes parts, en tous les sens,
Les boulevards, les avenues,
Les sentiers modestes, les rues
Où ronflent sur les durs essieux
Des chars pressés, ardents, joyeux
Ou qu'un noir cortège accompagne…
Tous se hâtent vers la montagne.

Tous alentour vont se parquer,
Comme par crainte de manquer
Quelque dernier train, en partance,
20 Gueusards ou rois de la finance.
Le fossoyeur au geste lent,
Dans le trou noir qui les attend,
Hors de leurs châteaux en Espagne,
Les emmêle, sur la montagne.

Lionel LÉVEILLÉ, « Le Mont Royal », *Vers la lumière*, Montréal, Librairie d'Action canadienne-française, 1931 dans Claude Beausoleil, *Montréal est une ville de poèmes vous savez*, Montréal, Éditions de l'Hexagone, 1992, p. 57.

Le pont Victoria

Il est jeté sur la rivière
Comme un appel aux nations,
La concorde en est l'ouvrière
L'art étale sa force en ses dimensions.
Bravant les colères sauvages
Du courant qui roule à ses pieds,
Il apporte sur nos rivages
Le commerce de vingt cités.

La rafale qui tourbillonne,
10 Les coups de vents impétueux,
L'assaut des tempêtes d'automne
Se brisent sur son flanc ferme et majestueux
Mais quand la débâcle s'avance,
En mugissant dans le lointain,
Il faut le voir dans sa puissance
Aux feux du soleil du matin!

Sa grandiose et noble masse
Tranche d'un jet notre horizon,
Et domine une mer de glace
20 Que le fleuve soulève en crevant sa prison.
Le flot tourmenté se démène
Contre ces remparts ennemis,
La lutte éveille dans la plaine
La voix des échos endormis.

Il reste vainqueur, solitaire,
Toujours prêt pour d'autres combats.
Plus tard les flottes d'Angleterre
Viennent à ses côtés mesurer leurs grands mâts,
Les longs panaches de fumée
30 Montent jusqu'à lui dans les airs,
Comme un encens de renommée
Venu des bouts de l'univers!

Œuvre du progrès, du génie,
Utile et grave monument,
Tu fais l'orgueil de ma patrie
Et charmes l'étranger dans son étonnement.
Oh! sois comme elle impérissable,
Que tes ans comptent par milliers!
L'homme n'est plus qu'un grain de sable
40 Sous tes gigantesques piliers!

Benjamin SULTE, « Le pont Victoria », dans Claude Beausoleil, *Montréal est une ville de poèmes vous savez,* Montréal, Éditions de l'Hexagone, 1992, p 32-33.

Montréal

C'est ici que je vis
C'est là que tout se passe
Et si je rêve à haute voix
Cette maison m'écoute

Cette ville d'octobre
Le rouge la recrée
L'oblige à s'émouvoir
Le soleil a pour elle
Des fards troublants et doux

10 La nuit
Les gratte-ciel
Se livrent des combats fantasques
Au-delà du festin nocturne
De la laideur des néons
De la promiscuité des uns et des autres
Qui tentent désespérément de s'aimer

Montréal
Mont Royal vert l'été blanc l'hiver
Avenue du Parc bleue
20 Sainte-Catherine arc-en-ciel
Avenue des Pins violets
Côte-des-Neiges sales
Oratoire cinq joseph
Musée de cire des temps fondus

Montréal quatre saisons
Montréal aller-retour
Pour le plaisir de revenir
À Montréal
Park Avenue ou ailleurs…

Georges DOR, « Montréal », dans Claude Beausoleil, *Montréal est une ville de poèmes vous savez*, Montréal, Éditions de l'Hexagone, 1992, p. 121.

La mort de Gary Sheppard

Jean-François Chassay

Les choses n'allaient pas vraiment bien. La montre du tableau de bord indiquait déjà vingt et une heures trente. La densité de la circulation ne diminuait pas et il venait à peine de dépasser le boulevard Saint-Laurent où quelques adolescents lui avaient fait des signes obscènes en passant devant sa voiture. Maître de lui, il avait soigneusement évité de les écraser, tout en espérant qu'un autre s'en chargerait à sa place. « Il faut se décontracter, se dé-con-trac-ter », répétait-il en 10 s'objectivant, cherchant à chasser de son esprit le verbe « fulminer » qui tâchait de prendre toute la place. Dans « fulminer » on trouve aussi « miner » et ainsi se sentait-il : de plus en plus miné par toute la bêtise du monde et l'ennui évanescent de ce qui l'entourait. Décidément, la vie ne pouvait jamais être simple.

La rue Sherbrooke paraissait plus longue que jamais. Il habitait près du Stade olympique, symbole d'excellence des Montréalais. Le mot « excellence » prenait, depuis quelques années, des allures de dogme. « Excellence » 20 devenait le mot clé prononcé par tous les individus paternalistes et imbéciles de la ville qui le confondaient avec le mot « suffisance ». Le Stade olympique correspondait effectivement au modèle même de l'excellence montréalaise. On ne pouvait rêver plus suffisant et plus imbécile. Et plus cher. Mais c'était aussi un des maîtres mots de l'excellence. On ne sortait pas du cercle étouffant de ce langage tautologique.

Il détestait le Stade olympique, son quartier, cette rue Sherbrooke qui n'en finissait plus et, pour dire les choses 30 franchement : toute cette ville le faisait vomir. Pourtant, il y vivait depuis toujours et savait qu'il ne pourrait pas vivre ailleurs. Il ne comprenait pas pourquoi. Il n'avait

Portrait

Jean-François Chassay est né en 1959. Il enseigne au Département d'études littéraires de l'Université du Québec à Montréal. Il a publié, avec Monique LaRue, *Promenades littéraires dans Montréal*, *Obsèques*, une *Bibliographie descriptive du roman montréalais* ainsi qu'un essai intitulé *Le jeu des coïncidences: La vie, mode d'emploi* de Georges Perec. Il est également codirecteur de la revue *Spirale*.

jamais compris pourquoi. À trente-huit ans, la variété des défauts qu'il attribuait à cette ville se révélait hallucinante. Il affirmait souvent devant des Montréalais horrifiés (car, disait-il, le Montréalais ne *peut* supporter qu'on critique la moindre chose de sa ville ; ça lui donne de l'urticaire), que Montréal, effectivement, méritait le titre de grande ville, car d'une petite ville on dit souvent qu'il s'agit d'un trou, alors que cette île infecte d'où on ne voyait jamais l'eau se composait d'une multitude de trous : la chaussée, tous
40 ses terrains désaffectés, sans compter l'imagination de ses édiles, cet immense vacuum. La seule chose comble, c'était le compte de taxes. Ah ! Ah ! Il ne leur envoyait pas dire, à tous ces Montréalais naïfs pour qui cette ville représentait le summum de la civilisation. Et cette colline, cette butte, ce coteau maigrelet qu'on qualifiait pompeusement de montagne ! Qu'est-ce qu'il ne fallait pas entendre…

Il arrivait au coin de Saint-Denis où il avait gaspillé, une vingtaine d'années plus tôt, beaucoup d'argent et de temps à discuter autour d'une montagne (une vraie !) de bouteilles de bière, avec quelques individus de son acabit, de la vacuité de l'existence […] [De ces individus], il ne restait que lui à
50 Montréal. Le seul à ne pas être allé voir si la vraie vie se trouvait bel et bien ailleurs. Maintenant, il ne daignait même plus porter un regard nostalgique vers le bas de la rue et ses bars lorsqu'il passait à proximité.

Plusieurs automobilistes autour de lui oubliaient l'existence du clignotant. En option, comme on disait. Lui, qui conduisait beaucoup, ne connaissait qu'à Montréal cette angoissante sensation : on pouvait concevoir chaque voiture comme un ennemi potentiel. Les klaxons hennissaient avec un ensemble touchant. Il mit la radio.

Déjà neuf heures quarante-cinq. Plus que quinze minutes avant le début de *Thirtysomething*, la seule émission qu'il écoutait avec assiduité à la télé.
60 La seule qui ne l'ennuyait pas, à laquelle il *croyait*. Pourtant, c'était une émission qui s'intéressait à des choses simples, normales : la vie, la mort, le sexe. Mais voilà, elles apparaissaient, justement, normales. Ni édulcorées, ni camouflées, ni imbécilement romancées. Comme elles se *devaient* d'être, comme elles ne *pouvaient* qu'être.

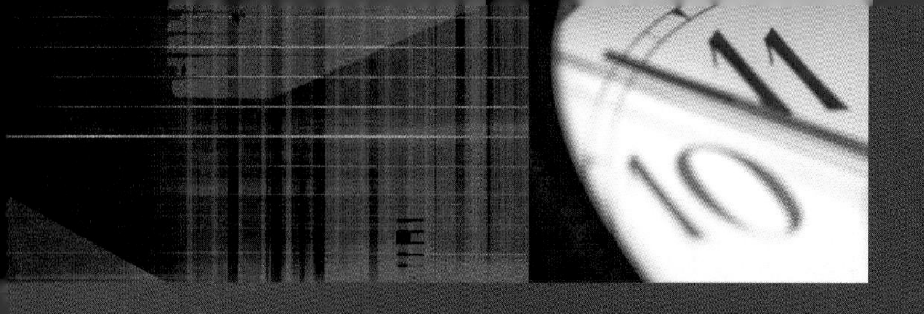

À la radio, on rappelait le sujet d'une émission d'affaires publiques (il disait souvent « guimauve publique »), qui se déroulerait le lendemain. On s'attarderait notamment à un phénomène encore relativement récent : ces gens qui photographiaient (et parfois filmaient) la naissance de leur enfant. Il trouvait la chose intéressante parce que cela lui apparaissait comme
70 la dernière forme d'authentique obscénité dans nos sociétés occidentales. Il n'attendait plus que la suite logique de cet engouement : le moment où on en viendrait à filmer le dernier râle des agonisants. « Allez tonton, plus fort, c'est pour la postérité. » Il riait, seul derrière son volant.

Au coin de Montcalm, près de la bibliothèque municipale dont l'indigence et le manque d'espace ne parvenaient plus à faire rire qui que ce soit (y compris lui), il préféra mettre une cassette. Un pot-pourri de Miles Davis qu'il avait jadis aimé, puis détesté, puis admiré. Maintenant, il ne savait plus ce qu'il pensait de ce musicien exceptionnel, mais dès qu'il entendait certaines pièces de Davis, que *personne d'autre* n'aurait pu enregistrer, il se disait
80 qu'il y avait encore moyen d'espérer en l'humanité. « So what » et « Tutu » lui permettaient d'échapper à la chanson québécoise et il trouvait cela extraordinaire, il y voyait un soulagement indescriptible, car « Je voudrais voir la mer » de Michel Rivard lui donnait envie d'aller habiter le Sahara et Richard Desjardins faisait surgir dans son esprit le souvenir immémorial du plus lointain ancêtre de l'homme de Neandertal (plus jeune, il avait songé à devenir paléontologue).

Arrêté au coin de Papineau à neuf heures cinquante-quatre, il *savait* qu'il manquerait le début de l'émission. Il détestait manquer le début. La musique, le
90 générique : le rituel lui échapperait et la chose lui déplaisait souverainement. Une raison de plus pour devenir colérique et tout mettre encore une fois sur le dos de cette ville abjecte. Une grande ville, maugréait-il, une grande ville… comme s'il suffisait de le répéter à satiété pour que ce soit vrai. Peut-on commander un plateau de sushis par téléphone et se le faire livrer chez soi à deux heures du matin ? Non. Ce n'était
100 définitivement pas une grande ville.

La circulation ne diminuait pas après Papineau, au contraire. Il n'y comprenait rien : elle semblait même s'amplifier, comme si tous les automobilistes de Montréal s'étaient concertés pour l'empêcher de voir cette émission, *son* émission. Il se mit à appuyer sur son klaxon, prouvant ainsi qu'il pouvait se révéler aussi primate que n'importe quel autre conducteur. Comme toujours, dans les périodes de grandes tensions, son mal de dos revenait, lancinant, enflant comme une passion qui refuse de s'éteindre, protubérance de sentiments stupides et sans joie. Son mal de dos ressemblait à un amour fou, quelque chose qui ne disparaît malheureusement pas avec quelques comprimés d'aspirine. Enfermé dans sa voiture comme dans un cercueil, comme dans un sarcophage (il voyait à l'horizon les deux pyramides olympiques), il avait le regard lugubre, pointé vers le seul avenir qui l'intéressait : aboutir, enfin, à son appartement, bien s'installer devant le poste de télé (mais comment avait-il pu oublier le magnétoscope ?) et écouter, nonobstant l'absence du générique (raté), son émission préférée. La ville en décida autrement.

On ne peut pas toujours déterminer précisément les responsabilités de chacun et de chacune lorsque ces choses se produisent. Son impatience nous incite immédiatement à le croire responsable, et pourtant rien n'est moins sûr. Quoi qu'il en soit, l'événement se produisit au coin de Sherbrooke et Pie-IX, en une fraction de seconde (en tout cas, très rapidement ; on risque toujours de laisser son imagination empiéter sur la réalité en de pareilles circonstances).

Je ne connais rien aux voitures, ce qui fait qu'il m'est impossible de préciser, de manière très technique, le déroulement de l'accident, en disant par exemple : la Rolls Royce a dérapé sur la chaussée et a embouti, selon un angle de quarante-cinq degrés, l'aile arrière de 130 la Lincoln Continental, etc. Il s'agissait de deux voitures assez minables de toute façon, sans rien d'impressionnant. On a rapporté que l'autre individu, celui qui roulait sur Pie-IX, aurait accéléré alors que le feu de circulation était jaune depuis déjà trop longtemps.

Descendant Pie-IX à vive allure, il entra de plein fouet dans la portière avant du côté du chauffeur, encastrant celui-ci dans son volant. Peut-être entendit-il un son, eut-il le temps de remarquer que la configuration de la réalité changeait légèrement. On peut être assuré cependant, 130 sans avoir aucun doute sur la question, qu'il ne connut pas la souffrance. La mort fut radicale, instantanée.

Il n'eut pas le temps de regretter *Thirtysomething*, la seule émission de télé qu'il écoutait. Comble de hasard (ou de chance), il ne sut jamais que ce soir de février 1991, dans l'épisode qu'il manqua, Gary Sheppard, celui qu'il préférait parmi tous les personnages de cette série, disparaissait lui aussi, tué dans un accident de voiture.

Jean-François CHASSAY, « La mort de Gary Sheppard », dans Micheline La France, dir., *Nouvelles de Montréal*, Montréal, Éditions de l'Hexagone, 1992, p. 23-28.

Vie urbaine

Exploitation

Lecture et appréciation des textes

Je reviendrai à Montréal et Je reviens toujours

p. 418 et 419

Planification

1. Survole les textes mentionnés ci-dessus et examine leur titre respectif.

a) Quel thème commun aux deux textes les titres révèlent-ils?

b) Lequel de ces deux textes est une chanson? Justifie ta réponse à l'aide de trois caractéristiques de ce genre.

c) Connais-tu les auteurs de ces textes? Si oui, que sais-tu à leur sujet?

2. a) Lequel de ces textes possède un surtitre?

b) Lequel se termine par une répétition?

c) Lequel contient un discours rapporté directement?

d) Lequel présente plusieurs rimes?

- Lis ces deux textes en commençant d'abord par la chanson *Je reviendrai à Montréal* afin de voir comment elle a inspiré l'auteur Guillaume Vigneault pour son article *Je reviens toujours*.
- Observe attentivement les ressemblances et les différences entre ces deux textes.

À l'instar de ces auteurs, tu intègreras des procédés stylistiques dans ton texte pour créer des images évocatrices.

Compréhension et interprétation

1. Il semble que le mot de base *bonbon* ait inspiré les auteurs de ces textes dans leurs procédés stylistiques!

a) Relève, dans chacun des textes, la phrase qui y fait référence.

b) Dans chaque cas, précise le procédé stylistique qui est employé (répétition, comparaison, métaphore, etc.). Au besoin, consulte *Les procédés stylistiques* aux pages 637 et 638 de ton *Coffret*.

2. Lequel des thèmes suivants n'est pas évoqué dans les **deux** textes?

a) Le voyage

b) Le déménagement

c) L'hiver

d) La beauté de la ville

3. a) Dans quel texte peut-on trouver les mots spécifiques contenus dans l'encadré ci-dessous?

b) En te reportant à ce texte, complète cette liste de mots spécifiques qui révèlent des lieux montréalais.

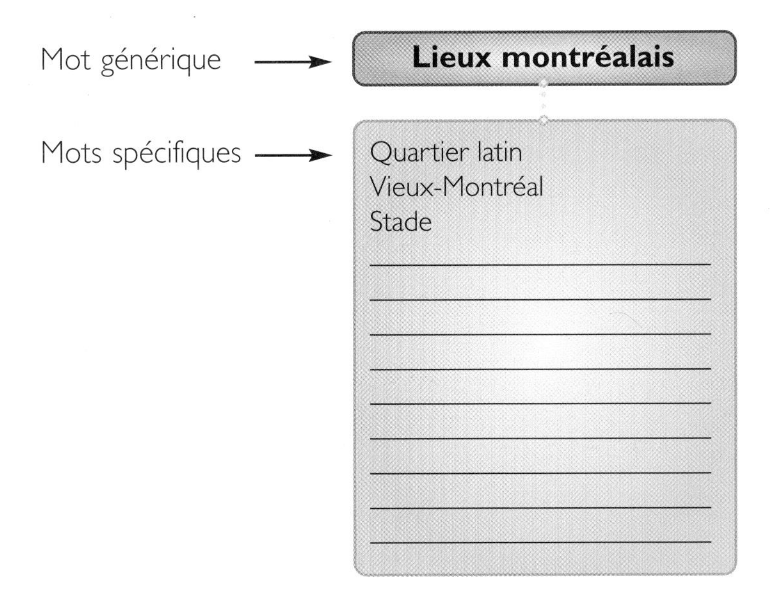

4. a) Quelle métaphore Guillaume Vigneault utilise-t-il pour raconter son attrait pour d'autres villes que Montréal? .... p. 637

b) Relève trois mots utilisés pour créer cette métaphore.

5. À l'aide du contexte, détermine ce qu'évoquent les expressions ou les mots suivants.

a) la 20 (ligne 87)

b) l'autre fête nationale (lignes 155 et 156)

c) votre vieille traction arrière (lignes 207 et 208)

d) l'horreur olympique (lignes 217 et 218)

6. Pour décrire Montréal, Guillaume Vigneault emploie fréquemment la personnification. .... p. 637

a) Relève deux phrases présentant ce procédé stylistique.

b) En un bref paragraphe, décris à ton tour ton village, ta ville ou ta région en employant ce même procédé stylistique.

Bagage de connaissances

Intégrer une nouvelle information

Afin d'assurer la progression du récit, les auteurs et auteures emploient divers moyens permettant l'intégration d'une nouvelle information. Pour ce faire, ces personnes recourent :

- **à la juxtaposition : les phrases sont alors jointes à l'aide de signes de ponctuation comme la virgule, le deux-points et le point-virgule, et demeurent indépendantes les unes des autres ;** .... p. 620

  › [...] on s'imagine à Rio, on dort sur les balcons, on peste contre cette fourmilière languide de touristes [...]

- **à la coordination : les phrases simples sont liées à l'aide de coordonnants et demeurent indépendantes les unes des autres ;** .... p. 586 et 620

  › J'ai eu un bref béguin pour Vancouver, **mais** je me suis bien vite senti étranger entre les joggeurs **et** leurs labradors végétariens.

- **à la subordination : les phrases simples sont liées à l'aide de subordonnants et sont dépendantes les unes des autres ;** .... p. 587 et 620

  › On manquerait cette solidarité d'assiégés **qui** s'installe entre Montréalais **quand** plonge le mercure.

- **aux organisateurs textuels : ce sont des mots, des groupes de mots ou des phrases qui révèlent les articulations d'un texte ;** .. p. 588

  › **Puis** la fatale première neige tombe [...]

- **aux différents procédés de reprise de l'information qui permettent de reprendre un élément déjà mentionné dans un texte dans le but d'assurer la continuité du propos.** .... p. 589

  › [...] **Paris, c'est une vieille dame désabusée, elle** en a vu passer [...]

a) Relis la phrase suivante.

« Mais au bout de trois jours, il me vient l'impression de marcher au cœur d'une bonbonnière ; et quand je me mets à traverser aux intersections, à ne plus jeter mes mégots dans le caniveau et à me coucher tôt, je sais qu'il me faut reprendre la 20. »

b) Indique, parmi les moyens énumérés ci-dessus, lequel n'a pas été utilisé pour intégrer une nouvelle information.

Boussole

Rappelle-toi les différentes façons de reprendre de l'information :

- la répétition ;
- la synonymie ;
- le remplacement par un pronom ;
- le remplacement d'un mot par une suite de mots ;
- les termes génériques ou spécifiques ;
- les mots d'une même famille ;
- la reprise partielle d'un groupe de mot.

Chronique de la dérive douce

p. 423

Planification

a) Observe la première de couverture et lis la quatrième de couverture du livre *Chronique de la dérive douce.*

b) Réponds maintenant aux questions ci-dessous.

❶ De qui sera-t-il question dans cette chronique?

❷ Quel sera le sujet de ce texte?

❸ À quel endroit se déroule l'histoire racontée?

❹ À quelle époque cette histoire a-t-elle lieu?

Voici trois cent soixante-cinq petites proses – comme autant de jours que peut en contenir une année – où l'auteur raconte sa vie quotidienne à l'époque où il n'était qu'un métèque parmi tant d'autres fraîchement débarqués à Montréal. Dany Laferrière doit se débrouiller avec le peu qu'il retire des dix mille petits métiers offerts à l'immigrant. La routine et l'abrutissement n'empêchent heureusement pas l'amitié, l'amour et la fraternité. La vie dure n'interdit pas les rêves d'une vie meilleure ni les petites douceurs et Dany ne s'en prive pas. Arrive-t-il trop tard dans ce non-pays qui n'en finit plus de naître et de se définir en cette année 1976? Alors Dany Laferrière persiste et signe, car rien ne peut s'oublier d'un seul coup de plume. Il deviendra écrivain, même si ce métier nourrit mal son homme. La jouissance est ailleurs, certes, mais également là où ça s'écrit. Cela s'appelle liberté: belle, forte, contagieuse et parfois moqueuse comme dans cette phrase: «La souffrance est souvent légitime. C'est la plus sinistre des plaisanteries judéo-chrtétiennes.»

Chronique de la dérive douce clôt magnifiquement le «Quatuor des couleurs», que composent également *Comment faire l'amour avec un Nègre sans se fatiguer, Éroshima* et *Cette grenade dans la main du jeune Nègre est-elle une arme ou un fruit?,* tout en constituant, en quelque sorte, une introduction à ce cycle romanesque.

- Lis ce texte afin de découvrir le regard que porte un écrivain immigrant sur sa nouvelle ville d'adoption.
- Prête attention aux caractéristiques des lieux, de l'époque et du personnage principal.
- Pour faciliter ta tâche, prévois, avant ta lecture, une ou plusieurs façons de noter des renseignements sur ces aspects (fiches, schémas, etc.).

Cap sur les mots

Le vocabulaire permettant l'expression du but

Le vocabulaire permettant l'expression du but se présente sous diverses formes, c'est-à-dire qu'il peut provenir de différentes classes de mots. Ce vocabulaire permet d'exprimer le but en énonçant l'objectif à atteindre, le point visé ou, encore, l'intention entretenue.

a) Lis ce court texte et relève le vocabulaire permettant l'expression du but.

Devenir écrivain

À l'époque, l'intention de Dany Laferrière était claire: s'exiler à Montréal pour devenir écrivain. Il s'y est finalement rendu afin de pouvoir exercer son métier en toute liberté. Chose certaine, on peut affirmer qu'il a atteint son objectif puisque son œuvre est maintenant reconnue dans toute la francophonie.

b) Indique, dans chaque cas, la classe à laquelle le mot repéré appartient. . . . . p. 600

c) Trouve d'autres mots de la même classe qui permettent d'exprimer le but.

Compréhension et interprétation

1. Nomme les deux villes importantes dont il est question dans *Chronique de la dérive douce.*

2. a) Précise l'époque à laquelle se déroule cette histoire.

b) Explique brièvement le climat politique qui règne dans ces villes à cette époque. Pour t'aider, relis la quatrième de couverture et consulte Internet.

c) Au cours d'une discussion, compare les renseignements que tu as trouvés avec ceux de tes camarades.

3. Trouve le thème de la liste suivante qui n'est pas présent dans ce texte.

- La pauvreté
- L'adaptation
- La différence
- L'amour
- L'entraide

4. Explique cet extrait du texte *Chronique de la dérive douce.* Utilise le dictionnaire, au besoin.

«Un homme du Sud
dans une tempête de neige
vit le drame
d'un poisson hydrophobe.»

5. a) Détermine quels sont les moyens employés pour intégrer l'information nouvelle mise en caractères gras dans les phrases ci-dessous.

❶ Je vois partout le visage de Nadia Comaneci, **la minuscule petite reine du Stade.**

❷ Je suis assis sur un banc du parc Lafontaine avec les pigeons autour de ma tête **et le petit lac au bout de mes chaussures.**

❸ Le type qui s'occupe de mon dossier m'a dit que **si j'accepte de déclarer que je suis un exilé**, il pourra me donner soixante dollars au lieu des vingt qu'il distribue aux simples immigrants.

b) Précise le type de cette information. Choisis parmi le choix proposé dans la marge.

Types d'information

- De l'information relative à une condition;
- De l'information relative à l'aspect physique d'une personne;
- De l'information relative à un lieu.

6. Dans un tableau semblable à celui ci-dessous, trace le portrait du personnage principal.

DESCRIPTION D'UN PERSONNAGE		
Caractéristiques liées à sa vie	Nom	
	Nationalité	
	Statut dans la société	
	Statut dans la famille	
	Événements vécus	
	Situation économique	
Caractéristiques liées à son aspect physique	Ensemble du corps	
	Parties du corps	
Caractéristiques liées à sa personnalité	Qualités	
	Défauts	
	Sentiments et émotions vécus	

7. a) Définis le regard que le narrateur pose sur sa ville d'adoption à son arrivée.

b) Ce regard s'est-il modifié à la fin du récit? Explique ta réponse.

c) Son point de vue est-il plutôt:

❶ objectif ou subjectif?

❷ explicite ou implicite?

❸ interne ou externe?

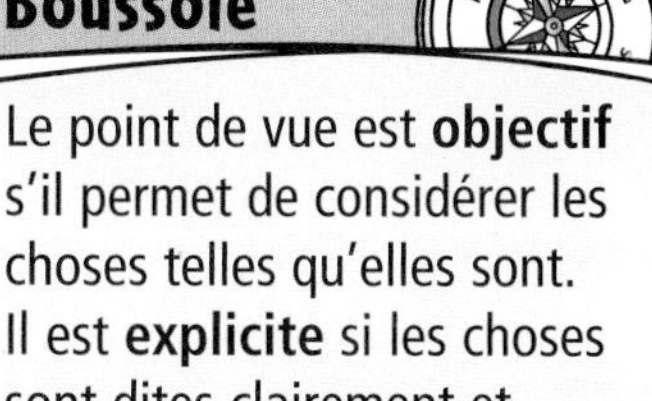

Boussole

Le point de vue est **objectif** s'il permet de considérer les choses telles qu'elles sont. Il est **explicite** si les choses sont dites clairement et non sous-entendues. Et il est **interne** si les événements sont vus à travers les yeux du personnage.

8. As-tu aimé lire ces petites histoires qui forment la *Chronique de la dérive douce*? Explique ta réponse en quelques lignes.

Poésie urbaine

p. 428

Planification

Survole les textes et lis leur titre.

a) De quel type de textes s'agit-il?

b) Quelle ville a inspiré ces auteurs?

c) À quelle époque ces textes ont-ils été écrits?

d) À ton avis, pour quelles raisons lit-on de la poésie?

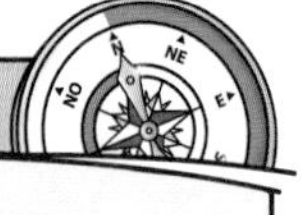

Boussole

Pour t'aider à cerner l'organisation du texte, examine la division en strophes, les rimes en fin de vers, la disposition des vers ou le dessin qu'ils forment dans le cas d'un calligramme.

- Lis ces textes afin de découvrir comment une même ville inspire différents auteurs, et pour t'en inspirer en tant que scripteur ou scriptrice.
- Cerne l'organisation des textes en dégageant les procédés textuels, linguistiques ou graphiques qui structurent le texte poétique et en marquent le rythme.

Cap sur les mots

Des procédés stylistiques : la répétition, l'inversion, l'hyperbole et l'antithèse

Outre la comparaison, la métaphore, la personnification et les onomatopées, tu connais également la **répétition** et l'**inversion,** qui sont d'autres procédés stylistiques offrant la possibilité de varier et de nuancer l'expression de la pensée et des sentiments. ...... p. 637

› J'observais cette **ville,** une **ville** étrangère. (Répétition)

› Dans la rue se trouvait **une foule dense et lasse.** (Inversion)

À ces procédés stylistiques s'ajoutent l'**hyperbole** et l'**antithèse.**

L'**hyperbole** est un procédé qui consiste à amplifier une idée pour la mettre en évidence, à l'exagérer pour la mettre en relief.

› Mes voisins **vont me tuer** si je fais trop de bruit.

› Pour lui, elle n'hésiterait pas à **décrocher la lune.**

› La pauvre a pleuré **toutes les larmes de son corps.**

› Ma cousine porte **autant** de maquillage **qu'un clown**!

› Habillée ainsi, ma petite sœur **a l'air d'une grand-mère**!

Parfois, l'hyperbole contient une indication de nombre.

› J'ai **une tonne** de travail!

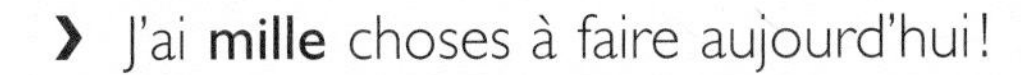

› J'ai **mille** choses à faire aujourd'hui!

› Merci **mille** fois pour cette magnifique soirée.

Il faut parfois recourir au contexte pour déterminer s'il y a hyperbole ou non.

› Je meurs de soif!

Cette expression peut être interprétée différemment selon qu'elle est prononcée par une personne qui vient de faire une séance d'exercices au gymnase ou par un enfant habitant un pays en voie de développement n'ayant pas bu depuis plusieurs jours. Ainsi, dans le premier cas, l'expression *mourir de soif* désigne une très grande soif; il s'agit d'une hyperbole puisqu'il y a exagération.

L'**antithèse,** quant à elle, est un procédé stylistique qui consiste à mettre en parallèle des mots qui expriment des réalités opposées, des idées contraires.

› Tout s'agite dans ce **tumulte paisible.**

› Malgré l'**excitation** qui régnait, il affichait un **calme** désarmant.

› Certains aiment la **nuit** comme d'autres vénèrent le **jour.**

Lis les phrases ci-dessous et détermine les procédés stylistiques qu'elles contiennent. Choisis parmi les procédés suivants: la répétition, l'inversion, l'hyperbole et l'antithèse.

a) Où ronflent sur les durs essieux
Des chars pressés, ardents, joyeux

b) Montréal quatre saisons
Montréal aller-retour

c) Mont Royal vert l'été blanc l'hiver

d) Ce talus qu'ombrage un grand bois

e) L'orgueil de la grande cité,
Ainsi qu'une armée en campagne…

f) Ces tours qui touchent le ciel dominent la ville

g) C'est une ville de béton,
ce béton froid qui nous laisse de glace

h) Gueusards ou rois de la finance

i) Du haut de cette tour, on peut toucher les étoiles!

j) Le néon de cette enseigne éclaire la nuit de ses mille feux.

Compréhension et interprétation

1. a) Lequel des poèmes que tu as lus est un calligramme?

b) Lequel contient des rimes?

c) Lequel n'est pas disposé en strophes?

d) Lequel contient certains vers disposés de façon particulière?

e) Lequel débute par deux phrases emphatiques?

2. Relève, dans le poème *Le mont Royal,* deux synonymes du mot *montagne*.

3. Détermine à quel lieu font référence les vers ci-dessous, qui sont tirés du poème *Le mont Royal.*

«Au talent comme à la bêtise
Ciel réservé, Terre promise»

4. a) Selon toi, le point de vue révélé dans le poème *Le pont Victoria* est-il plutôt subjectif ou objectif?

b) Justifie ta réponse en relevant trois mots ou expressions qui te le prouvent.

5. a) Trouve la strophe du poème *Montréal,* qui évoque le texte de Guillaume Vigneault étudié précédemment dans cette escale.

b) Justifie ta réponse en invoquant un thème commun aux deux textes.

6. Complète la tour la plus à gauche du calligramme en y ajoutant une dizaine de mots de cinq lettres qui respectent l'esprit du poème.

7. a) Quel procédé stylistique l'auteur de *La ville en poésie* a-t-il employé dans le vers suivant?
«Et voilà que je prends par la main la poésie qui court les rues»

b) Choisis parmi les procédés ci-dessous:

❶ la comparaison;

❷ l'antithèse;

❸ la personnification;

❹ l'hyperbole.

8. a) Quel poème as-tu préféré? Pourquoi?

b) Aimerais-tu lire de la poésie à nouveau?

9. a) Examine attentivement les cartes postales suivantes.

b) Choisis une image qui t'inspire particulièrement et rédige un court texte poétique.

c) Compose une douzaine de vers disposés en trois strophes ou, encore, un calligramme afin de décrire la scène ou évoquer l'atmosphère de la scène.

d) Adopte le point de vue d'un énonciateur plutôt expressif.

Bagage de connaissances

La poésie

La poésie est un genre littéraire que tu connais bien. Effectue les tâches ci-dessous afin de revoir certaines notions que tu as déjà étudiées.

1. a) En quelques mots, explique ce qui distingue la prose des vers.

b) Associe les définitions suivantes aux termes qu'elles définissent.

❶ Énoncé ou groupes de mots dans un poème.

❷ Répétition de sons identiques à la finale de mots placés à la fin des vers.

❸ Paragraphe regroupant plusieurs vers en une disposition déterminée.

c) Nomme trois thèmes pouvant servir d'inspiration pour un poème.

L'aventure →

Si le cœur t'en dit, choisis de rédiger un texte poétique dans la prochaine aventure et mets à profit tes nouvelles connaissances en matière de poésie.

Afin de varier l'expression, **les rimes** peuvent être disposées de différentes manières.

- Les rimes peuvent être **plates,** c'est-à-dire alterner deux par deux:

C'est ici que j'ai grand**i** A
C'est là que j'ai compr**is** A
Parmi les ruelles et le bét**on** B
Que c'est dans la rue qu'on se fait un n**om** B

- Elles peuvent être **croisées,** c'est-à-dire présentées en alternance:

La ville s'éveille tranquillem**ent** A
On y sent un début d'effervesc**ence** B
Au travail se ruent ses habit**ants** A
Qui doivent s'armer de pati**ence** B

- Les rimes peuvent également être **embrassées**: deux rimes sont alors encastrées dans deux autres:

Dans les grandes t**ours** A
À tous les ét**ages** B
Des gens à la p**age** B
Qui courent, qui c**ourent** A

2. a) Combien de strophes le texte *Le mont Royal* compte-t-il?

b) Précise la manière dont sont disposées les rimes de ce poème.

La mort de Gary Sheppard

p. 432

Planification

Le narrateur du texte que tu t'apprêtes à lire possède une opinion bien arrêtée à propos de Montréal, de ses habitants et habitantes.

a) Lorsque tu liras intégralement le texte, tente de déterminer si le point de vue du narrateur est favorable ou défavorable.

b) Relève ensuite une phrase du texte qui illustre bien ce point de vue.

- Lis le texte *La mort de Gary Sheppard* pour découvrir comment Montréal a inspiré l'auteur Jean-François Chassay.
- Cerne l'organisation du texte en comparant le déroulement du récit à la chronologie de l'histoire. Pour ce faire, relève, au cours de ta lecture, les indices de temps et prête attention aux temps verbaux et à la succession des événements.

Boussole

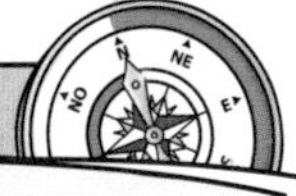

Le déroulement du récit correspond à la séquence dans laquelle les événements de l'histoire sont présentés.

Compréhension et interprétation

1. a) À l'aide des indices présents dans le texte, estime la durée des événements de l'histoire racontée dans le récit *La mort de Gary Sheppard.*

b) Détermine si la séquence choisie pour raconter les événements de cette histoire respecte l'ordre chronologique. Explique ta réponse.

2. a) Précise si le narrateur de ce texte est présent ou absent.

b) Mentionne le type du narrateur de ce texte. Choisis parmi les types suivants : narrateur omniscient, narrateur témoin ou narrateur personnage principal.

c) Justifie ta réponse en te reportant au texte.

3. Trouve dans quels autres textes de cette escale on mentionne également les endroits suivants :

a) le mont Royal ;

b) le boulevard Saint-Laurent ;

c) le Stade olympique ;

d) la rue Sherbrooke.

Boussole

N'oublie pas d'observer les indices que tu connais afin de percevoir le caractère plutôt **objectif** ou **subjectif** du point de vue révélé dans un texte : le lexique (vocabulaire connoté ou dénoté), les types, les formes et les constructions de phrases, les temps et les modes des verbes, et les procédés stylistiques qui révèlent le point de vue.

4. Dans un tableau semblable à celui ci-dessous, relativement à chacun des textes que tu as lus dans cette escale, indique :

a) si le point de vue adopté est plutôt objectif ou subjectif. S'il est subjectif, mentionne s'il est favorable ou défavorable ;

b) si ce point de vue est maintenu tout le long du texte ou s'il se modifie au cours du récit ;

c) si le point de vue du narrateur est interne ou externe.

LE POINT DE VUE

TITRE DU TEXTE	OBJECTIF OU SUBJECTIF	MAINTENU OU NON	INTERNE OU EXTERNE
Je reviendrai à Montréal			
Je reviens toujours			
Chronique de la dérive douce			
La ville en poésie			
Le mont Royal			
Le pont Victoria			
Montréal			
La mort de Gary Sheppard			

5. Avec d'autres élèves, discutez des points suivants.

a) Mentionnez d'abord si vous avez aimé lire ce texte et justifiez votre opinion à l'aide d'au moins deux critères d'appréciation.

b) Commentez le choix du titre *La mort de Gary Sheppard.* Trouvez-vous dommage qu'il révèle le dénouement ?

c) Donnez également votre opinion sur le dénouement.

❶ Est-il inattendu, surprenant ?

❷ En vous mettant d'accord, élaborez un tout autre dénouement et proposez-le au reste de la classe.

Bagage de connaissances

La nouvelle littéraire

Comme le roman, la nouvelle est un **genre** littéraire. La nouvelle présente les caractéristiques suivantes.

- Le récit est **bref**: la nouvelle est relatée en quelques lignes ou en quelques pages.
- La nouvelle présente habituellement un sujet limité, c'est-à-dire un **seul événement** court et simple. La nouvelle est un gros plan sur un instant de vie qui peut prendre la forme d'une anecdote, d'un souvenir, d'une aventure, etc.
- Le **rythme du récit est rapide** et la **concision** est de mise: l'histoire se déroule habituellement dans un temps assez court. Tout doit être dit en peu de mots. Seuls les événements essentiels sont mentionnés, et l'entrée en matière est souvent directe.
- Les **personnages** sont peu nombreux (il y en a souvent un seul) et sont peu caractérisés: on prend rarement le temps de dévoiler leurs caractéristiques physiques et psychologiques.
- Les **lieux** sont mentionnés sans plus d'indications.
- Il est rare que des indications précises soient fournies en ce qui a trait à l'**époque.** Il faut généralement la déterminer à l'aide des indices indirects fournis dans le texte.
- La nouvelle est construite en fonction du **dénouement.** Celui-ci est souvent **inattendu**; on recherche un élément de surprise, un effet choc ou, encore, une fin ouverte qui engendre un questionnement.

Après avoir pris connaissance des caractéristiques de la nouvelle mentionnées ci-dessus, relève, dans le texte *La mort de Gary Sheppard,* des passages illustrant au moins deux des caractéristiques de la nouvelle.

Bilan

Au cours de cette escale, tu as lu des textes très diversifiés.

1. a) Lequel as-tu préféré ? Pourquoi ?

b) Énumère différents genres littéraires. Pense aux différents textes de l'escale.

c) Choisis un genre que tu souhaiterais explorer davantage dans la production qui suivra.

2. Laquelle des visions de Montréal proposées par les auteurs correspond le plus à la tienne ? Pourquoi ?

3. Préfères-tu la vie trépidante des grandes villes ou le calme évoqué par la campagne ? Explique ta réponse.

Journal de bord

Trouve un autre texte narratif (nouvelle, chronique, extrait de roman, chanson, etc.) qui compléterait bien la section *Lecture* de cette escale. Présente ensuite un compte rendu de lecture à tes camarades de classe. ..... p. 570

4. a) Considères-tu que tu as su t'adapter aux différentes situations de lecture proposées dans cette escale ? Si oui, de quelle manière ? Sinon, qu'aurais-tu pu faire pour mieux y parvenir ?

b) As-tu éprouvé davantage de difficulté avec l'un des textes de cette escale ? Si oui, précise lequel et mentionne les difficultés particulières de ce texte.

5. As-tu réussi à dégager le point de vue adopté dans un texte ?

6. Après avoir lu une nouvelle et découvert les caractéristiques de ce genre, serais-tu maintenant en mesure de déterminer si un texte est bien une nouvelle littéraire ? Explique ta réponse.

7. Consulte de nouveau la section *Répertoire* de ton *Journal de bord* et fais le point concernant le défi de lecture que tu t'étais fixé à l'escale précédente.

a) Notes-tu certaines améliorations relativement à ce défi ?

b) Considères-tu que tu as relevé partiellement ou complètement ce défi ?

c) Crois-tu qu'il est temps de te fixer un autre but à atteindre ou préfères-tu te concentrer sur un défi à long terme ? Explique ta réponse.

Fonctionnement de la langue

Les terminaisons verbales : -er, -ai, -ez, -é, -ée, -és, -ées

Point de repère

- Un verbe est composé d'un radical et d'une terminaison qui varie selon la personne, le nombre, le mode et le temps.

  radical terminaison
  › Tu fini**ras** par t'habituer à cet endroit.

  Dans la terminaison *-ras*, l'affixe *-r* marque le futur tandis que l'affixe *-as* marque la personne et le nombre du verbe.

- On emploie la terminaison *-ai* quand un verbe est conjugué à la 1re personne du singulier du futur simple ou du passé simple de l'indicatif.

  › Je me rendr**ai** au centre-ville un peu plus tard.

Exploration

a) Lis les phrases suivantes en prêtant une attention particulière aux mots en gras.

❶ Elle aimerait **stationner** sa voiture devant ce restaurant.

❷ Ce sera difficile de **réserver** cette table.

b) Quels sont le mode et la terminaison des verbes en gras ci-dessus ?

c) Remplace ces verbes par le verbe *prendre* à l'infinitif, puis par le participe passé de ce verbe, soit *pris*. Quel remplacement est préférable ?

d) Détache les pronoms *vous* dans les phrases ci-dessous à l'aide de l'expression *c'est… qui*. Lequel de ces pronoms exerce la fonction de sujet du verbe ? Quelle est la terminaison de son verbe ?

❸ Vous **passerez** me chercher vers 15 heures.

❹ Je vous **rendrai** bien ce service un de ces jours.

e) Remplace les participes en gras ci-dessous par le verbe *rendre*, puis par le participe passé de ce verbe, soit *rendu*. Quel remplacement est préférable ?

❺ Ce chauffeur de taxi s'est **immobilisé** devant l'hôtel.

❻ Ces touristes se sont **retrouvés** dans le Vieux-Port.

Tour d'horizon

- Puisque les terminaisons *-er, -ai, -ez, -é, -ée, -és, -ées* se prononcent de la même façon, il est parfois difficile de déterminer celle qu'il faut employer. Pour t'aider à déterminer la terminaison appropriée, utilise des manipulations comme le **remplacement** et le **détachement.**

Boussole

L'observation du contexte s'avère également utile puisqu'un verbe à l'infinitif suit généralement un autre verbe ou est précédé d'une préposition.

- On emploie la terminaison **-er** avec les verbes à l'infinitif. Pour savoir s'il faut l'utiliser, il suffit de remplacer ce verbe par un autre verbe à l'infinitif dont la terminaison n'est pas -er. Par exemple : *vivre.*
  - › J'adore **habiter** dans cette ville effervescente.
    - 🔧 J'adore **vivre** dans cette ville effervescente.
    - ⊘ J'adore **vécu** dans cette ville effervescente.

Boussole

Rappelle-toi qu'un groupe sujet (GS) à la 2e personne du pluriel peut se présenter sous d'autres formes que le pronom *vous* et que ce GS peut aussi être encadré.

› Toi et lui viendrez me rejoindre.

› C'est toi et lui qui viendrez me rejoindre.

- On emploie la terminaison **-ez** quand le verbe est conjugué à la 2e personne du pluriel. Pour s'assurer de la pertinence de cette terminaison, il suffit de détacher le groupe nominal (GN) de la 2e personne du pluriel à l'aide de l'expression *c'est... qui* afin de vérifier qu'il exerce bien la fonction de sujet du verbe.
  - › Vous **visitez** souvent les boutiques de cette artère principale.
    - 🔧 **C'est** vous **qui** visit**ez** souvent les boutiques de cette artère principale.
    - ⊘ Je **c'est** vous **qui** rejoindr**ai** dans cette boutique.
- On emploie les terminaisons **-é, -és, -ée, -ées** quand il s'agit de participes passés. Pour savoir s'il faut utiliser l'une de ces terminaisons, il suffit de remplacer le verbe par un autre participe passé ne provenant pas d'un verbe dont la terminaison à l'infinitif est -er. Par exemple : *vendu.*

  Ensuite, il faut accorder le participe passé en genre et en nombre, si le contexte l'impose. p. 611
  - › Nous avons **acheté** une propriété dans ce quartier.
    - 🔧 Nous avons **vendu** une propriété dans ce quartier.
    - ⊘ Nous avons **vendre** une propriété dans ce quartier.

Les subordonnées compléments de phrase exprimant le temps, le but et la cause

Point de repère

- Une phrase complexe est construite à l'aide de deux ou plusieurs phrases simples. Elle contient donc plus d'un verbe conjugué.
- Ces phrases simples peuvent être jointes à l'aide d'un subordonnant. La phrase introduite par un subordonnant est appelée subordonnée.
- La subordonnée complément de phrase peut se trouver au début, au milieu ou à la fin de la phrase.

  La subordonnée complément de phrase qui exprime le temps est introduite par diverses conjonctions, simples ou complexes, servant à exprimer le temps.

  › *quand, lorsque, comme, alors que, au moment où, tandis que, depuis que.*

Exploration

a) Lis les phrases ci-dessous et prête une attention particulière aux subordonnées en gras.

1. **Parce que le temps était plutôt maussade,** elles se sont rendues dans cette boutique d'art.
2. Elles ont pu dénicher, **alors que la pluie tombait,** plusieurs petits cadeaux.
3. La vendeuse les a emballés avec précaution **afin qu'ils ne se brisent pas.**

b) Tente de déplacer et d'effacer les subordonnées en gras. Est-ce possible?

c) À quelle classe de mots appartiennent les mots soulignés servant à introduire ces subordonnées?

d) Parmis les subordonnées ci-dessus, identifie celle qui exprime le temps, celle qui exprime le but et celle qui exprime la cause.

Tour d'horizon

- La subordonnée complément de phrase peut généralement être **effacée** et **déplacée** puisqu'elle constitue un groupe complément de phrase (GCP).
- Si la subordonnée est déplacée en tête de phrase, elle doit être isolée par une virgule. Si elle se trouve au milieu de la phrase, elle est alors encadrée par deux virgules.
- Comme son nom l'indique, la subordonnée complément de phrase n'a qu'une seule fonction: celle de **complément de phrase.**
- La subordonnée complément de phrase qui exprime **le temps** situe un fait dans le temps par rapport à un autre fait énoncé dans la phrase simple à laquelle elle est jointe.
  › **Pendant qu'elles magasinaient,** ils se promenaient sur le bord du fleuve.
- La subordonnée complément de phrase qui exprime **le but** est souvent introduite par les conjonctions *afin que, de sorte que, de telle sorte que* et *pour que*. Elle peut énoncer un but à atteindre ou à éviter.
  › Elles ont choisi plusieurs œuvres avec soin **afin qu'elles puissent faire plaisir à leurs proches.**
  › Elles ont apporté leur parapluie **pour qu'elles ne soient pas trempées jusqu'aux os!**
- La subordonnée complément de phrase exprimant **la cause** énonce un fait qui entraîne une conséquence. Elle est souvent introduite par la conjonction *parce que*.
  › Elles prolongeront leur séjour dans cette ville **parce qu'elles souhaitent visiter leurs amis.**

Distinguer les subordonnées relatives des subordonnées complétives

Point de repère

La phrase complexe est formée de deux ou plusieurs phrases simples.

- Les phrases simples peuvent être jointes à l'aide d'un **subordonnant.** .... p. 587
- La subordonnée complétive est une phrase jointe à une autre par la conjonction *que*. Elle est appelée *complétive* parce qu'elle exerce le plus souvent la fonction de complément.
- La subordonnée relative est une phrase jointe à une autre par un pronom relatif : *qui, que, quoi, dont, où, lequel, desquels,* etc. ....  p. 607
- La subordonnée relative exerce la fonction de complément du nom.

Exploration

a) Observe les subordonnées en gras dans les phrases ci-dessous, qui sont toutes introduites par le subordonnant *que*.

❶ J'<u>adorerais</u> **que tu viennes découvrir la beauté de ma ville.**

❷ Elle possède une <u>architecture</u> **que l'on apprécie au premier regard.**

❸ J'<u>espère</u> **que tu viendras prochainement.**

❹ Nous explorerons ces <u>endroits</u> **que tu as vus dans ton dépliant touristique.**

❺ Elle semble <u>fière</u> **que tu lui rendes visite.**

b) Dans chaque cas, indique à quelle classe de mots appartient le mot souligné qui précède le subordonnant *que*.

c) Remplace chacune des subordonnées en gras par le pronom démonstratif *cela* en ajoutant la préposition commandée par le mot, au besoin. Dans quels cas est-ce possible ?

d) Sur la base de ces constatations, explique comment le contexte et le remplacement par *cela* peuvent t'aider à distinguer les subordonnées relatives des subordonnées complétives.

Tour d'horizon

1. Il est parfois difficile de distinguer les subordonnées relatives des subordonnées complétives puisqu'elles peuvent toutes deux être introduites par le subordonnant *que.*

Pour t'aider à les discerner, tu peux **observer le contexte,** notamment le groupe de mots qui précède le subordonnant, et **remplacer** la subordonnée par le pronom démonstratif *cela.*

- Lorsque le groupe de mots qui précède le subordonnant *que* est un verbe, il s'agit habituellement d'une **subordonnée complétive.**

  noyau du GV

  › Je [crois **qu'il a aimé cette ville au dynamisme débordant**].

  La subordonnée en gras est une subordonnée complétive CD du verbe *crois* et fait partie du groupe verbal (GV).

- Lorsque le groupe de mots qui précède le subordonnant *que* est un nom ou un adjectif, il peut s'agir d'une **subordonnée relative** ou d'une **subordonnée complétive.**

  Le remplacement par le pronom *cela* est alors utile pour distinguer les subordonnées: la subordonnée complétive peut être remplacée par le pronom démonstratif *cela* ou par un groupe prépositionnel (GPrép) formé avec *cela,* alors que la subordonnée relative ne peut pas être remplacée par le pronom démonstratif *cela* ou par un GPrép formé avec *cela.* Lorsqu'on effectue le remplacement, on ajoute la préposition *de* ou celle commandée par le verbe principal.

  verbe + *que* → **subordonnée complétive**

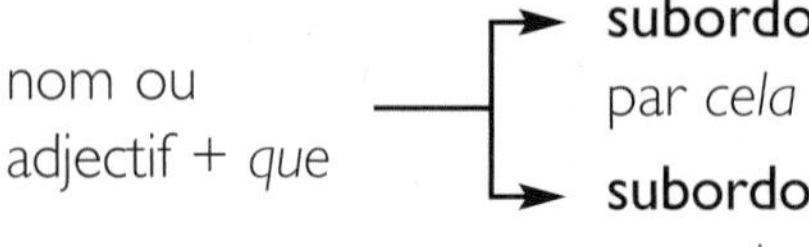

  nom ou adjectif + *que* → **subordonnée complétive** → remplacement par *cela* ou GPrép formé avec *cela*

  nom ou adjectif + *que* → **subordonnée relative** → ⊘ remplacement par *cela* ou GPrép formé avec *cela* impossible

2. Examine les phrases ci-dessous. Les subordonnants *que* sont tous deux précédés d'un groupe adjectival (GAdj).

adjectif

P1: Ce paysage splendide **que l'on aperçoit** offre un spectacle grandiose.

P1: ⊘ Ce paysage splendide ***cela*** offre un spectacle grandiose.

Le remplacement par *cela* est impossible: il s'agit donc d'une **subordonnée relative** qui vient compléter le groupe nominal (GN) *Ce paysage splendide* et en fait donc partie. Le subordonnant *que* est un pronom relatif.

GAdj

P2: Je suis étonné **qu'elle ne soit jamais allée à cet endroit.**

P2: Je suis étonné ***de cela.***

Le remplacement par *cela* est possible. Il s'agit donc d'une **subordonnée complétive** qui complète le noyau du GAdj *étonné* et qui en fait donc partie. Le subordonnant *que* est alors une conjonction.

Boussole

Éventuellement, tu découvriras que certaines subordonnées complétives complètent un nom lorsque le nom qui commande la subordonnée évoque une idée abstraite.

Excursion

Les terminaisons verbales : *-er, -ai, -ez, -é, -ée, -és, -ées* . . . p. 454

a) Dans chacune des phrases ci-dessous, écris le verbe en choisissant la terminaison appropriée.

b) Pour t'aider, observe le contexte et emploie des manipulations comme le remplacement et le détachement.

1. Très bientôt, vous (constater) ______ que cette métropole regorge d'habitants et habitantes chaleureux.
2. Je vous (rencontrer) ______ à la gare vers midi et demi.
3. Vous (voir) ______ à quel point cette ville nord-américaine est magnifique.
4. L'énergie de cette ville va vous (renverser) ______ : vous y (revenir) ______ sûrement.
5. À l'heure de pointe, il est difficile de (circuler) ______ dans ces rues (congestionner) ______ .
6. Il vaut mieux (traverser) ______ aux intersections pour (éviter) ______ des accidents malheureux.
7. Dans ce quartier, les voisins sont toujours prêts à (s'entraider) ______ lorsqu'ils sont dans le besoin.
8. Vous (pouvoir) ______ vous (balader) ______ en toute sécurité dans ce parc peu (fréquenter) ______ .
9. Au cours de mon passage chez vous, j'ai (rencontrer) ______ des gens extraordinaires.
10. Je les ai même (inviter) ______ à venir (passer) ______ quelques jours chez moi.
11. Les vacances (terminer) ______ , il est déjà temps de s'en (retourner) ______ .
12. Je vous (écrire) ______ et vous (dire) ______ comment s'est (dérouler) ______ mon retour à la maison.

Les subordonnées compléments de phrase exprimant le temps, le but et la cause

p. 456

1. a) Encadre les subordonnées compléments de phrase dans les phrases suivantes.

❶ Elle est entrée dans ce café parce qu'elle sentait le froid intense envahir tous ses membres.

❷ Pendant qu'elle sirotait tranquillement son chocolat chaud, un ami qu'elle n'avait pas revu depuis longtemps est venu la saluer.

❸ Après qu'ils eurent discuté pendant un long moment, l'homme lui a laissé son nouveau numéro de téléphone afin qu'elle puisse le joindre.

❹ L'homme s'est levé et est parti pour qu'il puisse arriver chez lui avant la tombée du jour.

❺ Bravant le froid, il a marché jusqu'à ce qu'il arrive enfin à son appartement, situé sur la rue Saint-Denis.

b) Indique ensuite le type de précision qu'elles apportent dans ces phrases : précision de temps, de but ou de cause.

c) Quelle fonction les subordonnées ci-dessus exercent-elles ?

2. a) Compose une phrase complexe contenant une subordonnée complément de phrase qui exprime le but.

b) Mets cette subordonnée au début de la phrase et emploie la ponctuation appropriée.

Distinguer les subordonnées relatives des subordonnées complétives

p. 458

1. a) Parmi les phrases complexes ci-dessous, relève celles qui contiennent des subordonnées relatives.

b) Utilise le remplacement par le pronom *cela* pour t'aider à distinguer les subordonnées relatives des subordonnées complétives. Rappelle-toi que le remplacement par *cela* ou par un GPrép qui contient cette préposition est **impossible** dans le cas de la **subordonnée relative.**

❶ Mes parents adoreraient que cette superbe maison ancestrale leur appartienne.

❷ Elle est située au coin de cette avenue que tu connais très bien.

❸ Il me semble que cette demeure se trouve tout près de cette boulangerie très réputée.

❹ J'espère que nous aurons la chance de te faire découvrir notre cuisine gastronomique.

❺ Des odeurs fort agréables s'échappent de ce restaurant que je visite régulièrement.

❻ Chaque jour, j'aime un peu plus cette ville où il fait bon vivre.

2. a) Transcris les phrases suivantes en employant le subordonnant qui convient.

b) Choisis parmi ces subordonnants : *qui, qu'il, qu'ils, que* et *dont.*

❶ ▬▬ soient déjà venus ici ou non importe peu : mes oncles apprécient encore la beauté du paysage.

❷ Ceux ▬▬ ont pu l'admirer s'en souviennent encore.

❸ L'endroit ▬▬ il parle est splendide.

❹ Le pont ▬▬ tu vois surplombe la rivière aux Renards.

❺ Il affirme ▬▬ ce site historique mérite d'être visité.

❻ ▬▬ puisse faire toutes les activités proposées m'étonnerait : il ne dispose pas de suffisamment de temps.

c) Quelles phrases contiennent des subordonnées relatives ?

Un lieu, des scripteurs et scriptrices!

Dans cette escale, tu as lu des textes variés présentant des points de vue bien différents. Tu as donc pu constater qu'une même ville peut aviver la créativité des écrivains et écrivaines de plusieurs manières. En t'inspirant du travail réalisé par les auteurs des textes présentés, tu dois maintenant rédiger un texte mettant en scène des lieux que tu connais bien, c'est-à-dire ceux de ton patelin. Pour y parvenir, tu exploiteras à fond tes ressources personnelles en choisissant la façon de faire qui te convient le mieux. Il est temps de mettre en œuvre ta pensée créatrice en jonglant avec les mots.

Dans ce projet d'écriture, respecte les consignes suivantes.

TÂCHE	Rédiger un texte narratif inspiré de repères culturels en expérimentant des procédés d'écriture.
SUJET	Ta ville, ton village ou ta région.
DESTINATAIRES	Les gens de ta communauté.
CONTEXTE DE RÉALISATION	Soumettre les meilleurs textes à un journal local.

Préparation

Planifie l'écriture de ton texte

a) Détermine le genre du texte.

❶ Décide si le genre (chronique, nouvelle, chanson, poème, etc.) choisi dans la tâche **1. c)** à la page 452 est toujours pertinent. Après avoir pris connaissance des consignes, revois ce choix, s'il y a lieu.

❷ Pour t'aider, revois les caractéristiques du genre sélectionné ou relis le texte de cette escale qui appartient à ce genre.

b) Choisis le point de vue que tu adopteras.

❶ Détermine le type du narrateur : narrateur omniscient, narrateur témoin ou narrateur personnage principal.

❷ Décide si le point de vue proposé sera objectif ou subjectif. Dans le second cas, la vision proposée sera-t-elle favorable ou défavorable ?

❸ Détermine si le point de vue adopté sera le même tout le long du texte. Dans le cas contraire, prévois les éléments qui justifieront le changement.

c) Sélectionne des éléments relatifs aux lieux en établissant des listes.

❶ Détermine les lieux de ton village, de ta ville ou de ta région qui sont susceptibles d'alimenter ton intrigue ou de créer des images évocatrices.

❷ Sélectionne certains de ces lieux. Choisis ceux qui te paraissent plus pertinents.

d) Organise les principaux éléments de ton texte de manière à présenter un univers vraisemblable.

❶ Choisis des lieux vraisemblables et respecte les caractéristiques de l'époque où tu situes ton récit.

❷ Assure-toi que tous les personnages présentent des caractéristiques favorisant la vraisemblance (comportements, réactions, etc.).

Réalisation

Rédige ton texte

a) Rédige un brouillon.

❶ Au besoin, reporte-toi aux caractéristiques du genre, à tes notes personnelles et aux textes que tu as lus dans cette escale.

❷ Pense à l'annoter pour retrouver facilement les retouches à effectuer.

b) Relis ton brouillon régulièrement.

❶ Vérifie si tes idées sont bien enchaînées et si tes propos sont cohérents.

❷ Corrige les erreurs syntaxiques, orthographiques et lexicales évidentes.

c) Établis des liens entre le sens général du texte, les images, les mises en relief, le rythme, etc.

d) Donne un titre évocateur à ton texte.

Calepin

Les **paronymes** sont des mots qui se ressemblent et qui peuvent être confondus. Bien que leur prononciation soit semblable, ils présentent une orthographe et un sens différents.

› émigrant/immigrant

› allocation/allocution

› accident/incident

Prête une attention particulière à ces mots lorsque tu rédigeras ton texte.

Révise, améliore et corrige ton texte

a) Soumets ton texte à la critique en le faisant lire par une autre personne.
 ❶ Vérifie l'intérêt qu'il suscite.
 ❷ Intègre les suggestions pertinentes.

b) Assure-toi que ton texte respecte les caractéristiques du genre choisi.

c) Selon les réactions suscitées par ton texte, reconsidère le point de vue.
 ❶ Ton texte respecte-t-il le point de vue déterminé précédemment?
 ❷ Le point de vue est-il maintenu? Dans le cas contraire, le changement est-il justifié?

Le journal d'un lieu

Lis les textes de tes pairs pour observer comment les endroits que tu connais les ont inspirés et pour leur donner tes impressions. En groupe classe, choisissez les meilleurs textes et soumettez-les au journal local.

Bilan

1. a) As-tu aimé pouvoir explorer différentes façons de faire en choisissant, entre autres, le genre de ton texte? Explique ta réponse.

b) As-tu aimé lire des textes inspirés de lieux que tu connais? Pourquoi?

2. a) As-tu réussi à mettre à profit tes ressources personnelles et ta créativité pour mener à bien cette production? Explique ta réponse.

b) Le résultat final te donne-t-il de la fierté? Pourquoi?

3. Ce projet de rédaction t'a-t-il permis de parfaire ta connaissance de ton village, de ta ville ou de ta région? Si oui, qu'as-tu appris?

4. Quelle stratégie as-tu utilisée lorsque tu as éprouvé certaines difficultés ou lorsque certains points demeuraient obscurs? As-tu:

a) demandé de l'aide à ton enseignant ou enseignante?

b) demandé des précisions à tes pairs?

c) cherché de l'information en consultant diverses ressources?

5. a) À ce jour, quel est le progrès le plus évident que tu as réalisé en écriture?

b) Quel aspect souhaiterais-tu améliorer dans ta prochaine rédaction?

c) Quel délai t'accordes-tu pour aplanir la difficulté ciblée? Fixe-toi un objectif réaliste.

9

T'es-tu déjà demandé comment sera le monde dans dix, cinquante ou cent ans? T'es-tu déjà demandé comment notre monde évoluera compte tenu des progrès scientifiques et technologiques, et des problèmes environnementaux qu'il connaît actuellement? Qu'il s'agisse des moyens de locomotion, de la qualité de l'air ou de découvertes révolutionnaires, quelle ampleur ces réalités prendront-elles au cours des prochaines années? Comment les êtres humains s'y adapteront-ils? Y as-tu déjà pensé?

Plusieurs auteurs et auteures y ont déjà réfléchi et, dans leurs récits, ont imaginé ce futur mode de vie et le quotidien des êtres humains. Tu le constateras au cours de cette escale dans laquelle tu te familiariseras avec ce qu'on appelle le récit de science-fiction et le récit d'anticipation. Les caractéristiques de ces univers littéraires te seront alors présentées.

À toi de trouver et de lire un roman de science-fiction ou d'anticipation. Vois comment l'auteur ou l'auteure de ton roman a imaginé notre avenir.

L'aventure →

À la suite de tes lectures, tu inventeras à ton tour une intrigue inspirée de ces univers. Tu devras tenir compte des caractéristiques du récit d'anticipation ou de celles du récit de science-fiction. Ton texte devra présenter un univers fictif cohérent créé autour d'un objet technique ou technologique, ou d'un problème environnemental. Tu devras faire preuve de créativité. Tu pourras t'inspirer de l'actualité ou du roman que tu auras trouvé et lu. En employant des méthodes de travail efficaces, tu développeras une bonne intrigue.

Question de temps

Itinéraire

Textes

Lecture

Grammaire

Écriture

Communication orale

EMBARQUEMENT

Complète les phrases ci-dessous spontanément.

Imagine que nous sommes en l'an 3000...

1. La chanson de l'année 3000 est...

2. Je suis...

3. Mon plat préféré est...

4. Mon passe-temps préféré est...

5. Mes voisins sont...

6. En sortant de chez moi, je vois...

7. Mon sport préféré est...

8. L'an 3000 est un sentiment, c'est...

9. L'an 3000 est une danse, c'est...

10. Le moyen de transport le plus répandu est...

11. Le cours le plus passionnant à l'école est...

12. L'an 3000 est un objet, c'est...

13. L'an 3000 est une toile d'un peintre, c'est...

L'homme bicentenaire

Que le premier inventeur de la machine à remonter le temps ait été un fanatique de science-fiction, ce n'est en aucun cas une coïncidence. C'était inévitable. Pour quelle autre raison un physicien sain d'esprit oserait-il rechercher les différentes théories insolites qui semblent mener à la maniabilité du temps dans le temple même de la relativité générale?

Cela demandait de l'énergie, bien sûr. Tout demande de l'énergie. Mais Siméon Weill était tout disposé à payer le prix. Tout (enfin, presque tout) pour réaliser son vieux rêve caché de science-fiction.

Le problème était qu'on ne pouvait pas contrôler la direction et la distance où on était projeté. [...]

Si seulement il pouvait être sûr du mécanisme de retour, Weill l'aurait essayé lui-même. Il en mourait d'envie – ce qui n'était pas l'attitude habituelle d'un physicien théorique, mais un sentiment tout à fait naturel pour un grand fanatique de science-fiction qui avait particulièrement aimé les *Space-Operas* des décennies précédant la présente année 1976.

Il était donc inévitable que l'accident arrive. Il n'aurait jamais décidé consciemment de se placer entre les tempodes. Il savait qu'il avait deux chances sur cinq de ne pas revenir. D'un autre côté, il mourait d'envie d'essayer; un jour donc il trébucha et tituba vers les tempodes, tout à fait par accident... Mais existe-t-il vraiment des accidents?

Il pouvait être précipité dans le passé aussi bien que dans le futur. Il se trouva qu'il fut précipité dans le passé.

Il aurait pu être projeté un nombre incalculable de milliers d'années en arrière, ou un jour et demi. Il se trouva qu'il fut projeté cinquante et un ans en arrière, au moment où le Scandale du Teapot Dome éclatait mais où la nation gardait la tête froide avec Coolidge et savait que personne au monde ne pourrait battre Jack Dempsey.

Mais il y avait quelque chose que les théories de Weill ne lui avaient pas révélé. S'il savait ce qui pourrait arriver aux particules elles-mêmes, il ne pouvait pas prévoir ce qui arriverait aux liens entre les différentes particules. Et où trouver des liens plus complexes que dans le cerveau?

Aussi, il arriva qu'à mesure que Weill remontait dans le temps, son cerveau régressa. Pas jusqu'au bout, heureusement, étant donné que Weill n'avait pas

Portrait

Chimiste, vulgarisateur scientifique et romancier, **Isaac Asimov** a publié plus de 400 livres, dont près de 300 nouvelles et romans. Né en 1920, en Russie, l'auteur est surtout connu pour le cycle de *Fondation* (1951-1992), une série de romans sur le déclin d'un empire galactique (reconnue en 1966 comme la meilleure série de science-fiction de tous les temps), et le cycle des *Robots* (1950-1985), une suite de romans de science-fiction à saveur policière. Isaac Asimov est mort à New York en 1992.

encore été conçu l'année qui précéda le cent cinquantenaire de l'Amérique et qu'un cerveau absolument pas développé aurait été un handicap certain.

40 Il régressa d'une façon hésitante, partielle et irrégulière et quand Weill se retrouva sur un banc de parc peu éloigné de son appartement de 1976 dans le bas de Manhattan où il faisait ses expériences en vague symbiose avec l'université de New York, il se retrouva en l'année 1925 avec un abominable mal de tête et les idées un peu brouillées à propos de tout ce qui lui arrivait.

Il se surprit à fixer un homme d'environ quarante ans, les cheveux bien lissés, les pommettes saillantes et le nez pointu, qui partageait son banc.

L'homme eut l'air inquiet. Il demanda : « D'où venez-vous ? Vous
50 n'étiez pas ici il y a un instant. » Il parlait avec un net accent teuton.

Weill n'était pas très sûr. Il ne s'en souvenait plus. Mais une expression semblait traverser le chaos qui régnait sous son crâne, bien qu'il ne fût pas sûr de ce qu'elle signifiait.

« Machine à remonter le temps », dit-il d'une voix entrecoupée.

L'autre se raidit. Il demanda : « Lisez-vous des romans pseudo-scientifiques ?

– Quoi ? demanda Weill.

– Avez-vous lu *La machine à explorer le temps* de H. G. Wells ? »

Réentendre ce terme sembla un peu apaiser Weill. Son mal
60 de tête faiblit. Le nom de Wells lui semblait connu, à moins que ce ne soit son propre nom ? Non, son nom était Weill.

« Wells ? dit-il. Je m'appelle Weill. »

L'autre homme lui tendit la main : « Je m'appelle Hugo Gernsback. J'écris de temps en temps des romans de pseudo-science, mais bien sûr on ne devrait pas dire "pseudo". Cela fait croire que c'est quelque chose de faux. Ce n'est pas vrai. Si c'était bien écrit, ce serait de la fiction scientifique. J'appelle cela – ses yeux noirs brillèrent – de la scientifiction.

– Oui, répondit Weill », essayant désespérément
70 de rassembler des souvenirs éparpillés et des expériences passées et ne trouvant que des impressions et des états d'âme. « Scientifiction. Mieux que pseudo. Mais pourtant pas tout à fait…

– Si c'est bien écrit. Avez-vous lu mon *Ralph 124C41* ?

– Hugo Gernsback, fit Weill en fronçant les sourcils, le fameux.

– Modérément, répondit l'homme en hochant la tête. Je publie des revues sur la radio et les inventions électriques depuis des années.
80 Avez-vous lu *La science et l'invention* ? »

Portrait

Hugo Gernsback émigre à 20 ans aux États-Unis, où il fonde un magazine à vocation scientifique, dans lequel il publie des articles scientifiques et des récits d'anticipation technologique. Il invente le terme *scientifiction,* qui se transformera rapidement en *science-fiction.* Il édite en 1926 le premier magazine entièrement consacré à la science-fiction, *Amazing Stories.* Gernsback est considéré comme l'un des pères de la science-fiction avec des romans comme *Chronique de l'an 2660* et *Ralph 124 C 41 +.*

Weill saisit le mot « invention » et cela lui fit presque comprendre ce qu'il avait voulu dire par « machine à remonter le temps ». Il s'enflamma et dit : « oui, oui.

– Et que pensez-vous de la scientifiction que j'ajoute dans chaque numéro ? »

Scientifiction, encore. Le mot avait un effet apaisant sur lui et pourtant ce n'était pas tout à fait cela. Quelque chose d'autre. Pas tout à fait…

Il dit : « Quelque chose d'autre. Pas tout à fait…

– Pas tout à fait assez ? Oui, c'est ce que je pense. L'année dernière j'ai envoyé des circulaires afin d'obtenir des souscriptions pour une revue qui ne 90 contiendrait que de la scientifiction. Je l'appelais *scientifiction*. Les résultats ont été très décevants. Comment expliqueriez-vous cela ? »

Weill ne l'entendait pas. Il se concentrait toujours sur le mot « scientifiction » qui ne semblait pas tout à fait exact, mais il ne savait pas pourquoi.

Il dit : « Le nom n'est pas bon.

– Pas bon pour une revue ? Peut-être est-ce vrai ? Je n'ai pas d'idée d'un bon titre ; quelque chose qui attire l'œil, qui exprime bien ce que le lecteur trouvera et ce qu'il désire. C'est ça. Si je trouvais un bon titre, je lancerais la revue 100 sans me soucier des circulaires. Je ne demanderais rien. Je le mettrais simplement chez tous les marchands de journaux américains. Le printemps prochain ; c'est tout. »

Weill le fixa d'un air absent.

L'homme continua : « Bien sûr, je veux des histoires qui enseigneront la science, même si elles amusent et excitent le lecteur. Elles devront lui ouvrir une vue sur le vaste avenir. Un jour, des avions traverseront l'Atlantique sans escale.

– Des avions ? » Weill saisit une vision fugitive d'une grande baleine métallique s'élevant sur un jet de gaz. Un instant et ce fut tout. Il dit : 110 « Des grands avions, qui transporteront des centaines de personnes plus vite que le son.

– Bien sûr. Pourquoi pas ? Gardant le contact de façon permanente par radio.

– Par satellites.

– Quoi ? » C'était le tour de l'autre d'être perplexe.

« Les ondes radio sont renvoyées par un satellite artificiel dans l'espace. »

Son interlocuteur approuva violemment : « J'ai prédit l'utilisation des ondes radio pour détecter un objet à distance dans *Ralph 124C41*. Des miroirs de l'espace. Je l'ai prédit. Et la télévision, bien sûr. Et l'énergie à partir de l'atome. »

Weill s'animait. Des images lui traversaient l'esprit dans un ordre incohérent : 120 « L'atome, dit-il. Oui. Des bombes nucléaires.

– Du radium, fit l'autre d'un air satisfait.

– Du plutonium, fit Weill.

– Quoi ?

– Du plutonium. Et la fusion nucléaire. Imiter le soleil. Le nylon et le plastique. Des pesticides pour tuer les insectes. Des ordinateurs pour tuer les problèmes.

– Des ordinateurs ? Vous voulez dire des robots ?

– Des ordinateurs de poche, dit Weill avec enthousiasme. De petites choses. On les tient dans la main, et ils résolvent les problèmes. Des petits postes de radio. On les tient dans la main aussi. Des appareils qui prennent
130 des photos et les développent directement. Des holographes. Des images en trois dimensions. »

L'autre demanda : « Écrivez-vous de la scientifiction ? »

Weill n'écoutait pas. Il essayait toujours de capter les images. Cela devenait de plus en plus clair. « Des gratte-ciel dit-il, en aluminium et en verre. Des autoroutes. La télévision en couleurs. L'homme sur la Lune. Des fusées vers Jupiter.

– L'homme sur la Lune, dit l'autre. Jules Verne. Avez-vous lu Jules Verne ? »

Weill secoua la tête. C'était tout à fait clair maintenant. Le cerveau récupérait un peu. « Les pas sur la Lune à la télévision. Tout le monde regarde. Et des
140 images de Mars. Pas de canaux sur Mars.

– Pas de canaux sur Mars ? dit l'autre, étonné. On les a vus.

– Pas de canaux, répéta Weill fermement. Des volcans. Les plus grands volcans. Les canyons les plus grands. Des transistors, des lasers, des tachyons. Captez les tachyons. Faites-les remonter contre le temps. Déplacez-vous dans le temps. Déplacez-vous dans le temps. Une – ma-. »

La voix de Weill faiblissait et ses contours tremblaient. Il se trouva que son interlocuteur regardait ailleurs à ce moment-là : il contemplait le ciel bleu et murmurait : « Des tachyons ? Que dit-il ? »

Il pensait que si un étranger rencontré par hasard dans le parc s'intéressait
150 tant à la scientifiction, cela pourrait bien être un signe que le moment était venu de publier la revue. Puis il se rappela qu'il n'avait pas de titre et chassa l'idée à regret.

Il revint à leur discussion juste à temps pour entendre les derniers mots de Weill : « Le voyage tachyonique dans le temps – une – histoire – stupéfiante – . » Et il était parti, retour brusque à sa propre époque.

Hugo Gernsback fixa d'un air affolé l'endroit où s'était trouvé l'homme. Il ne l'avait pas vu venir et maintenant il ne l'avait vraiment pas vu partir. Son esprit n'acceptait pas cette disparition. Quel homme étrange – ses vêtements avaient une drôle de coupe, à propos, et ses paroles étaient passionnées
160 et précipitées.

L'étranger lui-même l'avait dit – une histoire stupéfiante. C'étaient ses derniers mots.

Alors Gernsback murmura tout bas l'expression : « Histoire stupéfiante… *Histoires stupéfiantes ? Amazing Stories !* »

Un sourire parut au coin de sa bouche.

Isaac ASIMOV, *L'homme bicentenaire*, Paris, Éditions Denoël, 1978, p. 278-284.

La nuit des temps

«De mange-machine». C'était bien trois mots, mais, selon la logique de la langue d'Eléa, c'était aussi un seul mot, ce que les grammairiens français auraient appelé un «nom», et qui servait à désigner «ce-qui-est-le-produit-de-la-mange-machine.» La mange-machine, c'était la-machine-qui-produit-ce-qu'on-mange.

Elle était posée sur le lit, devant Eléa, que l'on avait assise et que des oreillers soutenaient. [...] Les caméras étaient là. L'une d'elles diffusa un gros plan de la mange-machine. C'était une sorte de demi-sphère verte, tachetée d'un gros nombre de touches de couleur disposées en spirales de son sommet jusqu'à sa base, et qui reproduisaient, en plusieurs centaines de nuances différentes, toutes les couleurs du spectre. Au sommet se trouvait un bouton blanc. La base reposait sur un socle en forme de court cylindre. Le tout avait le volume et le poids d'une moitié de pastèque. [...]

La main d'Eléa se posa au sommet de la sphère. Simon la guidait comme un oiseau. Elle avait de la volonté, mais pas de force. Il sentait où elle voulait aller, ce qu'elle voulait faire. Elle le guidait, il la portait. Le long doigt du milieu se posa sur le bouton blanc, puis effleura des touches de couleur, de-ci, de-là, en haut, en bas, au milieu...

Hoover notait les couleurs sur une enveloppe humide tirée de sa poche. Mais il n'avait aucun nom pour différencier les trois nuances de jaune qu'elle toucha l'une après l'autre. Il renonça.

Elle revint sur le bouton blanc, s'y posa, voulut appuyer, ne put pas. Simon appuya. Le bouton s'enfonça à peine, il y eut un léger bourdonnement, le socle s'ouvrit et par l'ouverture un petit plateau d'or rectangulaire sortit. Il contenait cinq sphérules de matière translucide, vaguement rose, et une minuscule fourchette en or, à deux becs.

Simon prit la fourchette et piqua une des petites sphères. Elle opposa une légère résistance, puis se laissa percer comme une cerise. Il la porta vers les lèvres d'Eléa...

Elle ouvrit la bouche avec effort. Elle eut de la peine à la refermer sur la nourriture. Elle ne fit aucun mouvement de mastication. On devina que la sphère fondait dans sa bouche. Puis le larynx monta et descendit, visible dans la gorge amaigrie.

Simon s'épongea le visage, et lui tendit la deuxième sphérule...

Quelques minutes plus tard, elle utilisa sans aide la mange-machine, effleura des touches différentes, obtint des sphères bleues, les absorba rapidement, se reposa quelques minutes, puis actionna de nouveau la machine.

Elle reprenait des forces à une vitesse incroyable. Il semblait qu'elle demandât à la machine plus que la nourriture : ce qu'il fallait pour la tirer immédiatement hors de l'état d'épuisement dans lequel elle se trouvait. Elle effleurait chaque fois des touches différentes, obtenait chaque fois un nombre différent de sphères de couleur différente. Elle les absorbait, buvait de l'eau, respirait profondément, se reposait quelques minutes, recommençait.

Tous ceux qui étaient dans la chambre, et tous ceux qui suivaient la scène sur l'écran de la Salle des Conférences voyaient littéralement la vie la regonfler, son buste s'épanouir, ses joues se remplir, ses yeux reprendre leur couleur foncée.

Mange-machine : c'était une machine à manger. C'était peut-être aussi une machine à guérir.

Les savants de toutes catégories bouillaient d'impatience. Les deux échantillons de la civilisation ancienne qu'ils avaient vus se manifester : l'arme et la mange-machine excitaient follement leur imagination. Ils brûlaient d'interroger Eléa et d'ouvrir cette machine, qui, elle au moins, n'était pas dangereuse.

Quant aux journalistes, après la mort de Ionescu qui leur avait fourni de la sensation pour toutes les ondes et tous les imprimés, ils voyaient avec ravissement, dans la mange-machine et ses effets sur Eléa, une nouvelle source d'information non moins extraordinaire, mais cette fois optimiste. Toujours de l'inattendu, du blanc après du noir ; cette Expédition était décidément une bonne affaire journalistique.

Eléa, enfin, repoussa la machine, et regarda tous ceux qui l'entouraient. Elle fit un effort pour parler. Ce fut à peine audible. Elle recommença, et chacun entendit dans sa langue :

– Vous me comprenez ?

– Oui, Yes, Da…

Ils hochaient la tête, oui, oui, oui, ils comprenaient…

[…]

Mais Léonova n'y tint plus. Elle pensait à une distribution générale de mange-machines aux peuples pauvres, aux enfants affamés. Elle demanda vivement :

– Comment ça fonctionne, ça ? Qu'est-ce que vous mettez dedans ?

Eléa sembla ne pas comprendre, ou considérer ces questions comme du bruit fait par un enfant. Elle suivit sa propre idée. Elle demanda :

– Nous devions être deux dans l'Abri. Étais-je seule ?

– Non, dit Simon, vous étiez deux, vous et un homme.

– Où est-il ? Il est mort ?

– Non. Il n'a pas encore été ranimé. Nous avons commencé par vous.

Eléa se tut un instant. Il semblait que la nouvelle, au lieu de la réjouir, eût ravivé en elle quelque sombre souci.

Elle respira profondément et dit :

– Lui, c'est Coban. Moi, c'est Eléa.

Et elle demanda de nouveau :

– Vous... Qui êtes-vous ?

Et Simon ne trouva rien d'autre à répondre :

– Nous sommes des amis...

– D'où venez-vous ?

– Du monde entier...

90 Cela sembla la surprendre.

– Du monde entier ? Je ne comprends pas. Êtes-vous de Gondawa ?

– Non.

– D'Enisoraï ?

– Non.

– De qui êtes-vous ?

– Je suis de France, elle de Russie, lui d'Amérique, lui de France, lui de Hollande, lui...

– Je ne comprends pas... Est-ce que, maintenant, c'est la Paix ?

100 – Hum, fit Hoover.

– Non ! dit Léonova, les impérialistes...

– Taisez-vous ! ordonna Simon.

– Nous sommes bien obligés, dit Hoover, de nous défendre contre...

– Sortez ! dit Simon. Sortez ! Laissez-nous seuls ici, nous les médecins !...

Hoover s'excusa.

– Nous sommes stupides... Excusez-moi... Mais je reste...

Simon se tourna vers Eléa.

– Ce qu'ils ont dit ne veut rien dire, dit-il. Oui, maintenant, c'est la Paix... Nous sommes en Paix. Vous êtes en Paix. Vous n'avez rien à craindre...

110 Eléa eut un profond soupir de soulagement. Mais ce fut avec une appréhension visible qu'elle posa la question suivante :

– Avez-vous des nouvelles... des nouvelles des Grands Abris ? Est-ce qu'ils ont tenu ?

Simon répondit :

– Nous ne savons pas. Nous n'avons pas de nouvelles.

Elle le regarda avec attention, pour être sûre qu'il ne mentait pas. Et Simon comprit qu'il ne pourrait jamais lui dire autre chose que la vérité.

Elle commença une syllabe, puis s'arrêta. Elle avait une question à poser qu'elle n'osait pas poser, parce qu'elle avait peur de la réponse.

120 Elle regarda tout le monde, puis de nouveau Simon seul. Elle lui demanda, très doucement :

– Païkan ?

Il y eut un court silence, puis un déclic dans les oreilles, et la voix neutre de la Traductrice – celle qui n'était ni une voix d'homme ni une voix de femme – parla en dix-sept langues dans les dix-sept canaux :

– Le mot Païkan ne figure pas dans le vocabulaire qui m'a été injecté, et ne correspond à aucune possibilité logique de néologisme. Je me permets de supposer qu'il s'agit d'un nom.

Eléa l'entendit aussi, dans sa langue.

130 – Bien sûr, c'est un nom, dit-elle. Où est-il ? Avez-vous de ses nouvelles ?

Simon la regarda gravement.

– Nous n'avons pas de ses nouvelles… Combien de temps croyez-vous avoir dormi ?

Elle le regarda avec inquiétude.

– Quelques jours ? dit-elle.

De nouveau, le regard d'Eléa fit le tour du décor et des personnages qui l'entouraient. Elle retrouva le dépaysement de son premier réveil, tout l'insolite, tout le cauchemar. Mais elle ne pouvait pas accepter l'explication invraisemblable. Il devait y en avoir une autre. Elle essaya de se raccrocher

140 à l'impossible.

– J'ai dormi combien ?… Des semaines ?… Des mois ?…

La voix neutre de la Traductrice intervint de nouveau :

– Je traduis ici approximativement. À part le jour et l'année, les mesures de temps qui m'ont été injectées sont totalement différentes des nôtres. Elles sont également différentes pour les hommes et pour les femmes, différentes pour le calcul et pour la vie courante, différentes selon les saisons, et différentes selon la veille et le sommeil.

– Plus… dit Simon. Beaucoup plus… Vous avez dormi pendant…

– Attention, Simon ! cria Lebeau.

150 Simon s'arrêta et réfléchit quelques secondes, soucieux, en regardant Eléa. Puis il se tourna vers Lebeau.

– Vous croyez ?

– J'ai peur… dit Lebeau.

Eléa, anxieuse, répéta sa question :

– J'ai dormi pendant combien de temps ?… Est-ce que vous comprenez ma question ?… Je désire savoir pendant combien de temps j'ai dormi… Je désire savoir…

– Nous vous comprenons, dit Simon.

Elle se tut.

160 – Vous avez dormi…

Lebeau l'interrompit de nouveau :

– Je ne suis pas d'accord !

Il mit la main sur son micro pour que ses paroles ne parviennent pas à la Traductrice, ni leur traduction aux oreilles d'Eléa.

– Vous allez lui donner un choc terrible. Il vaut mieux lui dire peu à peu…

Simon était sombre. Il fronçait les sourcils d'un air têtu.

– Je ne suis pas contre les chocs, dit-il en enfermant lui aussi son micro sous sa main. En psychothérapie on préfère le choc qui nettoie au mensonge qui empoisonne. Et je crois que maintenant elle est forte…

170 – Je désire savoir… recommença Eléa.

Simon se tourna vers elle. Il lui dit brutalement :

– Vous avez dormi pendant 900 000 ans.

Elle le regarda avec stupéfaction. Simon ne lui laissa pas le temps de réfléchir.

– Cela peut vous paraître extraordinaire. À nous aussi. C'est pourtant la vérité. L'infirmière vous lira le rapport de notre Expédition, qui vous a trouvée au fond d'un continent gelé, et ceux des laboratoires, qui ont mesuré avec diverses méthodes le temps que vous y avez passé…

Il lui parlait d'un ton indifférent, scolaire, militaire, et la voix de la 180 Traductrice se calquait sur la sienne, calme, indifférente au fond de l'oreille gauche d'Eléa.

– Cette quantité de temps est sans mesure commune avec la durée de la vie d'un homme, et même d'une civilisation. Il ne reste rien du monde où vous avez vécu. Même pas son souvenir. C'est comme si vous aviez été transportée à l'autre bout de l'Univers. Vous devez accepter cette idée, accepter les faits, accepter le monde où vous vous réveillez, et où vous n'avez que des amis…

Mais elle n'entendait plus. Elle s'était séparée. Séparée de la voix dans son oreille, de ce visage qui lui parlait, de ces visages qui la regardaient, de ce monde qui l'accueillait. Tout cela s'écartait, s'effaçait, disparaissait. Il ne restait 190 que l'abominable certitude – car elle savait qu'on ne lui avait pas menti –, la certitude du gouffre à travers lequel elle avait été projetée, loin de TOUT ce qui était sa propre vie. Loin de…

– PAÏKAN !…

En hurlant le nom, elle se dressa sur son lit, nue, sauvage, superbe et tendue comme une bête chassée à mort.

Les infirmières et Simon essayèrent de la retenir. Elle leur échappa, sauta du lit en hurlant :

– PAÏKAN !…

Elle courut vers la porte à travers les médecins. 200 Zabrec, qui essaya de la ceinturer, reçut son coude dans la figure et la lâcha en crachant le sang ; Hoover fut projeté contre la cloison ; Forster reçut, sur son bras tendu vers elle, un coup de poignet si dur qu'il crut avoir un os brisé. Elle ouvrit la porte et sortit.

Les journalistes qui suivaient la scène sur l'écran de la Salle des Conférences se ruèrent dans l'avenue Amundsen. Ils virent la porte de l'infirmerie s'ouvrir brusquement et Eléa courir comme une folle, comme une antilope que va rattraper le lion, droit devant elle, droit vers eux. Ils firent barrage. Elle arriva sans les voir. Elle criait un mot qu'ils ne comprenaient pas. Les éclairs doubles 210 des flashes au laser jaillirent de toute la ligne des photographes. Elle passa au travers, renversant trois hommes avec leurs appareils. Elle courait vers la sortie. Elle y parvint avant qu'on l'eût rejointe, au moment où la porte à glissière s'ouvrait pour laisser entrer une chenille de ravitaillement conduite par un chauffeur emmitouflé des pieds aux cheveux.

Dehors, c'était une tempête blanche, un blizzard à 200 à l'heure. Folle de détresse, aveugle, nue, elle s'enfonça dans les rasoirs du vent. Le vent s'enfonça dans sa chair en hurlant de joie, la souleva, et l'emporta dans ses bras vers la mort. Elle se débattit, reprit pied, frappa le vent de ses poings et de sa tête, le défonça de sa poitrine 220 en hurlant plus fort que lui. La tempête lui entra dans la bouche et lui tordit son cri dans la gorge.

Elle tomba.

Ils la ramassèrent une seconde après et l'emportèrent.

– Je vous l'avais bien dit, dit Lebeau à Simon, avec une sévérité que tempérait la satisfaction d'avoir eu raison.

Simon, sombre, regardait les infirmières bouchonner, frictionner Eléa inconsciente. Il murmura :

– Païkan…

– Elle doit être amoureuse, dit Léonova.

230 Hoover ricana.

– D'un homme qu'elle a quitté il y a 900 000 ans !…

– Elle l'a quitté hier…, dit Simon. Le sommeil n'a pas de durée… Et pendant la courte nuit, l'éternité s'est dressée entre eux.

– Malheureuse… murmura Léonova.

– Je ne pouvais pas savoir, dit Simon à voix basse.

– Mon petit, dit Lebeau, en médecine, ce qu'on ne peut pas savoir, on doit le supposer…

René BARJAVEL, *La nuit des temps*, Paris, Presses de la Cité, 1968, p. 141-150 (Presses Pocket).

La compagnie de l'air

Kyoto et Tokyo avaient fusionné un quart de siècle plus tôt. Elles avaient donné naissance à Kyo2, une mégalopole de cent millions d'habitants. D'accord, on pouvait difficilement regrouper autant d'êtres humains au mètre carré sans conséquences, mais cela n'expliquait pas tout.

Apparemment conscientes du danger représenté par l'escalade de la pollution, les autorités s'étaient mobilisées. On avait pris des mesures : contrôle technique des véhicules, circulation réglementée, etc. Le ministère de l'Environnement affirmait investir des sommes considérables dans la recherche sur les essences « reformulées » ou sur le moteur à hydrogène. Et, malgré tous ces efforts, l'infect brouillard, le smog, grossissait chaque année.

Les seuls qui y trouvaient leur compte, en définitive, c'étaient les dirigeants de Yi-Yendi, la compagnie spécialisée dans le créneau de l'air en boîte ! Les cartouches que vous glissiez dans votre masque à air avant de sortir ? Yi-Yendi ! Les systèmes de ventilation qui filtraient l'air du dehors pour le réinjecter, pur et délicatement parfumé, à l'intérieur de votre appartement ? Encore Yi-Yendi ! Autant dire qu'ils faisaient des affaires, ceux-là. Shû Kishida était bien placé pour le savoir : il travaillait pour eux.

[...]

Kishida était un petit homme de cinquante ans, d'un naturel calme et pondéré ; mais en cet instant précis, il sentait la colère bouillonner dans ses entrailles.

Shû Kishida était né en 1991, à une époque où l'on pouvait encore se promener sans respirateur collé sur le nez. Il gardait de son enfance un souvenir magique, en particulier lorsque les cerisiers fleurissaient au printemps. Mais, bien vite, la pollution urbaine avait atteint des sommets. Passionné par les ordinateurs dès son plus jeune âge, Kishida avait fait de brillantes études. Une multinationale lui avait mis le grappin dessus dès sa sortie de la prestigieuse université de Tokyo. Il s'était petit à petit spécialisé dans les *firewalls*, ces protections virtuelles destinées à vous prémunir du piratage informatique. En 2019, il avait perdu son poste, victime comme tant d'autres de la Grande Récession économique. Des années noires avaient suivi car, en plus de ses propres besoins, Kishida devait subvenir à ceux de sa femme et de son fils. Les dettes et les factures impayées s'empilaient. Conséquence : après l'eau et l'électricité, Yi-Yendi leur avait coupé l'air pur. En 2022, à l'issue d'interminables quintes de toux, Kumiko, la douce et fragile épouse de l'informaticien, s'était éteinte. Plus résistants, le petit garçon et son père avaient survécu jusqu'à ce que celui-ci retrouve un emploi, en 2025. Ironie du sort : une place se libérait chez les architectes du réseau intranet Yi-Yendi. La paye était correcte, et l'air en boîte gratuit ! Kishida avait sauté sur l'occasion.

Jamais plus mon fils ne manquera d'air pur, s'était-il juré.

[...]

Shû Kishida marchait dans la rue. La cartouche engagée sous le groin translucide de son masque à air était « Brise de mai au pied du mont Fuji », la meilleure vente de Yi-Yendi en 2040. Bien sûr, l'air en question ne provenait absolument pas du mont Fuji (cerné depuis longtemps par un bidonville géant), mais des usines de la mégacorpo, où des chercheurs travaillaient nuit et jour à l'élaboration d'arômes inédits.

[...]

Kishida arriva sur l'esplanade du complexe Yi-Yendi, un immense bâtiment 50 en forme de fer à cheval (enfin, c'était la forme de la jolie maquette exposée dans le hall d'entrée ; de l'extérieur, on ne distinguait pas grand-chose...).

L'informaticien enleva son masque et se présenta directement au guichet principal :

– Bonjour, je suis Shû Kishida. J'ai rendez-vous avec monsieur Hashimoto.

– Un instant, s'il vous plaît, demanda l'hôtesse aux traits agréables, soulignés par un maquillage discret.

Appuyant sur un petit bouton, elle lança :

– Monsieur Hashimoto ? J'ai monsieur Kishida, pour vous, à l'accueil...

– Qu'il monte, fit une voix rauque, entre deux halètements.

60 La jeune femme relâcha le bouton en souriant.

– Tenez, voici votre badge. Le bureau de monsieur Hashimoto est au dernier étage.

[...]

La pièce était très grande. Deux cents mètres carrés, au moins. Le bureau lui-même se trouvait à l'autre bout. Il y avait une vaste baie vitrée, sur la gauche, mais ce n'était pas le plus impressionnant (après tout, elle ne donnait que sur un stupide brouillard gris).

Kishida resta un instant bouche bée devant l'écran géant à matrice active qui occupait tout le mur du fond. Incurvé, il diffusait 70 des images criantes de réalisme d'un sentier forestier, bucolique à souhait. Les rayons du soleil jouaient dans les feuillages, produisant une lumière dentelée. On entendait des merles et des mésanges qui pépiaient gaiement en tétraphonie. Des effluves chargés de l'odeur des pins et de l'humus frais montèrent aux narines de Kishida, et il crut reconnaître « Sous-bois vosgien après la pluie », un des produits les plus récents de la gamme Yi-Yendi.

Akira Hashimoto, en jogging et tee-shirt mouillé de sueur, courait sur un tapis roulant mécanique. Il faisait face à l'écran géant, qui l'immergeait totalement parmi les arbres projetés. Des 80 chiffres incrustés dans un coin de l'image indiquaient les kilomètres parcourus, la température de la salle ainsi que le rythme cardiaque du *big boss*. Celui-ci aboya « Stop ! », et le tapis s'arrêta en douceur.

[...]

– Alors, cher monsieur Kishida, que puis-je pour vous ?

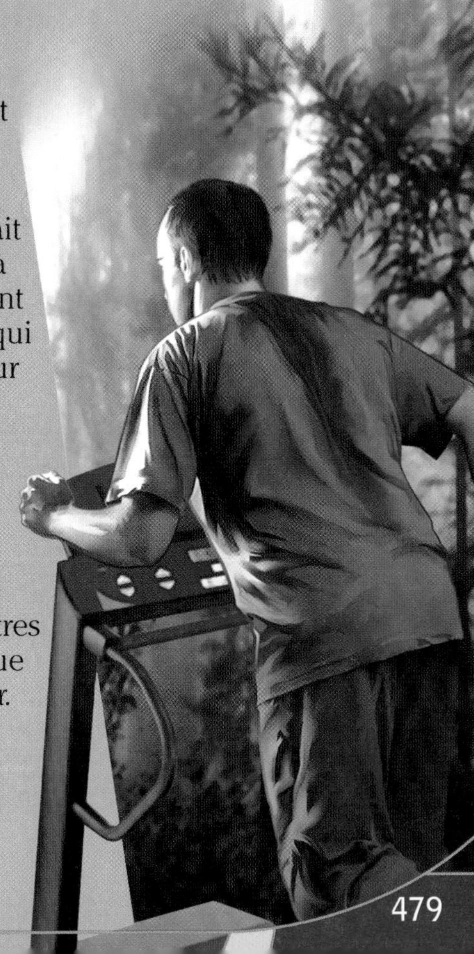

– Dire la vérité, répondit du tac au tac son invité.

Hashimoto leva un sourcil interrogateur.

– Qu'entendez-vous par là?

– Je sais ce que vous mettez dans votre air en boîte.

Le *big boss* ne laissa rien paraître de ses sentiments. En homme d'affaires
90 rôdé, il savait cacher son jeu. Mais il n'avait pas pensé à tout... à retirer ses capteurs, par exemple. Du coin de l'œil, Kishida remarqua un détail intéressant. Les chiffres incrustés dans l'écran géant s'affolèrent, indiquant que le rythme cardiaque de son interlocuteur montait en flèche. *J'ai fait mouche, on dirait.*

– Pourriez-vous être plus explicite? questionna Hashimoto après dix secondes de réflexion.

– Tout à fait. Il y a six mois, alors que j'installais un *firewall* dans l'intranet de notre usine de Sagami, je suis tombé sans le vouloir sur un dossier mal protégé... mais très instructif. Il s'agissait d'un rapport... Le rapport Ogumi, pour être plus précis. Cela vous dit quelque chose?

100 – Non. Pas du tout.

– Alors permettez-moi de vous rafraîchir la mémoire. Le professeur Ogumi a réalisé pour vos services une enquête top-secret sur les « drogués de l'air », ces personnes qui vident d'un coup le contenu des cartouches Yi-Yendi dans leurs poumons, en ouvrant au maximum la valve du respirateur.

– Des accidents regrettables.

– Laissez-moi finir. Savez-vous que le nombre de ces drogués a décuplé en cinq ans?

Hashimoto haussa les épaules:

– Que voulez-vous que j'y fasse? Nous fabriquons les cartouches et nous
110 mettons de l'air pur dedans, avec juste un soupçon d'arôme. C'est tout. Nous ne sommes pas responsables de l'utilisation qu'en font les gens, pas plus qu'un constructeur automobile n'est responsable des chauffards quand ils grillent les limitations de vitesse. D'ailleurs, il est bien stipulé sur nos produits: « L'abus d'oxygène est dangereux pour la santé. »

Kishida était écœuré par tant d'hypocrisie. Laissant sourdre son dégoût, il martela:

– Ce qui n'est pas inscrit, c'est la présence de l'Euthimal polydichlorique.

Cette fois, il n'eut pas besoin de regarder l'indicateur du rythme cardiaque pour voir qu'il avait marqué un point. Le visage du PDG vira au vert clair
120 presque instantanément.

– Je... je ne vois pas de quoi vous parlez! s'offusqua-t-il.

– Je parle de cet additif que vous glissez illégalement dans les cartouches. En doses infimes, bien entendu.

– Où voulez-vous en venir monsieur Kishida?

– L'Euthimal monte directement au cerveau et crée une dépendance. Vous rendez la population accro à l'air estampillé Yi-Yendi! De cette façon, si jamais d'autres sociétés s'avisaient de produire de l'air en boîte, vous garderiez quand même le monopole! C'est très ingénieux... Le hic, c'est que certaines personnes sont hypersensibles à l'Euthimal, et elles ont 130 commencé à se shooter littéralement! Je sais de quoi je parle. Mon fils était l'un de ces pauvres bougres. Il a succombé à une overdose d'« Embruns du cap Horn ».

Hashimoto se tortillait dans son fauteuil, mal à l'aise.

[...]

– Combien voulez-vous?

– Je ne veux qu'une chose: votre tête.

Contre toute attente, le PDG explosa de rire:

– Ha, ha, ha! Un samouraï sans peur et sans reproche! Il ne nous manquait plus que ça... Allez, arrêtez ce cinéma et dites-moi votre prix.

140 – Vous allez retirer l'Euthimal des cartouches, faire un communiqué aux médias, donner votre démission et vous mettre à la disposition de la justice?

– Rien que ça?

Le masque impassible du *big boss* s'effritait. Il avait les yeux injectés de sang, et ses lèvres se retroussaient en un rictus haineux.

– Monsieur Kishida, commença-t-il, je me suis trompé sur votre compte. Vous n'êtes pas un samouraï, vous êtes un kamikaze! Vous savez à qui vous vous attaquez?

– Oui.

150 – Vous savez que vous ne faites pas le poids?

– Oui.

– Alors?

– Je fais ce qui doit être fait. Si elle change ses pratiques honteuses, et si vous vous sacrifiez sur l'autel des médias, Yi-Yendi pourra peut-être survivre au scandale.

– Je crois que vous surestimez la capacité à s'émouvoir de nos concitoyens.

– Peut-être... Peut-être pas... En tout cas, si je sors d'ici sans vos aveux signés, je file directement aux studios de 160 Nova Network. Je suis persuadé que les journalistes se feront une joie d'écouter mon histoire, et surtout de lire les documents que j'ai avec moi et que je tiens à leur disposition.

Un froid glacial, qui n'avait rien à voir avec un dérèglement de la ventilation, envahit la pièce.

– Sortez, cracha Hashimoto, blanc de rage. Nous n'avons plus rien à nous dire.

Kishida se leva et prit congé.

Dans ses grandes lignes, l'entretien s'était déroulé comme prévu. Une fois qu'il se retrouva claquemuré dans l'ascenseur, la tension se relâcha d'un coup. L'informaticien réalisa qu'il tremblait comme l'aiguille d'un sismographe pendant une secousse tellurique.

Je viens de signer mon arrêt de mort, pensa-t-il en déglutissant avec difficulté.

Il avait donné à son patron l'opportunité de clore cette affaire dans l'honneur. Le PDG n'avait pas saisi la perche. Tant pis pour lui. Tant pis pour tous les deux.

Kishida enfila son masque et sortit dans la rue. Le brouillard l'avala. Il marchait droit devant lui, sans se retourner ni même jeter un œil de côté. Il se sentait libéré d'un poids. L'abcès était crevé.

Quand il traversa la chaussée, il ne vit pas la turbo-car surgir des volutes opaques. La voiture le percuta de plein fouet. Il rebondit sur le parebrise, qui s'étoila, et atterrit sur le trottoir d'en face. L'engin ne freina pas, s'arrêta encore moins. Il disparut dans les limbes du nuage gris foncé, pareil à un monstre de cauchemar.

L'informaticien gisait, cassé en deux. Il crachait du sang. Sa cage thoracique était défoncée.

Ils n'ont pas perdu de temps, songea-t-il.

Il n'était pas triste. Là aussi, tout se déroulait comme il l'avait prévu. Il espérait que, dans l'autre monde, sur les rives d'une terre paisible, il retrouverait sa femme, morte du manque d'air Yi-Yendi, et son fils, mort pour en avoir trop respiré.

Kumiko... Tetsuo... J'arrive...

Sa dernière pensée fut pour le « cheval de Troie », ce virus qu'il avait envoyé juste avant de quitter son appartement. Il eut un petit rire qui provoqua un hoquet sanglant. Il avait enregistré son témoignage en holo numérique. Ce document était assorti de graphiques et de fichiers officiels volés dans les dossiers de Yi-Yendi. Le clip ne durait que cinq minutes, mais il était édifiant. Projeté sur tous les écrans aqualides de la mégalopole, il allait faire l'effet d'une bombe ! Le plus ironique de l'histoire était qu'Akira Hashimoto en personne allait déclencher cette diffusion, sans le savoir. Kishida avait relié le comput de son patron aux réseaux de la chaîne Nova Network. Dès que le *big boss* effleurerait l'icône « Enter » de son écran, la machination infernale se mettrait en branle ! Dans quelques secondes, quelques minutes au maximum, tous les habitants de Kyo2 connaîtraient la terrible vérité...

Les consciences ont besoin d'un électrochoc.

Il mourut, alors qu'un groupe de badauds se regroupait autour de lui.

Christophe LAMBERT, « La compagnie de l'air », *Demain la Terre,* Paris, Mango Éditions, 2003.

Question de temps

Exploitation

Lecture et appréciation des textes

L'homme bicentenaire

 p. 468

Planification

1. Que te révèle le titre sur le contenu du texte que tu vas lire?

2. a) Sachant que le récit *L'homme bicentenaire* appartient à l'univers de la science-fiction, imagine l'histoire qu'il pourrait raconter.

b) Joins-toi à d'autres élèves pour discuter de ton hypothèse.

- Lis le texte narratif *L'homme bicentenaire* afin de te familiariser avec l'univers du récit de science-fiction.
- Au cours de ta lecture, cerne le contenu du texte en relevant les indices de lieu et de temps qui te permettront de comprendre les événements racontés.

Cap sur les mots

L'aventure →

Tu emploieras des mots permettant l'expression de la cause et de la conséquence lorsque tu écriras ton récit.

Le vocabulaire exprimant la cause et la conséquence

Le vocabulaire exprimant la cause et la conséquence permet de rendre plus évidents des liens logiques qui existent entre des faits. Ces liens peuvent être exprimés à l'aide d'un vocabulaire provenant de différentes classes de mots. .... p. 634

a) Lis le court texte ci-dessous en prêtant une attention particulière au vocabulaire exprimant la cause et la conséquence.

Parce qu'il ne pouvait pas prévoir ce qui arriverait aux différentes particules, l'homme hésitait à faire l'essai de son invention. En effet, il ignorait certains des effets que la machine à remonter le temps pourrait provoquer. Conséquemment, il n'osait pas l'utiliser lui-même. Mais un accident avait finalement été à l'origine de ce voyage dans le temps. Le résultat fut surprenant : l'homme avait été projeté plus de cinquante ans en arrière ! Grâce à son invention, il était en train de vivre une aventure qui allait entraîner des répercussions étonnantes.

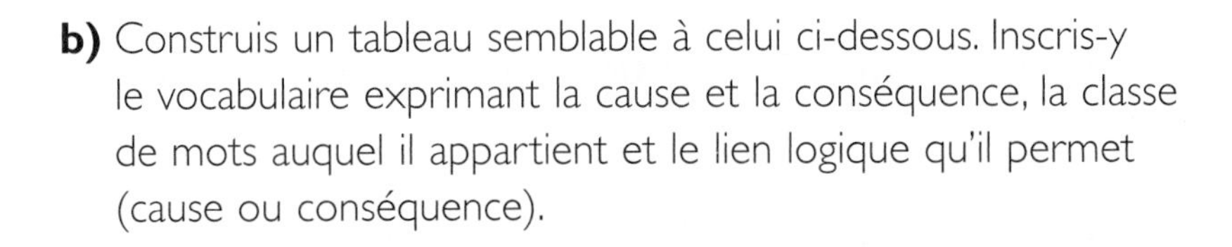

b) Construis un tableau semblable à celui ci-dessous. Inscris-y le vocabulaire exprimant la cause et la conséquence, la classe de mots auquel il appartient et le lien logique qu'il permet (cause ou conséquence).

VOCABULAIRE	CLASSE DE MOTS	LIEN LOGIQUE (CAUSE OU CONSÉQUENCE)
Parce qu'		
	Verbe	
effets		
		Conséquence
		Conséquence
avait été (être) à l'origine de		
	Nom	
		Cause
répercussions		

Boussole

Le vocabulaire exprimant la cause et la conséquence peut appartenir à différentes classes de mots.

Compréhension et interprétation

1. Dans le texte *L'homme bicentenaire*, on fait référence à plusieurs événements. Ces événements ne sont pas toujours rattachés à une date précise. Pour bien les situer dans le temps, tu dois te fier aux indices fournis dans le texte. En effet, ils te permettent de mieux cerner la chronologie des faits racontés et mentionnés.

a) En quelle année vit Siméon au moment où il est projeté dans le temps? Relève l'indice qui te le révèle.

b) En quelle année Siméon est-il projeté? Relève les trois indices qui te le révèlent.

c) Selon ce texte, en quelle année a éclaté le Scandale du Teapot Dome? Relève l'indice qui te le révèle.

d) En quelles années auraient été présentés les *Space-Operas* dont fait mention le narrateur? Relève l'indice qui te le révèle.

2. a) À l'aide des indices de temps que contient ce récit, trouve l'année de naissance:

❶ de l'Amérique (les États-Unis);

❷ d'Hugo Gernsback (approximativement);

❸ de la *scientifiction.*

b) Explique tes réponses.

3. À l'aide du contexte ou d'un dictionnaire, trouve le sens des mots suivants, employés dans le texte, et donne leur classe.

❶ fanatique (ligne 2)

❷ insolites (ligne 5)

❸ tempodes (ligne 19)

❹ régressa (ligne 36)

❺ apaiser (ligne 58)

❻ perplexe (ligne 113)

❼ holographes (ligne 129)

❽ tachyons (ligne 142)

4. a) Relève les inventions qui vont un jour révolutionner le monde selon le narrateur et Gernsback, entre les lignes 109 et 147.

b) À la lumière de tes connaissances actuelles, discute avec quelques élèves des inventions à venir dans les prochaines années. Dresses-en la liste.

5. Le terme *scientifiction* éveille chez Weill des sentiments étranges.

a) Quels sont ces sentiments?

b) Trouve deux passages du texte qui justifient ces sentiments.

c) D'après toi, pourquoi se sent-il ainsi?

d) Compare ton interprétation avec celle d'autres élèves.

6. À l'aide du texte, construis un champ lexical d'une dizaine de mots autour du mot *science-fiction.*

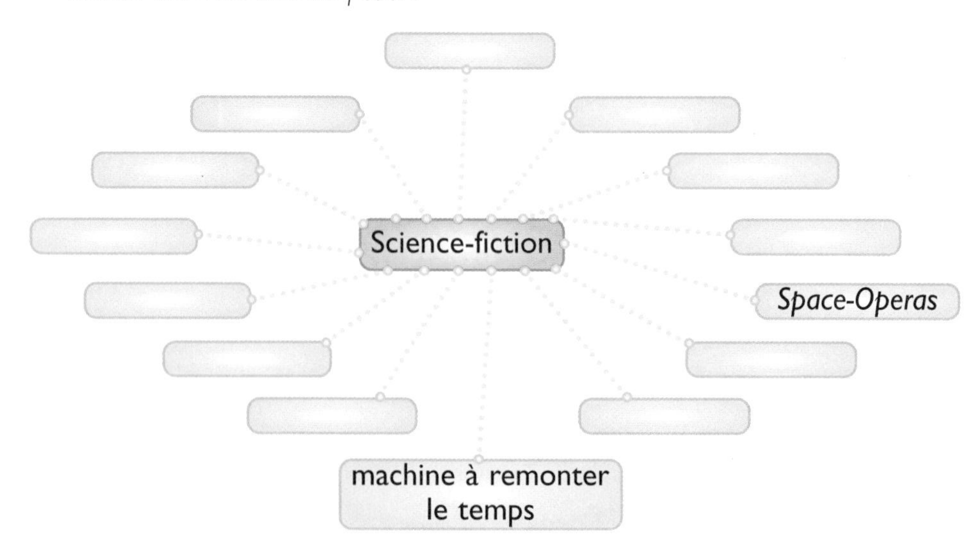

7. L'auteur a utilisé de nombreux procédés de reprise de l'information. En voici :

a) la répétition ;

b) la reprise partielle d'un groupe de mots ;

c) le remplacement d'un mot par un groupe de mots ;

d) l'emploi de synonymes ;

e) l'utilisation de mots génériques et de mots spécifiques ;

f) l'utilisation de mots de la même famille ;

g) le remplacement d'un mot ou d'un groupe de mots par un pronom.

Lis les phrases ci-dessous et détermine le procédé utilisé pour reprendre l'information. Pour t'aider, observe les groupes de mots soulignés.

❶ Des avions ? Weill saisit une vision fugitive d'une grande baleine métallique s'élevant sur un jet de gaz.

❷ Des ordinateurs ? Vous voulez dire des robots ?

❸ Lisez-vous des romans pseudo-scientifiques ? Avez-vous lu *La machine à explorer le temps* de H. G. Wells ?

❹ Lisez-vous des romans pseudo-scientifiques ? J'écris de temps en temps des romans de pseudo-science.

❺ Des ordinateurs pour tuer les problèmes. Des ordinateurs ?

❻ L'homme eut l'air inquiet. Il parlait avec un net accent teuton.

❼ Il se surprit à fixer un homme. L'homme eut l'air inquiet.

8. La situation que vivent Weill et Gernsback est inusitée. Si, à ton tour, tu avais l'occasion d'utiliser cette machine à remonter le temps, où irais-tu ? À quelle époque te projetterais-tu ? Qui rencontrerais-tu ? De quoi discuterais-tu avec cette personne ?

a) Réponds aux questions ci-dessus à l'intérieur d'un paragraphe d'une quinzaine de lignes commençant par *Si j'avais l'occasion d'utiliser une machine à remonter le temps, je...*

b) Dans ce paragraphe, prête une attention particulière aux temps verbaux. Tu utiliseras, la plupart du temps, l'indicatif conditionnel présent et l'indicatif conditionnel passé.

Bagage de connaissances

Le récit de science-fiction et le récit d'anticipation

Le récit de science-fiction et le récit d'anticipation sont avant tout des **récits de fiction.** L'univers décrit, qui comprend des lieux, des personnages, des actions et des événements, peut être vraisemblable ou invraisemblable.

Le **récit de science-fiction** intègre des données relatives aux **sciences** appliquées. Il contient donc un vocabulaire scientifique ou la formulation d'hypothèses scientifiques. Dans l'univers de la science-fiction, on s'intéresse généralement au comment et au pourquoi des événements racontés. Il est fréquent de trouver, dans cet univers, des **retours dans un passé lointain** ou une **projection vers un avenir éloigné.** Toutefois, contrairement au récit d'anticipation, le récit de science-fiction ne se situe pas nécessairement dans le futur. Les événements peuvent se dérouler dans le passé, dans le présent ou dans un avenir proche ou lointain.

Le récit de science-fiction emprunte des éléments à certains autres univers, comme ceux du récit d'aventures, du récit fantastique et du récit psychologique, tout en gardant une dimension scientifique.

Le **récit d'anticipation** décrit des perspectives futures ; il présente une **simulation d'événements réels** projetés dans l'avenir. Dans cet univers, l'auteur ou l'auteure expose une **hypothèse subjective quant à l'avenir.** Ce futur est fictif et il est conçu par l'écrivain ou l'écrivaine. C'est donc dire que les idées émises représentent son point de vue. La vision de l'avenir décrite peut être pessimiste ou optimiste, selon le cas. L'anticipation peut porter sur toutes les sphères de l'activité humaine et fait souvent (mais pas toujours) référence à une technologie avancée.

L'anticipation nous permet d'observer diverses situations qui pourraient survenir avant même qu'elles ne se produisent. En ce sens, elle nous donne la possibilité d'analyser notre monde actuel sous un jour nouveau.

Coche, dans un tableau semblable à celui ci-dessous, les univers littéraires (fantastique, policier, d'anticipation, de science-fiction ou d'aventures) qui se rapportent aux caractéristiques de la première colonne. Certaines affirmations peuvent appartenir à plusieurs de ces univers.

L'UNIVERS DES RÉCITS

CARACTÉRISTIQUE	FANTASTIQUE	POLICIER	ANTICIPATION	SCIENCE-FICTION	AVENTURES
L'action se passe dans un monde réel.					
Le thème principal est une enquête.					
On y trouve des indices, des fausses pistes et des pièges.					
Des phénomènes étranges se produisent.					
Les événements sont toujours vraisemblables.					X
On y présente d'autres mondes.					
Le niveau technologique est très souvent avancé.					
On trouve des personnages non terriens.					
Il y a peu d'action.					
L'histoire se passe dans le futur.					
La science est un sujet primordial.					

La nuit des temps

p. 472

Planification

1. a) Survole le texte *La nuit des temps.* L'extrait de *La nuit des temps* de Barjavel est-il un texte courant ou un texte littéraire?

b) Énumère les indices qui te le prouvent.

2. Lorsque tu lis un texte, il peut être utile de noter certains éléments qu'il contient. Ces notes t'aident à mieux le comprendre ou peuvent te servir d'aide-mémoire.

a) Dresse la liste des différents moyens que tu peux employer pour prendre des notes au cours de ta lecture (tableaux, listes, mots clés, etc.).

b) Parmi ces moyens, choisis celui ou ceux que tu privilégieras au cours de la lecture du texte *La nuit des temps.*

- Explore le texte narratif *La nuit des temps* afin de découvrir un univers littéraire qui te permettra de nourrir ton imaginaire.
- Réfère-toi à ta connaissance du monde pour départager le réel de l'imaginaire présent dans ce texte.

Cap sur les mots

La formation des mots : l'étymologie

L'étymologie est la **science des mots.** Cette science nous permet de connaître l'origine des mots et leur histoire. Ainsi, grâce à l'étymologie, on peut savoir l'année et le lieu d'apparition d'un mot, sa signification première ainsi que les modifications orthographiques ou sémantiques qui l'ont transformé au fil du temps.

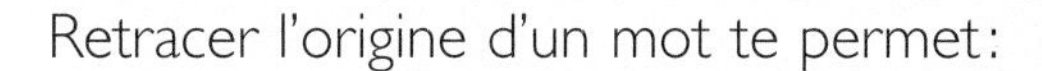

Retracer l'origine d'un mot te permet :

- de prendre conscience du fait que la langue française est constamment en évolution ;
- d'établir des liens de parenté entre les mots de la langue et, ainsi, de former des familles de mots ;
- de constater que la langue française a emprunté et emprunte toujours de nombreux mots à des langues étrangères.

Les **dictionnaires usuels** fournissent habituellement de courts renseignements de base sur l'origine des mots. Voici comment *Le Petit Robert* (2000) décrit l'étymologie du mot *livre* :

- ***livre*** : (1080 ; lat. *liber* « écorce, feuille de *liber* » sur laquelle on écrivait et par ext. « livre »).
- ***livre*** : (*livra* 980 ; lat. *libra*).

Grâce à ces informations, on apprend que le mot *livre* est apparu en 1080 et 980, et qu'il vient de la langue latine.

Cependant, pour avoir une information plus précise, on doit consulter un dictionnaire étymologique. Voici comment le *Dictionnaire étymologique de la langue française* (PUF, 1991) décrit l'étymologie de ce même mot :

- ***livre*** : Masc., vers 1080 (Roland). Empr. Du lat. liber, propr. « pellicule qui se trouvait sous l'écorce », sur laquelle on écrivait avant la découverte du papyrus, puis « livre », d'abord écrit sur cette pellicule, ensuite sur le papyrus.
- ***livre*** : Lat. Lĭbra, mesure de poids.

La première attestation du mot est indiquée sous la forme d'une date, suivie de la référence à l'ouvrage où l'on a trouvé le premier emploi de ce mot. De plus, sous le terme *livre*, on apprend que le mot vient de deux mots latins différents.

Boussole

Chaque dictionnaire a sa façon de présenter l'étymologie d'un mot. Pour bien lire l'information et la comprendre, on doit lire les premières pages du dictionnaire pour savoir comment l'information est présentée sous chaque mot.

a) À l'aide d'un dictionnaire, cherche l'origine des mots *caméra, spectre, pastèque, larynx, écran* et *robot.*

b) Dans chaque cas, essaie de trouver un mot de la même famille.

c) Dans un tableau semblable à celui ci-dessous, associe les mots inscrits ci-contre aux mots cherchés précédemment selon leur langue d'origine.

- Action
- Album
- Marmelade
- Génétique
- Ruban
- Calèche
- Jogging
- Trèfle
- Spatial
- Polka
- Suspense
- Mangue

ÉTYMOLOGIE DE MOTS TIRÉS DU TEXTE *LA NUIT DES TEMPS*

MOT	LANGUE D'ORIGINE	MOT DE LA MÊME FAMILLE	MOT DE LA MÊME LANGUE D'ORIGINE
caméra			
spectre			
pastèque			
larynx			
écran			
robot			

Compréhension et interprétation

1. À son réveil, Eléa est dans une chambre, entourée de différents personnages.

a) Pourquoi son réveil est-il filmé?

b) Selon toi, comment Eléa a-t-elle pu se retrouver dans cette pièce?

c) Compose un court texte d'une vingtaine de phrases pour raconter les événements qui ont précédé l'arrivée d'Eléa dans la chambre.

d) Insère dans ton texte des organisateurs textuels de lieu, de temps, de séquence et d'explication. p. 588

2. Choisis deux qualificatifs dans la liste suivante pour bien exprimer les sentiments ressentis par Eléa lorsqu'elle discute avec Simon.

a) émerveillée

b) furieuse

c) confuse

d) anxieuse

e) heureuse

f) mélancolique

3. a) Relève dans le texte les éléments qui ont un caractère vraisemblable et ceux qui ont un caractère invraisemblable. Construis un tableau semblable à celui ci-dessous pour inscrire tes réponses.

L'UNIVERS DU RÉCIT *LA NUIT DES TEMPS*	
ÉLÉMENTS VRAISEMBLABLES	ÉLÉMENTS INVRAISEMBLABLES

b) Dans quelle colonne de ton tableau classerais-tu la civilisation de Simon et celle d'Eléa? Justifie ta réponse à l'aide d'exemples tirés du texte.

4. a) Relève les verbes entre les lignes 22 et 29.

b) Indique à quelle personne, à quel temps et à quel mode chacun de ces verbes est conjugué.

5. a) Lis les phrases suivantes.

❶ Elle **le** guidait [...] (Ligne 16)

❷ Elle avait de **la** volonté [...] (Ligne 15)

b) Quelle est la classe des mots en gras?

c) Quelle est la fonction grammaticale du mot en gras de la phrase ❶?

6. Si tu avais été à la place de Simon, aurais-tu révélé à Eléa la durée de son sommeil? Justifie ta réponse.

7. a) Quels éléments sont communs aux deux textes que tu as lus jusqu'à maintenant dans cette escale?

b) Quels éléments de ces textes retrouves-tu dans le roman que tu as choisi?

c) Selon toi, le roman *La nuit des temps* est-il un roman d'anticipation ou un roman de science-fiction? Justifie ta réponse.

8. Ce texte te donne-t-il le goût de lire le roman de Barjavel dont il est extrait? Explique ta réponse.

La compagnie de l'air

p. 478

Planification

Les deux premiers textes de cette escale étaient des récits de science-fiction. Ce dernier texte est un récit d'anticipation. Bientôt, ce sera à ton tour d'écrire un récit appartenant à l'un ou l'autre de ces univers.

a) Que signifie le mot *anticipation*?

b) D'après toi, qu'est-ce qu'un récit d'anticipation?

- Pour fonder une appréciation critique, lis le texte *La compagnie de l'air* afin de comparer le dénouement de ce texte à celui des textes lus précédemment dans l'escale.
- Prête une attention particulière à l'organisation du texte *La compagnie de l'air* afin de compléter son schéma narratif et de comparer son dénouement à celui des textes de science-fiction que tu as lus.

Compréhension et interprétation

1. En examinant les propos du narrateur ou des personnages, on peut découvrir leur point de vue.

a) En t'appuyant sur le lexique et la syntaxe, c'est-à-dire en regardant les mots choisis et les types de phrases utilisés, prouve que le point de vue du narrateur et des personnages est subjectif.

b) À travers l'histoire que l'auteur raconte, il est possible de connaître son point de vue. A-t-il une vision optimiste ou pessimiste de l'avenir? Justifie ta réponse à l'aide d'exemples tirés du texte.

2. Trouve, aux lignes 5 à 17, deux périphrases (remplacement d'un mot par une suite de mots).

3. Avant de rencontrer le PDG de l'entreprise, Kishida a écrit un document pour les dirigeants de la chaîne Nova Network.

a) Selon toi, de quoi est-il question dans cette lettre?

b) Rédige cette lettre en faisant particulièrement attention à l'enchaînement de tes idées. Pour ce faire, utilise des marqueurs de relation. ....  p. 586

Boussole 

Selon la situation, le narrateur ou les personnages émettent des commentaires, des réflexions et des opinions liés aux événements relatés. Pour exprimer leur point de vue, ils utilisent parfois des phrases impératives, exclamatives ou interrogatives. De même, ils emploient certains mots particuliers pour exprimer leur désaccord, leur indifférence ou leur colère.

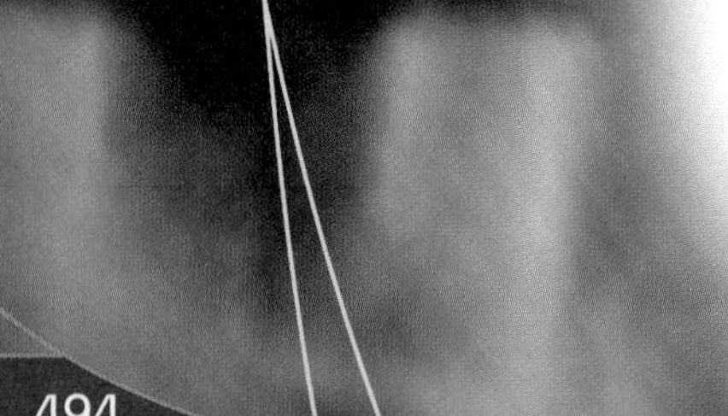

4. a) Dans un tableau semblable à celui ci-dessous, résume chaque partie du schéma narratif du texte *La compagnie de l'air.* .... p. 581

SCHÉMA NARRATIF DU TEXTE *LA COMPAGNIE DE L'AIR*

Situation initiale Lignes 1 à 96	› L'histoire se passe autour des années 2040 à Kyo2 au Japon. Kishida se sent seul après avoir perdu sa femme par manque d'air pur.
Élément perturbateur Lignes 97 à 100	
Déroulement Lignes 101 à 167	
Dénouement Lignes 168 à 192	
Situation finale Lignes 193 à 203	› Il meurt.

b) Que penses-tu du dénouement de ce texte? Justifie ta réponse.

c) Mentionne quels sont les dénouements des deux autres textes de cette escale.

Boussole

Pour maintenir la communication, il faut prêter attention à sa posture générale et à la direction de son regard, et manifester, verbalement ou non, son intérêt, sa compréhension ou son opinion.

5. a) La fin de l'entretien entre Kishida et M. Hashimoto te surprend-elle? Explique ta réponse.

b) Relis la discussion entre ces deux hommes jusqu'à la ligne 167, puis, avec un ou une élève, imagine une autre fin que celle présentée par l'auteur.

c) Ensemble, improvisez cette conversation.

d) Au cours de cette discussion, prêtez une attention particulière à la façon de maintenir la communication.

6. Pour former des temps composés, on utilise l'auxiliaire *être* ou *avoir*.

Dans les paires de phrases suivantes, choisis celle qui est correcte. Au besoin, aide-toi du dictionnaire pour trouver le bon auxiliaire à employer avec le verbe utilisé.

a) ❶ La femme de Shû Kishida a décédé cette année-là.
❷ La femme de Shû Kishida est décédée cette année-là.

b) ❶ Il a resté à son chevet alors qu'elle était agonisante.
❷ Il est resté à son chevet alors qu'elle était agonisante.

c) ❶ L'air en boîte était gratuit: Kishida est sauté sur l'occasion.
❷ L'air en boîte était gratuit: Kishida a sauté sur l'occasion.

7. Dans les trois récits que tu as lus dans cette escale, le temps et l'époque prennent beaucoup d'importance.

a) À l'aide d'un tableau semblable à celui ci-dessous, compare les personnages principaux en fonction des points de comparaison donnés.

MISE EN RÉSEAU DES TEXTES DE L'ESCALE

POINT DE COMPARAISON	SIMÉON WEILL	ELÉA	KISHIDA
L'époque à laquelle le personnage vit normalement.			
L'époque à laquelle le personnage se trouve dans le récit.			
Sa relation avec le temps		› Elle est affolée par le temps qui la sépare de son univers à elle.	
Les gestes ou les réactions qui témoignent de sa relation avec le temps.			› Il meurt sans amertume en pensant à sa femme et à son fils, tous les deux morts.

b) Imagine-toi à la place de chacun de ces personnages. Ta relation avec le temps serait-elle la même que la leur? Aurais-tu réagi comme eux si tu avais été à leur place? Réponds à ces questions dans le cadre d'une discussion avec d'autres élèves.

8. Les auteurs et auteures de romans d'anticipation tentent souvent de nous sensibiliser à une menace qui pèse sur notre environnement.

a) D'après toi, le fait d'écrire un roman a-t-il du poids dans la société? Est-ce suffisant pour sensibiliser les gens à un problème? Explique ta réponse.

b) Et toi, quel est ton rôle de citoyen ou citoyenne dans la protection de l'environnement?

c) Explique, en un court paragraphe de cinq lignes, les actions que tu fais pour le protéger.

d) Que pourrais-tu faire de plus?

Bagage de connaissances

La cohérence textuelle

Différents éléments assurent la cohérence des textes que tu as lus. La reprise de l'information, que tu as vue dans la sixième escale, en est un. Voici deux autres éléments qui permettent de concevoir les textes courants et les textes littéraires comme des touts cohérents et sensés.

La pertinence de l'information

Les renseignements fournis dans un texte doivent être appropriés à l'univers ou au sujet choisi. En effet, ce qui peut être pertinent pour un texte peut ne pas l'être pour un autre. Ainsi, la création d'un univers fictif ne répond pas aux mêmes exigences de vérité et de véracité que la rédaction d'un commentaire critique. Par exemple, dans le récit d'anticipation *La compagnie de l'air,* l'auteur invente une nouvelle ville en fusionnant deux villes qui existent présentement. Tokyo et Kyoto deviennent donc Kyo2. L'auteur rapporte aussi que tous les gens portent des masques à air à cause de la pollution. Ces faits provenant de son imaginaire sont pertinents dans ce texte parce que le but du récit d'anticipation est de projeter dans l'avenir des faits réels et actuels. Ils servent donc à créer l'univers de l'anticipation.

Le choix d'éléments d'information pertinents s'effectue en fonction des intentions de l'auteur ou l'auteure et des caractéristiques du destinataire dans une situation donnée.

La non-contradiction

Afin qu'un texte demeure cohérent, il importe que les faits rapportés ne se contredisent pas. Ainsi, dans le récit, il faut harmoniser les caractéristiques et les actions des personnages ou des groupes de personnes. Par exemple, dans le texte, il est mentionné que les autorités de la ville étaient conscientes des dangers de la pollution et qu'elles s'étaient mobilisées (lignes 5 et 6). Les faits décrits par la suite montrent toutes les actions entreprises par l'État pour contrer la pollution.

De même, la façon de s'exprimer des personnages doit également être cohérente par rapport à ce qui est raconté. Par exemple, dans le texte, lorsque Kishida agonise, on le sent également dans ses propos. Ses pensées ne se résument qu'à des mots: «*Kumiko... Tetsuo... J'arrive...*» Il aurait été contradictoire que l'auteur écrive de longues phrases alors que le personnage est en train de mourir.

Pour éviter les contradictions, la variété de langue utilisée par les personnages devrait rester la même du début à la fin. Si elle change, il faut trouver dans le texte la situation expliquant ce changement.

Le récit *La compagnie de l'air* forme un tout cohérent et significatif. En un paragraphe d'une dizaine de lignes, apprécie la cohérence textuelle des deux premiers textes de science-fiction que tu as lus en te servant des critères suivants.

a) La présence d'éléments vraisemblables dans cet univers.

b) La présence d'éléments invraisemblables dans cet univers.

c) La pertinence d'accorder autant d'importance au temps dans cet univers.

d) La pertinence d'accorder autant d'importance à la science dans cet univers.

Bilan

1. En fonction des critères d'appréciation ci-dessous, indique quel texte tu as préféré. Justifie ta réponse.

a) Ton intérêt pour le personnage principal.

b) L'originalité de l'intrigue.

c) La facilité de compréhension du texte.

d) La richesse du vocabulaire.

2. En te fondant sur ces critères, peux-tu dire que tu as apprécié le roman de science-fiction ou d'anticipation que tu as lu?

3. Avoir lu différents textes appartenant à cet univers t'a-t-il permis de mieux le cerner?

4. Selon toi, y a-t-il beaucoup de ressemblances entre les romans et les films de science-fiction?

5. Tu auras à rédiger un récit d'anticipation ou de science-fiction.

a) Considères-tu que tu as fait des progrès dans la lecture et la compréhension des textes de fiction? Explique ta réponse.

b) Quel défi te donneras-tu d'ici la fin de l'année? Comment comptes-tu le relever?

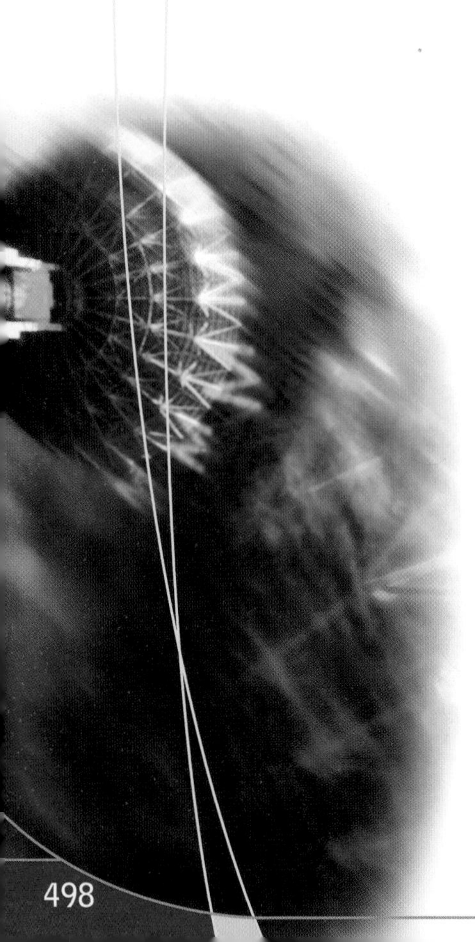

Fonctionnement de la langue

La virgule

Point de repère

- La virgule sert à juxtaposer des éléments ayant des fonctions syntaxiques équivalentes. Ces éléments sont des mots ou des groupes de mots, des phrases, ou des phrases subordonnées. ...... p. 618
- La virgule est souvent employée devant plusieurs coordonnants (*mais, donc, car,* etc.) pour marquer la coordination.
  › Kim veut un rendez-vous avec Jean, mais celui-ci le lui accordera-t-il?
- La virgule sert à isoler:
  – un groupe complément de phrase (GCP) placé au début de la phrase ou qui n'occupe pas sa position habituelle dans la phrase;
    › Il attendait, **depuis la mort des siens,** l'occasion de se venger.
  – un groupe nominal (GN) ou un groupe adjectival (GAdj) agissant comme complément du nom;
    › **Malheureux,** l'homme se rendait au travail chaque matin.
  – une apostrophe qui précise à qui l'on s'adresse;
    › «**Eléa,** m'entendez-vous?» murmura Simon.
  – une phrase incise qui accompagne souvent les paroles rapportées directement.
    › Mes collègues, **expliqua Simon,** vous informeront de notre méthode.

Boussole

Dans une énumération, les deux derniers éléments sont habituellement coordonnés par **et** ou **ou.**

Exploration

a) Lis les phrases suivantes en prêtant une attention particulière aux groupes de mots en caractères gras.

❶ Kim, **même s'il n'aimait pas son patron,** fut toujours loyal envers lui.

❷ Son patron était malhonnête, **Kim le comprit après la mort de sa femme.**

❸ Kim, **en bon père de famille,** subvenait aux besoins financiers de sa famille.

❹ **Le travail,** il ne vivait que pour ça!

❺ **Yi-Yendi,** cette compagnie dirigeait le monde.

❻ Son patron est malhonnête, **pas Kim.**

b) Peux-tu supprimer les parties en caractères gras? Les phrases ont-elles toujours du sens et demeurent-elles correctes sur le plan grammatical?

c) Dans les phrases ❶, ❷ et ❸, ces parties modifient-elles le sens des phrases? Qu'expriment-elles?

d) D'après toi, dans les phrases ❹ et ❺, à quoi sert la virgule?

e) Dans la phrase ❻, que laisse entendre la partie en caractères gras?

Tour d'horizon

L'utilisation de la virgule permet :

- d'effacer des éléments identiques dans des phrases juxtaposées ou des groupes juxtaposés ;
  - › Hashimoto aime le profit, Kishida**,** ~~aime~~ l'honnêteté.
  - › On voyait partout des publicités de Yi-Yendi : dans la ville**,** ~~dans~~ le métro**,** ~~dans~~ les journaux.
- de détacher un élément incident, c'est-à-dire un groupe de mots ou une phrase qui sert à indiquer le point de vue de l'énonciateur à propos de ce qu'il énonce ;
  - › La civilisation d'Eléa**, peu de gens l'admettent,** est très avancée sur le plan technologique.
  - › Les problèmes respiratoires**, des études le prouvent,** ont augmenté considérablement à cause du *smog*.
  - › **À vrai dire,** il est temps d'agir.

  L'élément incident qui est inséré dans une phrase n'a pas de fonction grammaticale.

  L'élément incident peut parfois être détaché par des tirets.
  - › Il est temps **– selon moi –** que le gouvernement prenne position.
  - › Les autorités prennent – **du moins je le crois –** des mesures pour protéger les citoyens et citoyennes.
- d'isoler ou de détacher un groupe de mots qu'on souhaite mettre en relief, c'est-à-dire sur lequel on veut insister. Dans ce cas, le groupe mis en relief est repris dans le reste de la phrase par un pronom. La phrase devient alors une phrase de forme emphatique plutôt que neutre.
  - › **Ce savant,** il faut **l'**empêcher de parler !
  - › **Cette société,** nous allons **la** dénoncer !
  - › **La pollution,** il faut arrêter **ça** par tous les moyens.

Le trait d'union

Point de repère

Le trait d'union peut être utilisé à de multiples fins. Il peut:

- marquer les divisions de mots autorisées en fin de ligne;
- être employé pour former des mots composés;
- être employé dans les noms propres de rues et de lieux publics;
- être utilisé entre le verbe et le pronom inversé dans une phrase incise ou une phrase interrogative.

Il faut utiliser le trait d'union:

- dans les nombres ou parties de nombres composés inférieurs à cent, lorsque ces nombres ne sont pas unis par la conjonction *et*;
- entre un verbe conjugué à l'impératif et le ou les pronoms personnels qui le suivent;
- entre le pronom personnel et le mot *même*;
- avant ou après *ci* et *là* entrant dans la composition d'un mot.

Exploration

a) Lis le texte suivant et observe attentivement les traits d'union.

«Levez-vous, les enfants, et suivez-moi dans la forêt!» dit la grand-mère. Les enfants se levèrent et d'eux-mêmes allèrent préparer leur petit déjeuner.

❶ Allons-nous dans cette forêt d'érables? Penses-tu que nous y verrons quelques oiseaux? Quelques variétés de fleurs? Y reste-t-il des lièvres ou des écureuils?

❷ Bien plus que ça, les enfants! Après cette promenade-là, votre vie aura changé à jamais! Vous savez, nous avons recensé dans cette forêt-ci quatre-vingt-huit érables. Lorsque j'étais plus jeune, on trouvait des érables en ville également. Il y en avait dans les rues, dans les parcs.

❸ J'ai de très bons souvenirs du parc Jeanne-Mance et du parc du Mont-Royal. J'allais me reposer à l'ombre de ces magnifiques géants...

b) Justifie, à l'aide des informations de la section précédente, l'emploi des traits d'union.

Tour d'horizon

Boussole

Pour des raisons d'esthétique et de compréhension, la division des mots en fin de ligne doit être évitée autant que possible.

- Le trait d'union sert à marquer les divisions de mots autorisées en fin de ligne. Le mot est généralement coupé entre deux syllabes que l'on prononce à l'oral. Le trait d'union se met à la fin de la ligne, jamais au début de l'autre ligne.
  - › entre deux syllabes: sus-pen-sion
  - › entre deux consonnes jumelles: pol-lution
  - › entre les mots formant un mot composé: Yi-Yendi, sang-froid

  Le mot ne peut être coupé après une seule voyelle: avo-cat ⊘ a-vocat.

  Le mot ne peut être coupé avant ou après la lettre *x* ou *y* qui est placée entre deux voyelles: exer-cice ⊘ e-xercice, en-nuyer ⊘ ennu-yer.
- Il est employé pour former des mots composés.
  - › porte-bonheur, passe-temps, grand-mère
- Il est employé dans les noms propres de rues et de lieux publics.
  - › le pont Jacques-Cartier, le pont-tunnel Louis-Hippolyte-La Fontaine, la rue Jean-Talon

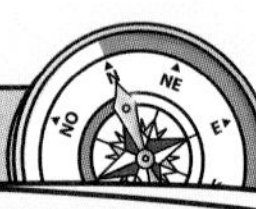

Boussole

En cas de doute, il est conseillé de vérifier dans un dictionnaire l'orthographe des nombres.

- Le trait d'union peut être utilisé entre le verbe et le pronom inversé dans une phrase incise ou interrogative.
  - › «Je voudrais partir», répondit-il.
  - › Penses-tu que la pollution menace l'humanité?
- Il faut utiliser le trait d'union:
  - – dans les nombres ou parties de nombres composés inférieurs à cent, lorsque ces nombres ne sont pas unis par la conjonction *et*;
    - › trois cent vingt-huit, quatre-vingt-un, deux mille vingt et un
  - – entre un verbe conjugué à l'impératif et le ou les pronoms personnels qui le suivent;
    - › Sauve-toi avant qu'il ne soit trop tard.
    - › Ce livre, donne-le-moi immédiatement.
  - – entre le pronom personnel et le mot *même*;
    - › lui-même, moi-même
  - – avant ou après *ci* et *là* entrant dans la composition d'un mot.
    - › ce phénomène-ci, cet érable-là, le document ci-joint, ci-après, ci-dessous

La concordance des temps dans les subordonnées

Point de repère

- L'indicatif et le subjonctif sont des modes personnels, par opposition aux modes impersonnels : l'infinitif et le participe.
- Dans une phrase, c'est le verbe qui révèle le mode.
- Le mode sert à exprimer une façon de s'adresser à une personne et de présenter une idée.

Exploration

a) Observe les paires de phrases suivantes et prête une attention particulière aux verbes soulignés qui se trouvent dans les subordonnées en gras.

❶ **Quand il a débuté dans le métier,** cet auteur de science-fiction espérait remporter un certain succès.

❷ **Lorsqu'il publie son premier livre,** le Montréalais est âgé de 20 ans.

❸ **Parce qu'il se consacre à l'écriture à temps plein,** son œuvre est imposante.

❹ L'écrivain est notamment apprécié **parce qu'il aborde des sujets intéressants et diversifiés.**

❺ **Afin que vous puissiez découvrir le talent de Daniel Sernine,** je vous suggère de lire cette nouvelle.

❻ Prête-moi ce livre **pour que je lise ce roman captivant.**

❼ L'auteur a précisé **qu'il était surtout inspiré tôt le matin.**

❽ Je souhaite **que vous alliez vous procurer l'un de ses romans.**

b) Quelle sorte de subordonnée (relative, complément de P ou complétive) trouve-t-on dans les phrases ❶, ❷, ❸, ❹, ❺ et ❻?

c) Quelle paire de phrases contient des subordonnants exprimant :
- le temps?
- la cause?
- le but?

d) Pour chacune des paires de phrases identifiées en **c),** précise à quel mode (indicatif ou subjonctif) sont les verbes soulignés.

e) Tente d'établir un lien entre le sens exprimé par les subordonnants (temps, cause et but) et le mode des verbes présents dans ces subordonnées. Que peux-tu en conclure?

f) Quelle sorte de subordonnée trouve-t-on dans les phrases ❼ et ❽?

g) À quel mode sont les verbes soulignés dans ces subordonnées?

h) Que constates-tu quant au mode des verbes de cette sorte de subordonnée?

Tour d'horizon

L'indicatif et le subjonctif sont deux modes de conjugaison du verbe.

- **L'indicatif,** grâce à ses temps, permet de situer un fait dans le passé, dans le **présent** ou dans l'**avenir.** Quand on utilise le mode indicatif, on énonce simplement un fait de façon neutre, sans laisser sous-entendre d'interprétation.
  - › **Alors qu'elle** [discute] **avec Simon,** Eléa apprend la vérité. (Indicatif)
- **Le subjonctif** et ses temps ne permettent pas de situer un fait dans le temps. Le subjonctif permet plutôt de présenter un fait, un événement en fonction d'un **point de vue subjectif** : la possibilité, l'incertitude, la crainte, l'obligation, la volonté, etc.
  - › Tous craignent **que cela lui** [fasse] **un choc terrible.** (Subjonctif)
- Dans le cas des **subordonnées complétives,** le mode du verbe de la subordonnée dépend généralement du verbe principal de la phrase complexe.
  - › Elle [pense] **que Simon est sincère.** (Indicatif)
  - › Je [souhaiterais] **qu'il soit présent.** (Subjonctif)

  Le verbe *penser* commande l'emploi de l'indicatif alors que le verbe *souhaiter* commande l'emploi du subjonctif. Il faut donc se reporter au verbe principal de la phrase complexe pour déterminer le mode du verbe de la subordonnée complétive.
- Le mode (indicatif ou subjonctif) de la subordonnée complément de phrase dépend plutôt du subordonnant.
  - Les subordonnants exprimant le **but** commandent **le subjonctif** :
    - › Shû Kishida a envoyé une lettre aux journaux **afin que la population soit informée.** (Subjonctif)
  - Les subordonnants exprimant la **cause** commandent **l'indicatif** :
    - › Shû Kishida a envoyé une lettre aux journaux **parce qu'il veut dénoncer la société Yi-Yendi.** (Indicatif)
  - Les subordonnants exprimant le temps commandent l'indicatif, exception faite des subordonnants *avant que, jusqu'à ce que, en attendant que* et *d'ici à ce que* :
    - › **Tandis que la mange-machine s'activait,** elle reprenait des forces. (Indicatif)
    - › **Avant qu'elle atterrisse dans cette civilisation,** Eléa était heureuse. (Subjonctif)

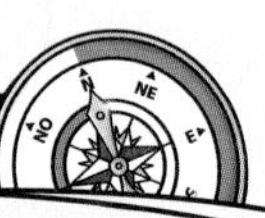

Boussole

Le subjonctif exprime, entre autres, la supposition, le souhait, la prière, la volonté et l'interdiction.

Boussole

Une subordonnée est dite complétive si :

- elle remplit la fonction de sujet, de complément ou d'attribut ;
- elle est nécessaire pour comprendre le reste de la phrase ;
- elle peut être remplacée par le pronom *cela* précédé ou non d'une préposition.

Excursion

La virgule p. 500

1. Lis les phrases suivantes et ajoute les virgules manquantes.

a) *Ravage Le grand secret La nuit des temps* et *Une rose au paradis* sont des œuvres écrites par Barjavel.

b) Dans certaines de ses œuvres il s'interroge sur les dommages environnementaux.

c) Ses œuvres littéraires d'une qualité remarquable sont très connues en France.

d) Barjavel est selon moi le meilleur auteur de science-fiction.

e) Cependant la science-fiction n'est pour lui qu'un moyen d'exprimer ses idées son point de vue.

f) Il est né en 1911 à Nyons en France.

g) Isaac Asimov l'auteur de *L'homme bicentenaire* est un écrivain russe qui a émigré aux États-Unis.

h) À sa mort en 1992 il laisse des centaines de livres derrière lui.

i) Il a écrit des romans de science-fiction des romans policiers des ouvrages de vulgarisation scientifique et quelques romans jeunesse.

j) Son dernier roman a été terminé dit-on par son épouse Janet Jeppson alors qu'il était à l'hôpital.

2. Compose des phrases dans lesquelles tu utiliseras la virgule pour les différentes raisons suivantes :

a) pour détacher une phrase incidente ;

b) pour isoler ou encadrer un groupe de mots ;

c) pour juxtaposer des phrases subordonnées ;

d) pour marquer la coordination ;

e) pour détacher un GN agissant comme complément du nom ;

f) pour mettre en relief un groupe de mots ;

g) pour juxtaposer des groupes de mots dans lesquels tu pourras effacer les éléments identiques.

Le trait d'union

p. 502

1. a) Lis les mots suivants.

❶ remonter

❷ liens

❸ température

❹ différente

❺ Amérique

b) Indique, à l'aide de traits d'union, les divisions autorisées en fin de ligne dans chacun de ces mots.

2. Lis le texte suivant et ajoute des traits d'union aux endroits appropriés.

Ci dessous se trouve une courte lettre parue dans le journal de Pointe Saint Charles. Lisez la par vous mêmes et tentez de comprendre ce que ressent ce jeune homme.

«J'aurai bientôt dix sept ans et je me demande souvent ce à quoi les adultes avant moi ont bien pu penser! Comment ont ils pu nous laisser un monde comme celui là? Je ne puis croire qu'on ait laissé aller notre planète à ce point, cette terre qui nous nourrit trois cent soixante cinq jours par année!

Comment puis je faire pour arrêter ce désastre? Y arriverais je seul? Comment pourrions nous sensibiliser les autres? N'y aurait il pas une façon de vivre qui, tout en nous rendant heureux, protégerait notre planète ou du moins l'empêcherait de se détruire?

Aidez moi! Il faut empêcher ce laisser aller! Faites un remue méninges. Cassez vous la tête! Il doit bien y avoir des solutions pour empêcher ce désastre. Quelles sont elles? S'il vous plaît, aidez moi!»

3. Ajoute les traits d'union nécessaires dans les nombres suivants.

a) deux mille cinq

b) mille neuf cent quatre vingt quatre

c) quatre vingt dix huit

d) cent vingt trois

e) soixante et onze

La concordance des temps dans les subordonnées .... p. 504

1. a) Lis les phrases complexes ci-dessous et souligne les subordonnées complément de phrase qu'elles contiennent.

❶ Parce qu'il (rencontrer) ▬▬ son patron aujourd'hui, Shû semble nerveux.

❷ Il va droit au but pour que cet entretien (finir) ▬▬ le plus rapidement possible.

❸ Lorsqu'il se (rendre) ▬▬ au travail, il se demande pourquoi son patron est si malhonnête.

❹ Il souhaiterait changer les choses afin que les gens (être) ▬▬ heureux et en santé.

❺ Puisqu'il (être) ▬▬ trop tard pour arrêter les ravages causés par cette entreprise, Shû joue le tout pour le tout.

❻ Quand il (confronter) ▬▬ son supérieur, celui-ci refuse d'admettre qu'il glisse illégalement un additif dans les cartouches d'air.

❼ Il aurait aimé vivre avant que l'environnement ne (dépérir) ▬▬ à ce point.

b) Détermine ensuite si ces subordonnées expriment la cause, le but ou le temps. Note ta réponse au-dessus du verbe entre parenthèses.

c) En tenant compte du type de relation exprimé (temps, cause, but), écris les verbes entre parenthèses au présent de l'indicatif ou du subjonctif.

2. a) Complète les phrases suivantes en ajoutant une subordonnée complétive contenant un verbe à l'indicatif ou au subjonctif.

b) Aide-toi du verbe principal de la phrase pour déterminer le mode approprié.

❶ Les jeunes désirent que…

❷ Tu doutes que…

❸ Les environnementalistes craignent que…

❹ J'ai appris que…

❺ Les politiciens aiment que…

❻ Les auteurs et auteures de romans d'anticipation souhaiteraient que…

❼ Il va falloir que…

c) Consulte un guide de conjugaison pour vérifier les terminaisons des verbes au subjonctif.

Imaginons...

Tout le long de cette escale, tu as plongé dans des univers défiant le temps, dans des lieux parfois surprenants, parfois réels, où évoluaient des héros et des héroïnes. Maintenant que tu as apprivoisé les univers du récit d'anticipation et du récit de science-fiction, invente une histoire qui se déroule dans l'un de ces deux univers.

Rédige une intrigue appartenant à l'un de ces univers. Afin que ton intrigue soit cohérente, tu devras y inclure des éléments propres à l'univers créé, c'est-à-dire des éléments empruntés au vraisemblable et des éléments totalement invraisemblables. Tu devras, de plus, parler d'un objet technologique dont tu as entendu parler, que tu auras inventé ou que tu auras trouvé dans le roman que tu as lu. Tu l'intégreras à ton intrigue et à l'univers de tes personnages.

Durant ta rédaction, assure-toi de respecter les consignes suivantes. Ta tâche consiste à écrire un récit d'anticipation ou un récit de science-fiction inspiré d'une problématique environnementale ou d'une découverte scientifique ou technologique. Ce travail sera réalisé individuellement.

TÂCHE	Rédiger un texte narratif appartenant à l'univers de la science-fiction ou de l'anticipation.
SUJET	Intrigue en lien avec un objet technique ou technologique existant ou une invention de ton choix.
DESTINATAIRES	Les élèves de ta classe.
CONTEXTE DE RÉALISATION	Avec l'aide de ton enseignant ou enseignante de science et technologie, effectue une recherche plus approfondie sur l'objet technologique choisi. Dans le cas d'une invention, essaie d'anticiper les usages et les fonctions de ce nouvel objet.

Calepin

Dans un texte, lorsque vient le temps d'intégrer des paroles rapportées, il est nécessaire de s'interroger sur la variété de langue à privilégier. Par exemple, dans le récit d'anticipation, si un expert ou une experte prend la parole, un vocabulaire spécialisé sera utilisé.

Préparation

Planifie ta production

a) Détermine si le narrateur du récit est omniscient, témoin ou participant.

b) Réfère-toi à diverses sources (textes de cette escale, roman que tu as lu, revues scientifiques, connaissances et expériences personnelles, apprentissages et travaux réalisés dans cette escale) pour :
❶ choisir les éléments qui contribueront à créer le thème du récit;

❷ trouver l'objet technique ou technologique;
❸ imaginer les caractéristiques des personnages et la nature des liens qui les unissent;
❹ caractériser les lieux et l'époque du récit;
❺ concevoir une intrigue qui respecte toutes les caractéristiques du roman d'anticipation ou du roman de science-fiction.

c) Regroupe et organise tes idées de manière à créer un fil conducteur qui fera progresser l'intrigue selon le schéma narratif.

d) Pense aux difficultés éprouvées dans les précédentes productions écrites ou aux difficultés possibles, et lance-toi un défi personnel relativement à la réalisation de la présente production.

Réalisation

Rédige ton brouillon

a) Relis ton texte régulièrement au cours de ta rédaction.

b) Établis des liens entre les éléments suivants:
❶ la situation initiale;
❷ l'élément perturbateur;
❸ les événements du déroulement;
❹ le dénouement.

c) Privilégie un mode d'organisation permettant d'insérer des descriptions et des dialogues.

d) Assure-toi de la cohérence de ton texte en employant des procédés de reprise de l'information. .... p. 589

e) Utilise des paragraphes pour regrouper les phrases qui composent les différentes parties du schéma narratif.

f) Donne un titre évocateur à ton texte.

Révise, améliore et corrige ton texte

a) Relis ton texte plusieurs fois afin de t'assurer que la réponse à chacune des questions suivantes est *oui*.
❶ Ce texte respecte-t-il les caractéristiques du récit d'anticipation ou de science-fiction?
❷ Ce texte est-il cohérent?
❸ Les événements racontés sont-ils regroupés en fonction des parties du schéma narratif?
❹ Les descriptions et les dialogues contribuent-ils à créer une impression de vraisemblance dans ce texte?

b) Vérifie la pertinence des éléments retenus pour créer ton thème.

c) Vérifie la pertinence des descriptions et des dialogues présentés dans ton récit.

d) Vérifie si tu peux améliorer ton texte en ajoutant des précisions ou en variant ton vocabulaire.

e) Vérifie la construction de tes phrases, les accords, la ponctuation.

f) Vérifie l'orthographe des mots à l'aide de ton dictionnaire.

g) Apporte les corrections nécessaires à la suite des vérifications effectuées.

h) Rédige une version définitive de ton texte où sont pris en compte les éléments révisés, améliorés et corrigés.

Voyage dans le temps

À l'instar des personnages qui voyagent dans le temps dans les textes que tu as lus, fais voyager ton texte d'une classe à l'autre et montre-le à ton enseignant ou enseignante de science et technologie. Fais une recherche plus approfondie sur l'objet technique ou technologique décrit.

Bilan

Afin de faire le bilan de ton parcours, réponds aux questions suivantes.

a) As-tu aimé écrire ce récit? Explique ta réponse.

b) Quelles difficultés as-tu éprouvées au cours de la rédaction de ton récit? Comment les as-tu résolues?

c) Les méthodes que tu as choisies pour écrire ce texte et celles que tu as choisies pour résoudre les difficultés ont-elles été utiles? Explique ta réponse.

d) Crois-tu avoir fait preuve de persévérance durant la rédaction de ce récit?

e) As-tu l'impression d'avoir fait des progrès dans la rédaction de récits de fiction? Explique ta réponse.

RÉVISION

Le monde s'offre sous un angle nouveau à la personne qui a l'esprit créatif et l'âme d'un artisan ou d'une artisane. Presque tout devient matière à transformation. Sous son œil inventif, les objets les plus banals, même les résidus, cachent des trésors artistiques et prennent une toute nouvelle valeur ; les ordures deviennent *déchets d'œuvre*.

Tout comme on valorise les denrées du garde-manger en les combinant ingénieusement pour faire de succulents plats, on peut, avec un peu d'imagination, de planification et de bonne volonté, marier les matières résiduelles pour en faire des chefs-d'œuvre artistiques ou des objets utilitaires originaux. Les textes de cette escale en sont la preuve.

Tu découvriras dans ces textes des façons étonnantes de valoriser les matières résiduelles. Tu rencontreras des gens — des artistes — qui ont trouvé dans les déchets un moyen d'expression, une source d'inspiration leur permettant de donner libre cours à leur esprit créatif ; des gens qui se sont découvert des talents et qui ont choisi de les exprimer à leur manière. Tu constateras aussi qu'à l'origine de la créativité exprimée dans les matières recyclées se cachent des motivations économiques ou environnementales, ou, tout simplement, une intention d'exprimer son potentiel de manière innovatrice.

L'aventure →

Dans un premier temps, en t'inspirant du contenu des textes et en ayant l'esprit ouvert, tu concevras à la maison un objet d'art ou un objet utilitaire à l'aide de matières récupérées. Cette création personnelle sera présentée dans le cadre d'une exposition. Aussi te faudra-t-il accompagner ton œuvre d'un texte qui la décrit sous différents angles. Ce projet te permettra de mettre en pratique ta pensée créatrice, tant en concevant ton œuvre qu'en la décrivant.

Destination

Dixième

ESCALE

Déchets d'œuvre

Itinéraire

Textes

Lecture

Grammaire

Écriture

Communication orale

EMBARQUEMENT

Pour réaliser *L'aventure,* tu devras faire preuve d'originalité et de créativité. Entre autres choses, tu réfléchiras aux possibilités que t'offrent les objets de récupération et aux mots que tu devras trouver pour les décrire.

Éveille et exerce ton esprit créatif en tentant de résoudre les énigmes suivantes. Une petite astuce : ne prête pas attention à ta première perception ; considère les problèmes sous différents angles.

1. Trois personnes avaient le même frère. À la mort de leur frère, ces personnes se sont écriées : « Nous n'avons plus de frère ! » Comment est-ce possible ?

2. Des personnes nées de la même mère, la même année, le même jour et à la même heure affirment, sans mentir, n'être ni jumeaux ni jumelles. Comment est-ce possible ?

3. Observe le mot *yaourtière.* Qu'a-t-il de très particulier ?

4. Un homme regarde vers l'est alors que sa femme regarde vers l'ouest. Pourtant, ils se voient. Comment est-ce possible ?

5. Mon premier vole. Mon second nage. Mon tout rampe. Qui suis-je ?

6. Quel est le seul livre qu'un écrivain ou une écrivaine ne peut jamais vraiment finir d'écrire ?

7. Je suis dans l'étang. Je suis au bout du jardin. Je commence la nuit. Je viens deux fois dans l'année. Qui suis-je ?

8. Qu'ont en commun ces chiffres : 7, 5, 2, 0, 9 et 8 ?

9. Un homme qui mesure 1,60 m se trouve dans une file d'hommes mesurant tous au moins 1,80 m. Il affirme, sans mentir : « Je suis le plus grand. » Comment est-ce possible ?

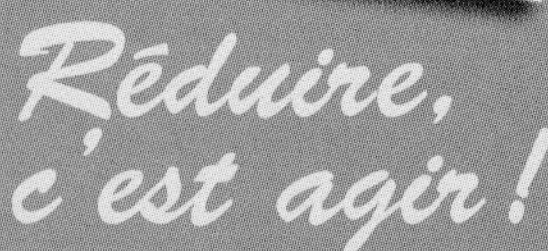

Pourquoi récupérer ?

Chaque année au Québec, des quantités impressionnantes de déchets sont produites : plus de **20 tonnes à la minute,** près de **11 millions de tonnes annuellement,** une moyenne de **1,5 tonne par habitant...** et cela ne cesse d'augmenter année après année. Qu'advient-il des résidus ainsi produits ? On estime que près de **85 %** de ces « déchets », que l'on appelle désormais des « matières résiduelles », pourraient et devraient être réutilisés, recyclés, compostés ou valorisés. Malgré cela, en 2000, **7 millions de tonnes** ont été acheminées vers l'enfouissement ou l'incinération, pour un taux de récupération de 35 %.

Les 3RV : logique et efficace !

Comment faire sa part pour protéger l'environnement ? En appliquant les **3RV** : **r**éduire à la source le gaspillage, favoriser le **r**éemploi, récupérer pour **r**ecycler et, enfin, **v**aloriser les matières résiduelles (par le compostage, par exemple). Si nous faisons tous et toutes notre part, nous ferons toute la différence !

C'est donc dire que des tonnes de papier, carton, plastique, verre et métaux prennent encore le chemin du sac à ordures au lieu d'être déposées à la récupération et recyclées en produits utiles ; que des quantités incroyables de matières compostables (feuilles, résidus de table et de jardin) sont également jetées année après année, alors qu'elles peuvent être compostées et enrichir la terre ; que des milliers d'ordinateurs, de vêtements, de meubles, d'appareils électro-ménagers, de cartouches d'imprimante, de pots de peinture sont jetés alors qu'ils peuvent être remis en état et réutilisés.

la production de déchets

Réutiliser

les ressources dans leur état actuel

Recycler

les ressources en de nouvelles matières

Hiérarchie des 3R

Il existe de nombreux débouchés pour les matières résiduelles que nous produisons. Les jeter contribue à en faire des montagnes de déchets ; les récupérer permet de les considérer, à juste titre, comme des tonnes de ressources. Alors que choisissez-vous... le bac ou le sac ?

Adapté de RECYC-QUÉBEC, *Gérer les matières résiduelles à la maison*, [En ligne].

Comment transformer les déchets en ressources ?

Mettez en pratique les 3R tous les jours, à la maison, à l'école et au travail. Saisissez toutes les occasions pour réduire, réutiliser, recycler et transformer les déchets. C'est le devoir de tout individu, des gouvernements dans l'adoption de lois et de règlements, dans l'achat de biens de consommation et dans la création d'un environnement durable, et des entreprises dans la création de produits et services.

Réduisez

Réduisez d'abord et avant tout la production de déchets ; c'est la meilleure façon de conserver les ressources et de protéger l'environnement. Vous êtes responsables des déchets que vous produisez. Pensez un peu à ce que vous jetez chaque jour. Évitez de produire des déchets en premier lieu et vous n'aurez pas à vous préoccuper de les réutiliser ou de les recycler plus tard.

Au magasin :

- réduisez les déchets en évitant les articles suremballés ou jetables ;
- évitez les aliments emballés en portions individuelles — si cela est possible et sûr, achetez en vrac ;
- achetez des boissons dans des bouteilles réutilisables ;
- apportez votre sac à provisions en tissu.

Au travail ou à l'école :

- écrivez au recto et au verso d'une feuille ;
- apportez votre goûter dans un contenant réutilisable ;
- louez les articles que vous n'utilisez pas souvent ;
- achetez des produits faits avec des matières recyclées.

Au sein de la collectivité, encouragez votre entourage, vos amis et amies à suivre votre exemple.

Réutilisez

Réutilisez les articles pour leur donner un second souffle. La réutilisation permet également de réduire la pollution et de conserver l'énergie nécessaire au processus de fabrication ou de recyclage des articles.

- Achetez des produits durables qui peuvent être réparés et réutilisés.
- Allez à une ressourcerie pour donner ou acheter des articles de maison ou des vêtements ou, encore, faites une vente-débarras. Les déchets des uns sont les trésors des autres !
- Réutilisez les pots et les contenants pour le rangement.

- Donnez les imprimantes et les ordinateurs usagés à des écoles, des églises ou des organismes de bienfaisance.
- Au magasin, recherchez les articles d'occasion. De nombreux magasins d'articles d'occasion vendent des objets remis en état qui fonctionnent comme du neuf.

Recyclez

Recycler et acheter des produits fabriqués à l'aide de matières recyclées : voilà une autre façon de conserver les ressources. Si l'on ne peut pas réduire les déchets ni les réutiliser, peut-on les recycler ? Environ 87 % de la population québécoise est desservie par un programme de collecte sélective.

- Recyclez au jardin ; faites du compost avec les déchets organiques.
- À l'école, mettez sur pied un programme de recyclage.
- À la maison, utilisez le service de recyclage municipal ou retournez les articles que vous n'utilisez plus là où vous les avez achetés ou dans un centre de récupération.
- Au magasin, choisissez les articles en fonction des composantes de fabrication et de l'emballage. Les ressources ont-elles déjà été utilisées sous une autre forme ? Sont-elles renouvelables ? Quelle proportion du produit est constituée de matières recyclées ? Achetez uniquement des articles qui peuvent encore être recyclés.

Adapté de « Waste Reduction Week » par Ménard, Karel, Piquion Géraldine et Séguin, Michel, Guide 3R à l'intention des Écoles, Guides 3R « Semaine québécoise de réduction des déchets », Réseau des Ressourceries du Québec, 2004.

Que deviennent les matières que nous récupérons ?

Les matières récupérées offrent aujourd'hui des possibilités de recyclage étonnantes. Saviez-vous, par exemple, que le papier journal récupéré peut servir à fabriquer de la litière pour les animaux ? Que le verre entre dans la composition de blocs de béton ? Qu'un vêtement en polar peut être fabriqué à partir de plastique récupéré ?

160 Voici une liste de produits fabriqués à partir de ces ressources importantes que sont nos matières résiduelles.

Les pneus usagés sont utilisés pour produire :

- des tapis divers (tapis protecteurs pour les commerces et les industries, les étables, les arénas, etc.) ;
- des bacs à fleurs ;
- des membranes et panneaux d'insonorisation ;
- 170 des pare-éclats pour dynamitage ;
- des roues de bacs roulants ;
- des garde-boue ;
- des tuiles de revêtement de sol ;
- des briques ;
- des semelles ;
- de l'asphalte caoutchoutée.

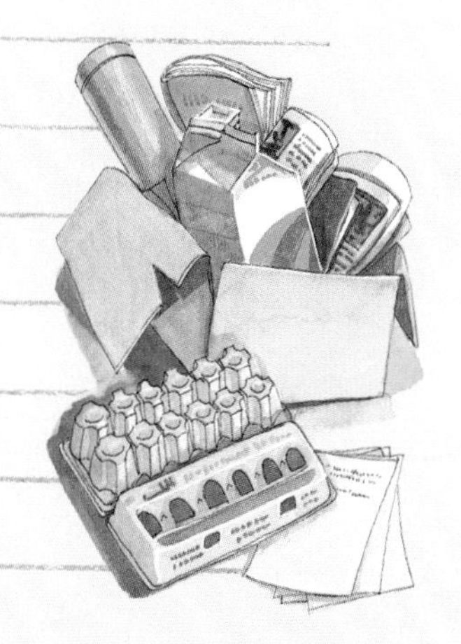

Le verre récupéré est utilisé pour produire :

- des contenants tels que les bouteilles ;
- des agrégats pour les fondations 180 de route, les blocs de béton et l'asphalte ;
- des micro-billes de verre pour la peinture réfléchissante ou comme abrasif ;
- des carreaux de céramique ;
- du sablage au jet.

Le carton récupéré est utilisé pour produire :

- des boîtes de carton (carton ondulé) ;
- du papier kraft ;
- 190 des matériaux de construction.

Adapté de RECYC-QUÉBEC, *Gérer les matières résiduelles à la maison*, [En ligne].

L'expression *art indisciplin*é a été créée au moment où l'organisme qui porte ce nom a été fondé, la Société des arts indisciplinés. Au Québec, le terme *patenteux* est utilisé depuis les années 1970 pour désigner un art populaire créé par des autodidactes, que l'on appelle parfois « art brut » ou « art naïf ».

Chaque artiste se démarque par un style et une technique de travail personnels élaborés — l'art indiscipliné ne s'apprend pas —, par l'exploration de ses talents artistiques et la recherche de sa propre voie. Voilà ce qui explique l'aspect singulier, non traditionnel et marginal des œuvres de ces artistes.

La Société des arts indisciplinés (SAI) est un organisme à but non lucratif, le seul du genre au Québec, qui se consacre à la recherche, à l'éducation, à la sauvegarde et à la diffusion de tous les aspects de l'art indiscipliné de la province et du Canada. Fondée en août 1998 par Pascale Galipeau (ethnologue), Valérie Rousseau (historienne de l'art) et Éric Mattson (concepteur multimédia), la SAI est appuyée par un réseau de membres et un conseil d'administration composés de professionnels et professionnelles, et de gens passionnés par la question.

Le village miniature d'Ernest Baillargeon (Beauce)

Ernest Baillargeon (né en 1921) commence à travailler le bois en autodidacte dès l'âge de 11 ans. Entrepreneur de profession, il prend sa retraite en 1989. Il s'attelle dès lors à la construction d'un village de maisons miniatures. La cour arrière de la résidence familiale accueille environ 80 maisons et bâtiments qui sont des reproductions, entre autres, de réelles constructions de la Beauce et d'ailleurs. Les gens suivent de petites rues en gravier par lesquelles ils peuvent accéder aux maisonnettes. Pour créer ses œuvres, Baillargeon utilise le bois de sa terre ainsi que tous les matériaux usuels et insolites qu'il récupère, notamment le métal, les tissus, les vieux meubles, les bouteilles et les seringues. Le moulin qu'il utilise pour tailler ses pièces de bois a été fabriqué à partir d'un vieux bulldozer. Le recyclage est une priorité. Jusqu'à ce jour, Baillargeon et sa famille ont investi plus de 6000 heures de travail dans la réalisation de ce village. Ce projet, en évolution constante, accueille chaque été, depuis cinq ans, des milliers de visiteurs et visiteuses.

Les « patentes » ludiques de Florent Veilleux (Montréal)

Florent Veilleux (né en 1941) se lance dans la création dès l'âge de 30 ans. On le qualifie de « patenteux ». Ses robots articulés et ses machines interactives jouent, avec humour, sur les notions de découverte, d'expérimentation et d'émerveillement. Veilleux, avec ses œuvres, jette un regard critique sur la société de consommation et sur les comportements humains.
À propos de l'élaboration de ses installations lumino-cinétiques, il explique ceci : « Les objets récupérés sont la source même de mon inspiration. Je procède par association d'idées, je n'ai pas une ou deux idées mais plusieurs centaines que je relie entre elles. De la sorte, les possibilités sont infinies. Je n'ai jamais de plan, j'improvise à partir d'un objet et les autres se greffent petit à petit à l'œuvre que je suis en train d'élaborer. Je mets le tout en mouvement, j'y ajoute de l'électricité et des circuits électroniques. »

Les œuvres des artistes indisciplinés sont souvent exposées (ou montrées) dans le contexte même où elles sont nées, c'est-à-dire celui de la vie quotidienne, qu'il s'agisse de la rue, des hôpitaux psychiatriques, des prisons, des centres de réadaptation ou, simplement, de la maison familiale. Cette création, qu'elle soit régulière, passagère, symptomatique ou compulsive, n'est rien d'autre qu'un moyen de communication conçu chez soi.

Les trésors d'Émilie Samson et d'Adrienne Fortier (Beauce)

Émilie Samson (1900-1985) et sa fille Adrienne (née en 1932) ont aménagé un univers empreint d'une sensibilité et d'une ingéniosité uniques. L'extérieur de la maison ne laisse nullement présager l'ampleur de cette création collective. L'intérieur de la résidence est rempli de milliers de bibelots réalisés à partir d'objets de récupération : os, tissus, cartons, roches, aliments (sucre et farine), papier, fleurs séchées, etc. Portraits de facture naïve, monument commémoratif et vêtements décoratifs cohabitent avec diverses statuettes, animaux en bois, photographies et souches peintes. Chaque module occupe une place précise qui laisse transparaître la trame d'une existence. Depuis le décès de sa mère, Mme Fortier continue assidûment le développement de cet environnement hautement poétique.

Plusieurs musées, collectionneurs et passionnés d'art indiscipliné s'intéressent aux œuvres de ces artistes et font du repérage. Les États-Unis et l'Europe ont une bonne longueur d'avance dans la recherche et la mise en valeur de cet art marginal. Les intérêts et le marché de l'art québécois sont encore timides en cette matière. Actuellement, le Québec ne compte aucun musée ou aucune galerie d'art qui se consacre entièrement à l'art indiscipliné. Quelques institutions présentent, pour leur part, des expositions sporadiques.

Adapté de Pascale GALIPEAU et Valérie ROUSSEAU, « Les arts indisciplinés », dans *La question du patrimoine au Québec*, Montréal, Groupe-conseil sur la politique du patrimoine culturel, 1999-2000, p. 347-353.

Ingénieuse Afrique

Dans les grandes villes du Tiers-Monde

La récupération et le recyclage se définissent, dans les grandes villes du Tiers-Monde, par la nature des interrelations entre les produits rejetés par certains groupes de la population et les acteurs de la récupération, qui se divisent en trois groupes distincts : les artisans, c'est-à-dire les forgerons, les fondeurs, les cordonniers, etc., qui se font récupérateurs, revendeurs, restaurateurs ou transformateurs sur une base occasionnelle ou professionnelle ; les distributeurs ou revendeurs ; les acquéreurs et utilisateurs des produits retransformés ou recyclés.

Ces intervenants du système de récupération et de recyclage appartiennent à deux catégories principales. Le premier groupe est constitué d'une fraction importante de la population urbaine, celle qui, parce qu'elle n'en a pas les moyens, ne parvient pas à s'approvisionner en produits usuels de la ville [...]

La deuxième catégorie est constituée par les nouveaux résidents de la ville, issus de l'exode rural. Les membres les plus actifs du système de récupération et de recyclage appartiennent à cette catégorie. Bon nombre d'entre eux exerçaient à la campagne un métier spécialisé et cherchent maintenant à mettre leurs compétences au service de la population urbaine. Ils ne pourront s'intégrer à la ville que s'ils réussissent à adapter leur savoir-faire aux matériaux qui y sont disponibles et aux besoins particuliers de leur clientèle éventuelle.

Ces deux catégories d'acteurs de la récupération [...] favorisent l'émergence d'un nouveau créneau commercial [...] Un marché existe bel et bien. Les produits en demande vont des articles ménagers aux outils de jardinage, en passant par les chaussures et les vêtements. Les besoins exprimés comportent notamment une spécification quant au prix, qui se doit impérieusement d'être bas. Pour leur part, les artisans devenus récupérateurs possèdent les compétences nécessaires pour transformer et recycler les déchets disponibles et en tirer les produits réclamés.

Pour travailler les matériaux dont on dispose dans la ville et pour produire les objets usuels en demande sur le marché, les artisans de la récupération doivent modifier leurs techniques de travail traditionnelles et en inventer de nouvelles. Certains, c'est le cas notamment des recycleurs de Dakar, au Sénégal, réussissent à produire l'essentiel des biens d'équipement dont ont besoin les foyers de la Médina, le quartier populaire du centre-ville. Il est donc facile d'imaginer le rôle central que joue le recyclage dans la vie quotidienne des populations concernées, qui tient tout autant à la nature qu'au prix des objets produits, les deux étant parfaitement adaptés aux besoins exprimés.

Quelques exemples de valorisation des déchets à Dakar

Bouteilles en verre:

- embouteillage de boissons (alcools), aliments (miel), produits de droguerie
- vente comme récipients ou pour la confection de gris-gris

Papier:

- emballage des tissus, du pain, des arachides, des fruits dans les commerces [de] détail
- bourrage de matelas et de coussins
- protection dans les caisses de déménagement et de fruits destinées à l'exportation

Carton:

- fabrication de baraques
- alimentation des moutons
- réutilisation multiple des cartons d'emballage

Ferraille:

- exportation de carcasses d'automobiles et de bateaux
- fabrication artisanale de fourneaux malgaches, bassines, entonnoirs, etc.
- utilisation de parois de conteneurs, de fûts déroulés, de boîtes de conserve assemblées pour la construction de baraques

Métaux non ferreux:

- fabrication artisanale de marmites (aluminium)
- fabrication industrielle de batteries (plomb)
- exportation de déchets de cuivre, de laiton, de plomb

Plastique:

- utilisation de bouteilles en PVC pour la vente d'eau distillée, la récolte de vin de palme, l'horticulture, le transport quotidien d'eau potable (bidons d'huile à moteur également)
- confection de clôtures et matelas avec les panneaux de découpe des semelles de sandales
- confection de sacs
- recyclage, par les industries, de leurs déchets de fabrication (bouteilles PVC, sandales)

Textiles et chiffons:

- fabrication artisanale de sacs d'écoliers, matelas, tableaux décoratifs avec des sacs de jute récupérés
- fabrication de draps, vêtements, poupées avec des petits coupons
- nettoyage sommaire et vente de chiffons d'essuyage aux garages, imprimeries, usines
- bourrage de coussins avec les déchets d'industries cotonnières

Caoutchouc:

- fabrication de puisettes, tendeurs pour vélos et liens avec des chambres à air
- découpage de harnais dans des pneus

La diversité de ces utilisations traduit la grande ingéniosité des artisans, des commerçants et des personnes qui proposent ainsi des produits à bas prix. Cependant, la récupération des déchets et des sous-produits n'est pas généralisée au Sénégal; de nombreux domaines restent inexplorés. En particulier, les possibilités de recyclage avec retransformation de la matière ne sont pratiquement pas exploitées, que ce soit pour le papier, le plastique, le verre, la ferraille ou les métaux, à l'échelle artisanale ou à l'échelle industrielle, contrairement à ce qui est réalisé dans beaucoup d'autres pays en développement, surtout asiatiques et sud-américains.

Stéphanie DESPRETZ, « Valoriser les déchets urbains pour créer des emplois », « Des déchets et des hommes : expériences urbaines de recyclage dans le Tiers-Monde », *Environnement Africain*, Dakar, ENDA Tiers-Monde, 1990, p. 97-98.

L'organisation des artisans-recycleurs

Les artisans-recycleurs travaillent en atelier ou, dans une moindre mesure, à domicile. Ils sont généralement organisés en petits groupes familiaux ou regroupés selon leurs affinités. Dans un groupe familial, le chef d'atelier est entouré de ses enfants, des neveux ou des enfants de ses proches, à qui il assure une formation continue dans le domaine du recyclage.

Après quelques années de formation, ceux qui ont assimilé les rudiments du métier s'affranchissent parfois de la tutelle du patron. D'autres, moins aventureux, décident de rester sous la coupe du maître artisan.

Dans les ateliers, chacun est responsable d'un travail précis. Les revenus tirés de l'activité servent essentiellement à l'alimentation des artisans et de leurs familles, au fonctionnement de l'atelier et, dans une moindre mesure, à la rémunération des travailleurs.

Certains artisans occupent des ateliers de fortune. D'autres travaillent en groupe dans des ateliers plus structurés. D'autres encore travaillent chez eux. Le secteur de l'artisanat populaire ne dispose d'aucun élément mécanique. L'outillage est entièrement composé de matériel rudimentaire : marteau, scie, cisailles, pinces, etc.

La réalisation d'un article, parfois depuis la récupération jusqu'au produit fini, est totalement prise en charge par l'artisan producteur. Le prix de vente d'un objet est calculé en fonction de l'ensemble des éléments nécessaires à sa fabrication et, surtout, du temps consacré à sa production.

Entre recycleurs, les relations ne sont pas très étroites. Certes, ils s'échangent ou se revendent à moindre prix les déchets collectés, selon leur filière d'intérêt, mais, dans l'ensemble, leur vie professionnelle demeure très individualiste.

Groupement A.R.S.E.N., s/c ENDA-GRAF

En bref

Le système de la récupération et du recyclage s'inscrit bel et bien dans la lutte pour la survie, mais ses impacts sociaux sont considérables, tant au regard des emplois créés que des besoins satisfaits. Les répercussions sur l'environnement et sur la gestion des déchets sont également appréciables. […]

En Afrique, la récupération artisanale a probablement atteint son apogée. Le phénomène du recyclage a aussi fini par s'imposer comme facteur sous-jacent du développement des pays du Sud. […]

Les pays qui ne cessent d'accroître leur rythme d'exploitation et de consommation de ressources non extensibles et non renouvelables devront peut-être un jour s'inspirer des expériences qu'accumulent présentement les populations démunies des villes africaines dans les domaines de la récupération et du recyclage.

Si la récupération et le recyclage ont connu un tel essor dans les pays en développement, c'est d'abord et avant tout parce que les artisans ont démontré leur capacité d'intégrer les changements sociaux, politiques et économiques dans leur travail quotidien. Le cas africain fait état, entre autres, d'une extraordinaire capacité d'intégration du monde environnant à la culture locale. […]

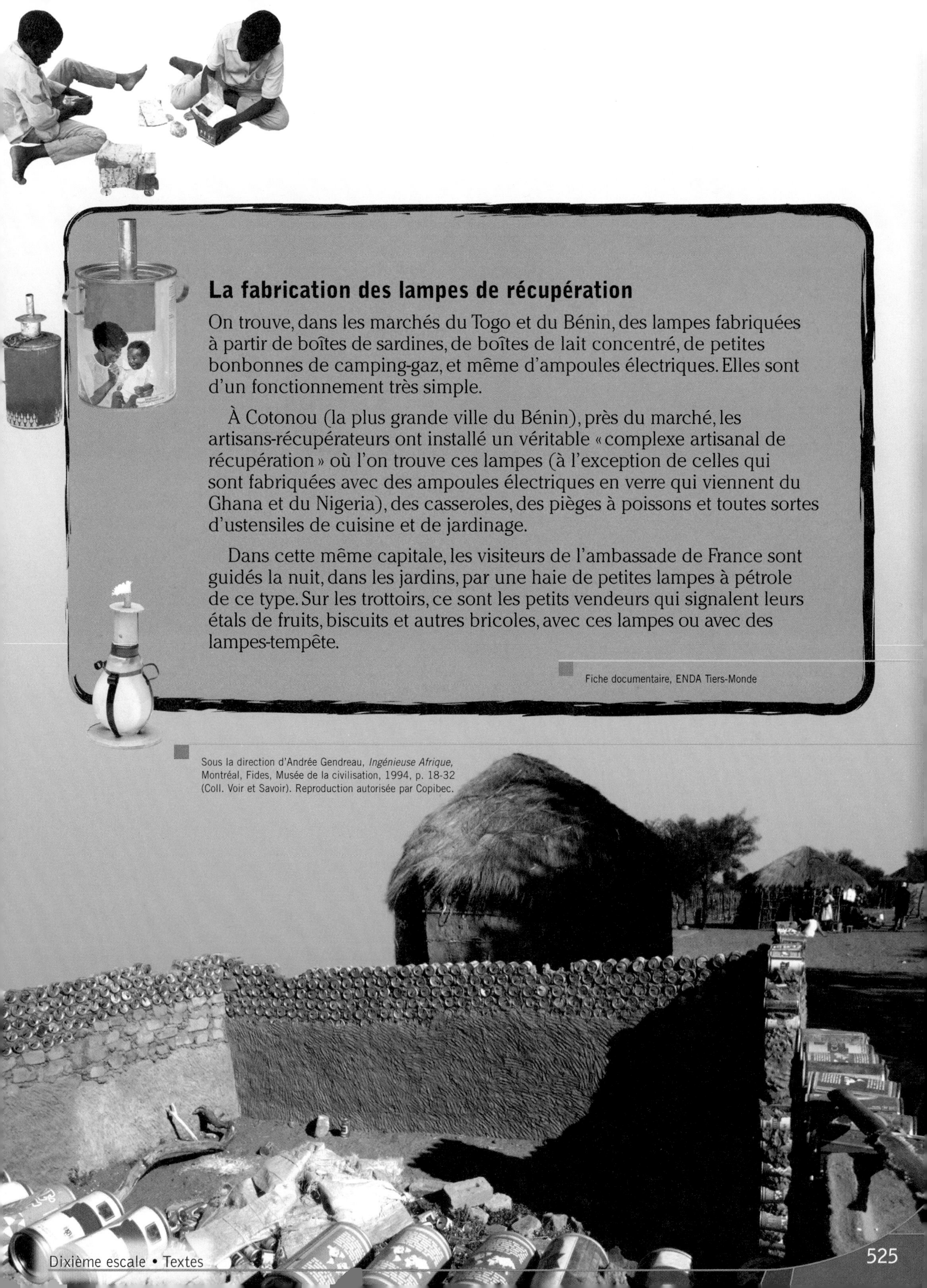

La fabrication des lampes de récupération

On trouve, dans les marchés du Togo et du Bénin, des lampes fabriquées à partir de boîtes de sardines, de boîtes de lait concentré, de petites bonbonnes de camping-gaz, et même d'ampoules électriques. Elles sont d'un fonctionnement très simple.

À Cotonou (la plus grande ville du Bénin), près du marché, les artisans-récupérateurs ont installé un véritable « complexe artisanal de récupération » où l'on trouve ces lampes (à l'exception de celles qui sont fabriquées avec des ampoules électriques en verre qui viennent du Ghana et du Nigeria), des casseroles, des pièges à poissons et toutes sortes d'ustensiles de cuisine et de jardinage.

Dans cette même capitale, les visiteurs de l'ambassade de France sont guidés la nuit, dans les jardins, par une haie de petites lampes à pétrole de ce type. Sur les trottoirs, ce sont les petits vendeurs qui signalent leurs étals de fruits, biscuits et autres bricoles, avec ces lampes ou avec des lampes-tempête.

Fiche documentaire, ENDA Tiers-Monde

Sous la direction d'Andrée Gendreau, *Ingénieuse Afrique*, Montréal, Fides, Musée de la civilisation, 1994, p. 18-32 (Coll. Voir et Savoir). Reproduction autorisée par Copibec.

VENDREDI OU LA

Au 18e siècle, Robinson et son chien Tenn, seuls rescapés du naufrage de *La Virginie*, nagent jusqu'à l'île Speranza. Seul et démuni sur cette terre déserte, Robinson doit faire preuve de débrouillardise pour survivre avec ce que lui offrent Speranza et les décombres de *La Virginie*.

Le maïs dépérit complètement, et les pièces de terre où Robinson l'avait semé furent à nouveau envahies par les chardons et les orties. Mais l'orge et le blé prospéraient, et il éprouvait la première joie que lui eût donnée Speranza en caressant de la main les jeunes tiges souples et tendres. Lorsque fut venu le temps de la moisson, il chercha ce qui pourrait lui tenir lieu de faucille ou de faux et ne trouva finalement qu'un vieux sabre d'abordage qui décorait la cabine du commandant et qu'il avait rapporté avec les autres épaves. Il voulut d'abord procéder méthodiquement, pas à pas, comme il avait vu faire les paysans de la campagne chez lui. Mais à manier cette arme 10 héroïque, il fut pris par une sorte d'ardeur belliqueuse, et il avança en la faisant tournoyer au-dessus de sa tête et en poussant des rugissements furieux. Peu d'épis furent gâtés par ce traitement, mais la paille, hachée, dispersée, piétinée était inutilisable.

Ayant égrené ses épis en les battant au fléau dans une voile pliée en deux, il vanna son grain en le faisant couler d'une corbeille dans une autre, en plein air, un jour de vent vif qui faisait voltiger au loin la balle et les menus déchets.

À la fin il constata avec fierté que sa récolte se montait à trente gallons de blé et à vingt gallons d'orge. Il avait préparé pour moudre son grain un mortier et un pilon — un tronc d'arbre évidé et une forte branche à l'extrémité arrondie
20 — et le four était garni pour la première cuisson. C'est alors qu'il prit soudain la décision de ne pas faire encore de pain et de consacrer toute sa récolte au prochain ensemencement de ses terres. En se privant ainsi de pain, il croyait accomplir un acte méritoire et raisonnable. En réalité, il obéissait à un nouveau penchant, l'*avarice,* qui allait lui faire beaucoup de mal.

C'est peu après cette première récolte que Robinson eut la très grande joie de retrouver Tenn, le chien de *La Virginie.* L'animal jaillit d'un buisson en gémissant et en tordant l'échine, faisant ainsi une vraie fête à ce maître d'autrefois. Robinson ne sut jamais comment le chien avait passé tout ce temps dans l'île, ni pourquoi il n'était pas venu plus tôt à lui. La présence de
30 ce compagnon le décida à mettre à exécution un projet qu'il avait depuis longtemps : se construire une vraie maison, et ne plus continuer à dormir dans un coin de la grotte ou au pied d'un arbre. Il situa sa maison près du grand cèdre au centre de l'île. Il creusa d'abord un fossé rectangulaire qu'il meubla d'un lit de galets recouverts eux-mêmes d'une couche de sable blanc. Sur ces fondements parfaitement secs et perméables, il éleva des murs en mettant l'un sur l'autre des troncs de palmiers. La toiture se composa d'une vannerie de roseaux sur laquelle il disposa ensuite des feuilles de figuier-caoutchouc en écailles, comme des ardoises. Il revêtit la surface

extérieure des murs d'un mortier d'argile.
40 Un dallage de pierres plates et irrégulières, assemblées comme les pièces d'un puzzle, recouvrit le sol sablonneux. Des peaux de biques et des nattes de jonc, quelques meubles en osier, la vaisselle et les fanaux sauvés de *La Virginie*, la longue-vue, le sabre et l'un des fusils suspendus au mur créèrent une atmosphère confortable et intime que Robinson n'avait plus connue depuis longtemps. Il prit même l'habitude, ayant déballé les vêtements contenus dans les coffres de *La Virginie* — et certains étaient fort beaux ! — de s'habiller chaque soir pour dîner, avec habit, haut-de-chausses, chapeau, bas et souliers.

50 Il remarqua plus tard que le soleil n'était visible de l'intérieur de la villa qu'à certaines heures du jour et qu'il serait plus pratique pour savoir l'heure de fabriquer une sorte d'horloge qui fonctionnerait jour et nuit à l'intérieur de la maison. Après quelques tâtonnements, il confectionna une sorte de clepsydre, c'est-à-dire une horloge à eau, comme on en avait autrefois. C'était simplement une bonbonne de verre transparent dont il avait percé le fond d'un tout petit trou par où l'eau fuyait goutte à goutte dans un bac de cuivre posé sur le sol. La bonbonne mettait vingt-quatre heures à se vider dans le bac, et Robinson avait strié ses flancs de vingt-quatre cercles parallèles marqués chacun d'un chiffre. Ainsi le niveau du liquide donnait l'heure à tout moment.
60 Il lui fallait aussi un calendrier qui lui donnât le jour de la semaine, le mois de l'année et le nombre d'années passées. Il ne savait absolument pas depuis combien de temps il se trouvait dans l'île. Un an, deux ans, plus peut-être ? Il décida de repartir à zéro. Il dressa devant sa maison un mât-calendrier. C'était un tronc écorcé sur lequel il faisait chaque jour une petite encoche, chaque mois une encoche plus profonde, et le douzième mois, il marquerait d'un grand 1 la première année de son calendrier local.

Michel TOURNIER, *Vendredi ou la vie sauvage*, Paris, Éditions Gallimard, 1977, p. 33-36.

Destination
xploitation
Dixième
ESCALE
RÉVISION
10
Déchets d'œuvre

Exploitation

Lecture et appréciation des textes

Réduire, c'est agir!

p. 514

Planification

Survole les pages du texte *Réduire, c'est agir!* en prêtant une attention particulière à son organisation.

a) Comment comptes-tu t'y prendre pour lire ce texte?

b) Consulteras-tu le schéma avant, pendant ou après ta lecture?

c) Liras-tu les intitulés avant, pendant ou après la lecture?

- Lis le texte *Réduire, c'est agir!* pour connaître les nombreuses possibilités offertes par les matières résiduelles.
- Remarque les différents aspects abordés dans le texte. Tu pourrais y trouver des idées pour la conception de ton objet ou pour la rédaction de ta description.

Compréhension et interprétation

1. Imagine qu'on te demande de faire la promotion de la récupération dans ta région à l'aide de tracts. En utilisant les renseignements fournis dans le texte, crée un tract différent pour deux des destinataires suivants: les écoles, les entrepreneurs et entrepreneuses, les consommateurs et consommatrices ou encore tes voisins et voisines.

a) Tout d'abord, attire, de façon originale, l'attention de tes destinataires en les nommant.

b) Sous l'intitulé «Saviez-vous qu'au Québec...», décris la situation qui caractérise le Québec en matière de récupération.

c) Sous chacun des intitulés «Réduisez», «Réutilisez» et «Recyclez», décris quelques trucs pour transformer les déchets en ressources. Repère ces trucs dans le texte en fonction des destinataires de ton tract.

ENTREPRENEURS ET ENTREPRENEUSES,

CETTE INFORMATION VOUS CONCERNE.

Saviez-vous qu'au Québec...

La solution?

Réduisez :

Réutilisez :

Recyclez :

Boussole

Les **tracts** sont de petites feuilles ou des brochures que l'on distribue gratuitement en vue de propager une idée.

2. Les tracts ont attiré l'attention d'une école primaire. On t'invite à rencontrer les élèves. Trouve des synonymes aux mots en gras dans ces phrases inspirées du texte afin qu'elles deviennent accessibles à des élèves du 2e cycle du primaire. Ne recours pas à des mots de même famille pour exprimer les idées énoncées.

a) Près de 85% des déchets pourraient et devraient être réutilisés, recyclés, **compostés** ou **valorisés.** (Ligne 12)

b) Au magasin, recherchez les articles **d'occasion.** (Ligne 17)

c) En 2000, 7 millions de tonnes de déchets ont été acheminées vers **l'enfouissement** ou **l'incinération.** (Ligne 19)

d) Environ 87% de la population québécoise est **desservie** par un programme de collecte **sélective.** (Ligne 28)

e) Il existe de nombreux **débouchés** pour les **matières résiduelles** que nous produisons. (Ligne 42)

3. Lis attentivement le contenu de l'encadré qui accompagne le texte à la page 514 avant de répondre à la question ci-dessous.

Sous quels paragraphes du texte trouve-t-on davantage de renseignements au regard de chacune des actions qui commencent par un *R*? Précise ta réponse en nommant les intitulés qui précèdent ces paragraphes.

4. La personne qui a écrit ce texte utilise différents procédés pour reprendre l'information, comme l'emploi de mots génériques pour désigner une catégorie et l'emploi de mots spécifiques pour désigner un être ou une chose faisant partie de cette catégorie. Relève dans le texte :

a) trois synonymes de *matières résiduelles* ;

b) un terme générique pour désigner *feuilles, résidus de table* et *résidus de jardin* ;

c) trois mots spécifiques associés à l'expression *matières résiduelles.*

5. a) Explique oralement pourquoi les propos de ce texte te font réfléchir :

❶ à titre de consommateur ou de consommatrice ;

❷ à titre d'élève ;

❸ à titre de citoyen ou de citoyenne.

b) Lorsque tu prendras la parole, évite le vocabulaire imprécis (*chose, patente, affaire,* etc.) et les anglicismes (*fun, joke, canceller,* etc.). Au besoin, demande à tes camarades de te suggérer des synonymes appropriés.

Bagage de connaissances

L'organisation du texte

Parmi les éléments qui permettent de varier l'organisation d'un texte, on compte les procédés typographiques, les intitulés et les paragraphes.

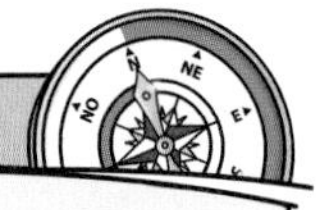

Boussole

Toujours dans le but d'attirer l'attention du lecteur ou de la lectrice, il arrive que l'on combine plusieurs procédés typographiques. Par exemple, pour faire ressortir des mots, on peut utiliser simultanément le caractère gras, les capitales et augmenter la taille des caractères.

Les procédés typographiques

Les procédés typographiques aident à distinguer les pages d'un roman, d'un journal, d'une revue, d'une pièce de théâtre ou d'un recueil de poèmes; en effet, la mise en pages de ces textes respecte certaines règles ou habitudes propres à chacun. Voici un rappel des procédés typographiques fréquemment employés.

- **Le caractère gras**: il met en relief un intitulé, un mot, un groupe de mots ou une idée pour attirer l'attention du lecteur ou de la lectrice.
  › [...] **7 millions de tonnes** ont été acheminées vers l'enfouissement [...]
- **Le caractère italique**: il peut indiquer la pensée d'un personnage, un mot emprunté à une autre langue ou une information importante.
  › Le terme *container* est utilisé à tort pour désigner un conteneur.
- **Les capitales (ou majuscules)**: elles peuvent être utilisées dans les titres ou au début de certains paragraphes pour signifier qu'un nouvel aspect sera traité. Elles permettent également d'attirer l'attention du lecteur ou de la lectrice.
  › ENVIRONNEMENT ET CONSOMMATION
- **La taille ou la police des caractères**: elles peuvent servir à distinguer les différents intitulés (titre, intertitres, sous-titres, surtitres) du texte ou à attirer l'attention du lecteur ou de la lectrice.

Les intitulés

Les **intitulés** d'un texte renseignent quant au contenu d'un ou de plusieurs paragraphes en annonçant le sujet dont il sera question et les **aspects** ou **sous-aspects** qui seront abordés. Souvent, lorsque le sujet du texte est lié à l'actualité, les intitulés sont utilisés pour capter l'attention du lecteur ou de la lectrice; on emploie alors des mots évocateurs, des mots-chocs.

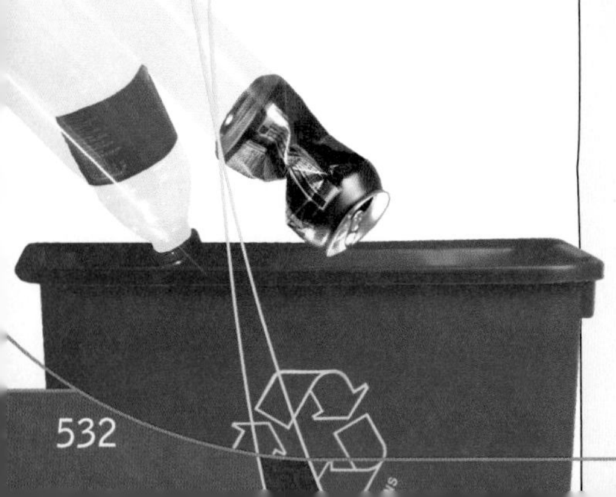

- **Le surtitre,** placé au-dessus du titre, est un grand titre qui fait généralement référence au thème abordé.
- **Le titre** informe généralement le lecteur ou la lectrice du sujet du texte.

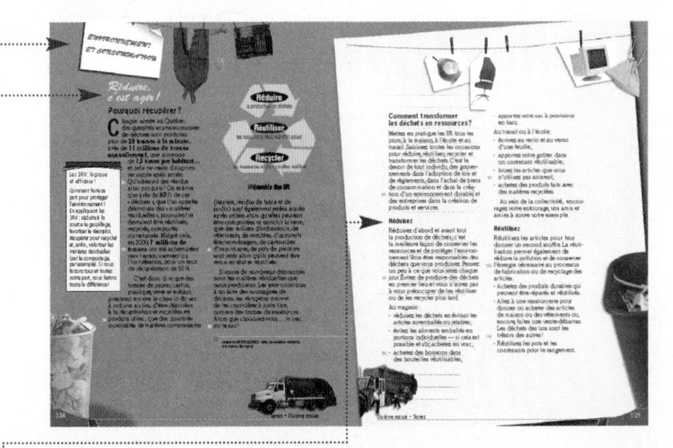

Environnement et consommation

Réduire, c'est agir!

Pourquoi récupérer?

Les 3RV: logique et efficace!

Comment faire sa part pour protéger l'environnement? En appliquant les 3RV: réduire à la source le gaspillage, favoriser le réemploi, récupérer pour recycler et, enfin, valoriser les matières résiduelles (par le compostage, par exemple). Si nous faisons tous et toutes notre part, nous ferons toute la différence!

Réduire **Réutiliser** **Recycler**

Comment transformer les déchets en ressources?

Mettez en pratique les 3R tous les jours, à la maison, à l'école et au travail. Saisissez toutes les occasions pour réduire, réutiliser, recycler et transformer les déchets. C'est le devoir de tout individu, des gouvernements dans l'adoption de lois et de règlements, dans l'achat de biens de consommation et dans la création d'un environnement durable, et des entreprises dans la création de produits et services.

Réduisez

Réduisez d'abord et avant tout la production de déchets; c'est la meilleure façon de conserver les ressources et de protéger l'environnement. Vous êtes responsables des déchets que vous produisez. Pensez un peu à ce que vous jetez chaque jour. Évitez de produire des déchets en premier lieu et vous n'aurez pas à vous préoccuper de les réutiliser ou de les recycler plus tard.

Au magasin:

- réduisez les déchets en évitant les articles suremballés ou jetables;
- évitez les aliments emballés en portions individuelles — si cela est possible et sûr, achetez en vrac;
- achetez des boissons dans des bouteilles réutilisables;
- apportez votre sac à provisions en tissu.

Au travail ou à l'école:

- écrivez au recto et au verso d'une feuille;
- apportez votre goûter dans un contenant réutilisable;
- louez les articles que vous n'utilisez pas souvent;
- achetez des produits faits avec des matières recyclées.

Au sein de la collectivité, encouragez votre entourage, vos amis et amies à suivre votre exemple.

Réutilisez

Réutilisez les articles pour leur donner un second souffle. La réutilisation permet également de réduire la pollution et de conserver l'énergie nécessaire au processus de fabrication ou de recyclage des articles.

- Achetez des produits durables qui peuvent être réparés et réutilisés.
- Allez à une ressourcerie pour donner ou acheter des articles de maison ou des vêtements ou, encore, faites une vente-débarras. Les déchets des uns sont les trésors des autres!
- Réutilisez les pots et les contenants pour le rangement.

- **Le sous-titre,** généralement placé sous le titre, présente une idée qui complète celle du titre.
- **Les intertitres** annoncent habituellement les aspects et les sous-aspects du sujet qui sera traité. Ils séparent les parties.

Lorsque tu rédigeras la description de ton objet d'art ou de ton objet utilitaire, tu veilleras à organiser ton texte à l'aide de certains de ces procédés typographiques, en le divisant en paragraphes et en y insérant des intitulés.

Ponctuation et formulation des intitulés

Quoique, dans le texte *Réduire, c'est agir!*, on ait recouru à des formulations impératives, ce sont généralement des phrases non verbales, impersonnelles ou infinitives qui sont privilégiées pour la formulation des intitulés.

- non verbale › Le bac ou le sac?
- impersonnelle › Il faut y penser
- infinitive › Réduire, c'est agir!
- impérative › Réduisez

La plupart du temps, le point n'est pas utilisé dans les intitulés, même s'il s'agit d'une phrase déclarative. Seuls le point d'exclamation, le point d'interrogation et les points de suspension peuvent être employés, selon le contexte.

Les paragraphes

Le découpage en paragraphes facilite la compréhension d'un texte courant en regroupant en blocs de texte les phrases qui traitent d'une même idée principale ou secondaire, d'un même aspect ou sous-aspect. Dans un texte littéraire, il peut regrouper des phrases qui traitent d'une partie spécifique du schéma narratif, d'un lieu, d'une époque, d'un personnage ou d'actions liées à un même événement.

1. a) Observe les encadrés suivants et prête une attention particulière à la façon dont les paragraphes ont été marqués.

❶

> [...] de cartouches d'imprimante, de pots de peinture sont jetés alors qu'ils peuvent être remis en état et réutilisés.
>
> Il existe de nombreux débouchés pour les matières résiduelles que nous produisons. Les jeter contribue à en faire des montagnes de déchets; les [...]

❷

> [...] de cartouches d'imprimante, de pots de peinture sont jetés alors qu'ils peuvent être remis en état et réutilisés.
>   Il existe de nombreux débouchés pour les matières résiduelles que nous produisons. Les jeter contribue à en faire des montagnes de déchets; les [...]

b) Pour chacun des encadrés, précise le moyen employé pour marquer les paragraphes.

2. Décris la ponctuation et la formulation des intitulés du texte *Réduire, c'est agir!* en remplissant un tableau semblable à celui ci-dessous. Dans la dernière colonne, invente de nouveaux intitulés.

PONCTUATION ET FORMATION DES INTITULÉS

INTITULÉ TIRÉ DU TEXTE	CONSTRUCTION DE LA PHRASE	PONCTUATION UTILISÉE	NOUVEL INTITULÉ
› *Réduire, c'est agir!*	Phrase infinitive	Point d'exclamation	

Boussole

Les renseignements que contient un texte ne sont pas toujours regroupés en paragraphes. Par exemple, pour énumérer des éléments, on peut utiliser des tirets (—) ou des gros points (•).

› • des garde-boue
• des briques
• des tuiles de revêtement de sol
• des semelles

Les arts indisciplinés

p. 518

Planification

1. En observant les photographies qui accompagnent le texte, tente de définir ce que sont les arts indisciplinés.

2. En parcourant ce texte, tu feras la connaissance de quelques «patenteux».

a) Quelle idée te fais-tu des «patenteux»? Que font ces personnes? Y en a-t-il dans ton entourage?

b) Survole les intitulés du texte. Que sais-tu des personnes dont il est question?

c) Dirais-tu que tu es un «patenteux» ou une «patenteuse»? Pourquoi?

- Lis le texte *Les arts indisciplinés* afin d'approfondir tes connaissances sur ce courant artistique et les artistes de cette discipline.
- Au fil de ta lecture, associe le contenu des encadrés à celui du texte.

Cap sur les mots

Le sens d'un mot selon le contexte

Un mot peut avoir plusieurs sens, selon le contexte dans lequel il est utilisé.

› L'art indisciplinée s'appelle aussi art **naïf.** (Art pratiqué par un ou une artiste qui a appris par lui-même ou elle-même.)

› Cet artiste est très **naïf** de croire en son succès. (Qui croit tout ce qu'on lui dit.)

Lorsque le contexte ne te fournit pas assez d'indices pour trouver le sens d'un mot, tu peux recourir au dictionnaire.

Il arrive également que l'auteur ou l'auteure recourt à des guillemets ou à l'italique pour indiquer qu'un mot ou un groupe de mots n'est pas utilisé selon son sens le plus courant.

› Les **«patentes»** ludiques de Florent Veilleux

a) Écris trois phrases dans lesquelles le mot *peinture* appartiendra successivement aux groupes de mots suivants: groupe sujet (GS), groupe verbal (GV) et groupe prépositionnel (GPrép).

b) Le sens du mot est-il le même dans tes trois phrases?

Boussole

On peut se référer au contexte pour connaître le sens exact d'homonymes et de certains marqueurs de relation.

› Je n'ai jamais de **plan,** j'improvise.
⟶ Représentation graphique

› Des **plants** de tomates complètent mon potager.
⟶ Jeunes plantes

› Je prendrai un taxi **plutôt que** le transport en commun.
⟶ De préférence à

› Je me rendrai à l'exposition **plus tôt que** prévu.
⟶ Avant

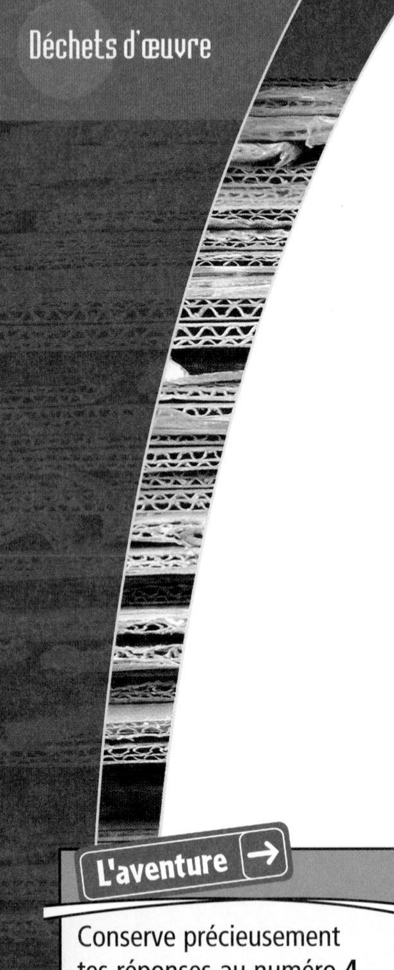

Compréhension et interprétation

1. Relis le contenu des encadrés du texte *Les arts indisciplinés.*

a) À quelle phrase du texte le contenu du premier encadré se rapporte-t-il? Justifie ta réponse.

b) Nomme une ou un artiste, présenté dans le texte, que l'on aurait pu citer en exemple dans le deuxième encadré. Justifie ta réponse.

2. Trouve un synonyme à chacun des mots ci-dessous. Donne la classe de chacun de ces mots.

a) constructions (ligne 14)
b) qualifie (ligne 37)
c) élaboration (ligne 46)
d) infinies (ligne 54)
e) se greffent (ligne 56)
f) rempli (ligne 67)

3. a) Sous quel intitulé peut-on lire les paroles rapportées directement d'un «patenteux»?

b) Quels indices t'ont permis de les repérer?

4. Sur la fiche qu'on te remet, note certains éléments de ce texte qui pourront te servir dans la réalisation de ton projet.

a) Relève au moins huit œuvres des artistes indisciplinés.

b) Relève au moins huit objets de récupération à la base de plusieurs de ces œuvres.

c) En t'inspirant des éléments notés aux deux questions précédentes, dresse une liste de cinq objets que tu pourrais réaliser dans ta production finale.

d) Relativement à chacune de tes idées, dresse une courte liste des objets de récupération dont tu aurais besoin.

e) Évalue si tes idées sont réalisables en tenant compte de critères comme le temps dont tu disposes, la facilité à te procurer les objets de récupération, tes habiletés pour le concevoir, etc.

L'aventure →

Conserve précieusement tes réponses au numéro **4.** Au moment de choisir la nature de l'objet que tu fabriqueras pour l'exposition, ce remue-méninges te sera sûrement utile.

5. a) Considères-tu que l'adjectif *indiscipliné* est approprié pour qualifier le courant artistique dont il est question dans ce texte? Fais part de ton opinion à un ou une camarade de classe.

b) Invente un autre nom pour décrire ce courant artistique original.

c) Présente cette nouvelle appellation au groupe classe en justifiant ton choix.

d) Lorsque tu prendras la parole, élimine les mots de remplissage (*euh*, *ben*, *full*, *comme*, *genre*, etc.). Efforce-toi de remplacer les hésitations verbales par des respirations et des pauses.

Ingénieuse Afrique

p. 521

Planification

Tu t'apprêtes à lire un texte dans lequel tu trouveras de nombreux exemples pour la réalisation de ton projet final. Comment prévois-tu noter les éléments de ce texte qui pourraient t'être utiles :

- en les listant l'un après l'autre, dans l'ordre où ils se présentent?
- en les classant par catégories dans un tableau?
- en les notant à l'aide de crayons de différente couleur, selon la nature de l'information qu'ils te fournissent?

- Lis le texte *Ingénieuse Afrique* afin de voir de quelle manière le recyclage s'inscrit dans la vie courante des Africains et des Africaines.
- La lecture de ce texte te permettra également de mesurer l'influence de la situation économique sur le mode de vie d'une population.
- Au fil de ta lecture, utilise différentes stratégies pour déterminer le sens des mots difficiles.

Cap sur les mots

La dérivation et la signification de certains affixes

Un **mot de base** est un mot auquel on peut ajouter un suffixe ou un préfixe.

Un **préfixe** est une ou plusieurs lettres que l'on place au début d'un mot de base pour former un autre mot (mot dérivé).

› *super-* + **poser** ⟶ superposer

Un **suffixe** est une ou plusieurs lettres que l'on ajoute à la fin d'un mot de base pour former un autre mot (mot dérivé).

› **jardin** + *-age* ⟶ jardinage

Parfois, on doit modifier le mot de base quand on ajoute un préfixe ou un suffixe.

› récupér(er) + *-ation* ⟶ récupération

Un **mot dérivé** est un mot construit à partir d'un mot de base auquel on a ajouté un préfixe, un suffixe ou les deux.

› *ap-* + **provision** + *-ner* ⟶ approvisionner

Lorsqu'on connaît le sens des préfixes et des suffixes, il est souvent possible de deviner le sens d'un nouveau mot sans recourir au dictionnaire.

Boussole

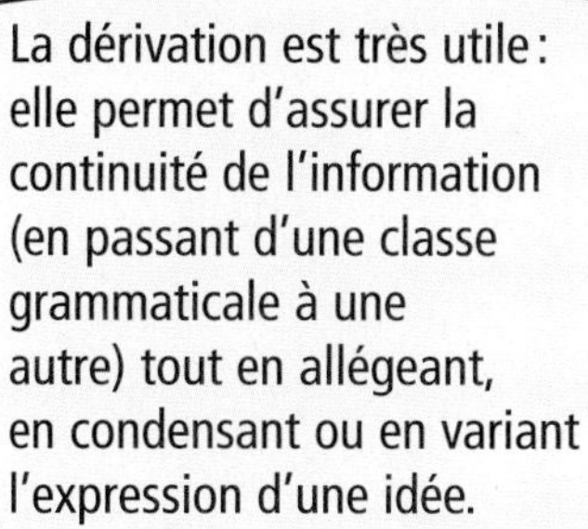

La dérivation est très utile : elle permet d'assurer la continuité de l'information (en passant d'une classe grammaticale à une autre) tout en allégeant, en condensant ou en variant l'expression d'une idée.

› Les artisans africains ont démontré qu'ils pouvaient **intégrer** les changements sociaux et économiques dans leur quotidien. Ils font état, entre autres, d'une capacité d'**intégration** du monde environnant à la culture locale.

a) À l'aide d'un tableau semblable à celui ci-dessous, explique la signification des préfixes et des suffixes en gras dans les mots tirés des textes *Ingénieuse Afrique* et *Les arts indisciplinés*. .... p. 630

b) Dans la dernière colonne, donne une courte définition de chaque mot.

c) Tes définitions concordent-elles avec celles du dictionnaire?

PRÉFIXE ET SUFFIXE

	MOT TIRÉ DES TEXTES	SIGNIFICATION DU PRÉFIXE OU DU SUFFIXE	DÉFINITION PERSONNELLE
INGÉNIEUSE AFRIQUE	fond**eur**	› qui fait une action	› Personne qui fait fondre des métaux.
	restaurat**eur**		
	recycl**age**		
	exportation		
	décorat**if**		
	cordonn**ier**		
LES ARTS INDISCIPLINÉS	statu**ette**		
	émerveille**ment**		
	autodidacte		
	interactif		
	réadaptation		

Compréhension et interprétation

1. a) Écris au passé le paragraphe du texte qui correspond aux lignes 26 à 41.

b) À l'aide d'une flèche, relie chaque verbe au noyau de son groupe sujet (GS).

2. « Dans les grandes villes africaines, les acteurs de la récupération se divisent en trois groupes distincts et appartiennent à deux principales catégories. » Illustre cette organisation à l'aide d'un diagramme ou d'un schéma en identifiant clairement chacun des groupes et chacune des catégories.

3. Sur une fiche semblable à celle ci-dessous, coche la ou les régions désignées par chacune des réalités citées. Au besoin, reporte-toi aux trois premiers textes de la présente escale.

	Grandes villes africaines	Province de Québec
a) Cette région est industrialisée.	■	■
b) Cette région est en voie de développement.	■	■
c) La récupération répond d'abord à un besoin vital.	■	■
d) La récupération répond d'abord à un besoin environnemental.	■	■
e) Des objets de récupération sont mis au profit de l'expression artistique.	■	■
f) Les créations artisanales faites à partir d'objets recyclés sont surtout décoratives.	■	■
g) Les créations artisanales faites à partir d'objets recyclés sont surtout utilitaires.	■	■
h) Plusieurs matières récupérées sont retransformées en usine.	■	■
i) La plupart des matières récupérées sont transformées de manière artisanale.	■	■

As-tu pris le temps de noter les éléments du texte *Ingénieuse Afrique* qui pourraient t'aider dans ta production finale ?

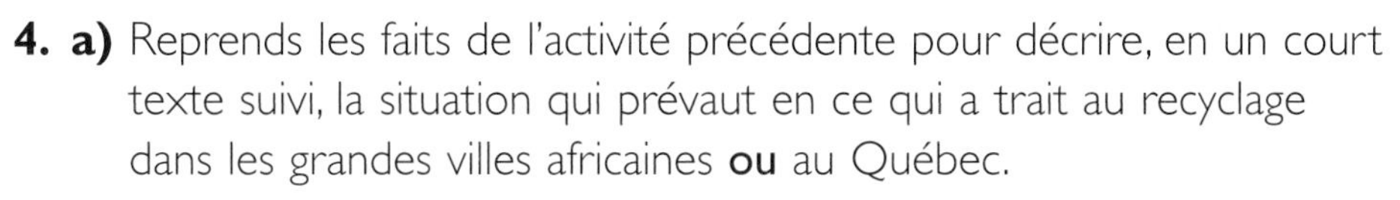

4. a) Reprends les faits de l'activité précédente pour décrire, en un court texte suivi, la situation qui prévaut en ce qui a trait au recyclage dans les grandes villes africaines **ou** au Québec.

b) Assure-toi d'établir des liens entre les phrases en utilisant des procédés de reprise de l'information, des organisateurs textuels, des marqueurs de relation, etc.

Bagage de connaissances

Le texte descriptif

Le **texte descriptif** est un **texte courant** qui décrit les **caractéristiques** d'une réalité, d'un lieu, d'une chose, d'une personne, d'un animal, d'un événement, d'un phénomène, etc. Quoique la séquence dominante de ce genre de texte soit descriptive, on peut également y trouver des séquences narratives ou de parole. Dans le texte descriptif, il y a habituellement absence d'énonciateur explicite, c'est-à-dire que les phrases n'y sont pas formulées à la première personne.

L'organisation du texte descriptif .... p. 584

De manière générale, l'organisation du texte descriptif respecte le plan du texte courant, constitué d'un sujet divisé en plusieurs aspects. Ainsi, le texte descriptif comporte trois grandes parties, chacune pouvant compter un ou plusieurs paragraphes.

L'introduction comprend :

- le sujet amené : on met le sujet du texte en contexte ;
- le sujet posé : on révèle le sujet du texte ;
- le sujet divisé : on précise les aspects (ou caractéristiques) dont il sera question dans le développement.

Le développement

- C'est la partie qui compte le plus de paragraphes.
- On y divise le sujet en différents aspects et sous-aspects, c'est-à-dire qu'on aborde le sujet du texte selon différents points de vue ou angles.
- Chaque aspect fait l'objet d'un paragraphe ou d'un bloc de paragraphes, souvent précédé d'un intertitre.

La conclusion comprend :

- une **fermeture** : on y rappelle le sujet du texte et les principaux aspects qui ont été abordés ;
- une **ouverture** : elle est formulée sous la forme d'un souhait, d'un conseil, d'une recommandation ou d'une opinion.

a) Examine attentivement le texte modèle divisé selon le plan du texte courant avant de répondre aux prochaines questions. ...... p. 584

b) Indique à quelles lignes du texte *Ingénieuse Afrique* se trouvent :

❶ l'introduction ;

❷ le développement et les différents aspects ;

❸ la conclusion.

Boussole

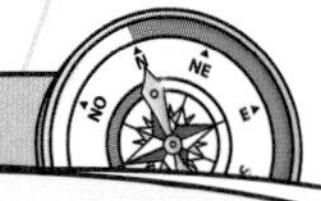

Le compte rendu, le rapport d'observation, la notice informative, la description d'un personnage, d'un lieu, d'un objet, d'une situation ou de sentiments sont des exemples de textes descriptifs.

L'aventure →

Assure-toi de respecter ce plan lorsque tu rédigeras la description de ton œuvre recyclée.

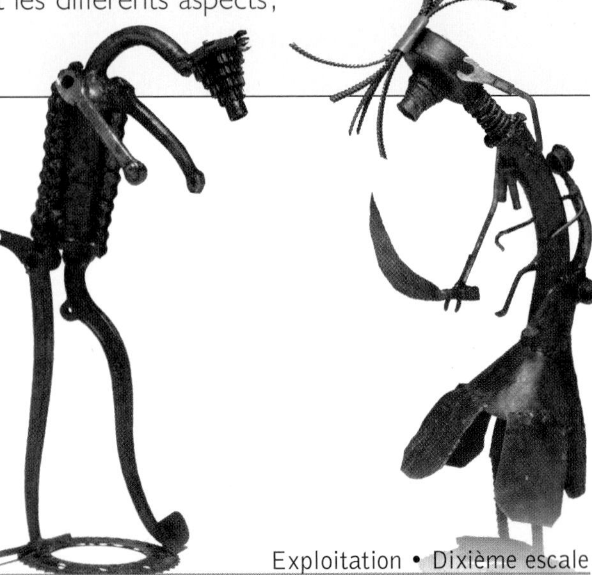

Vendredi ou la vie sauvage

p. 526

Planification

Survole le texte *Vendredi ou la vie sauvage* en t'intéressant plus particulièrement aux illustrations, au chapeau et à la référence bibliographique.

a) À ton avis, ce texte est-il littéraire ou courant? Justifie ta réponse.

b) À la lumière de tes observations, à quelle époque et dans quel lieu te plongera ce texte?

c) Connais-tu l'auteur de ce texte?

- Lis le texte *Vendredi ou la vie sauvage* afin de découvrir comment la débrouillardise et la créativité permettent à un personnage de survivre dans un environnement hostile.
- Garde l'œil ouvert: ce texte recèle sûrement des pistes intéressantes pour ta production.
- Au fil de ta lecture, prête attention à l'organisation du texte afin de trouver des similitudes et des différences avec les textes précédents.

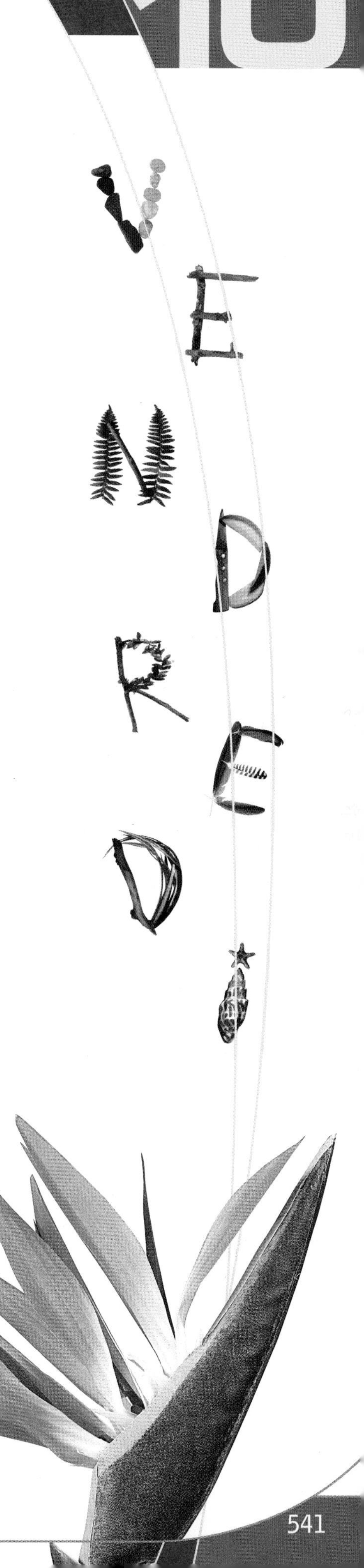

Cap sur les mots

Les synonymes et les antonymes

On dit des mots appartenant à une **même classe de mots** et ayant des **significations semblables** qu'ils sont **synonymes.** Bien utilisés, les synonymes permettent d'assurer la continuité entre les phrases d'un texte tout en évitant les répétitions.

On qualifie d'**antonymes** les mots appartenant à une **même classe de mots** et ayant des **significations opposées.** Bien utilisés, les antonymes permettent de transformer une phrase de forme négative en une phrase de forme positive.

› Cette construction n'est **pas solide.**

› Cette construction est **fragile.**

L'antonyme peut être formé de trois manières différentes:

- par l'ajout d'un préfixe négatif à un mot de base;
  › conformiste / **anti**conformiste utile / **in**utile
- par le remplacement, dans un mot dérivé, d'un préfixe par un préfixe opposé;
  › **im**migrant / **é**migrant **im**porter / **ex**porter

Journal de bord

Rédige le compte rendu d'un roman d'aventures dans lequel il est question de la survie d'une ou de plusieurs personnes dans un lieu isolé.

- par le remplacement du mot de base.
  - › pauvre / riche créer / détruire

Avant de recourir à un dictionnaire des synonymes et des antonymes ou à un dictionnaire usuel pour trouver le synonyme ou l'antonyme d'un mot, tu dois d'abord en déterminer le sens. Souvent, pour ce faire, il s'agit d'observer le contexte dans lequel le mot est utilisé.

- Le verbe *déterminer* a différents synonymes, selon le contexte.
  - › **Déterminons** la date du concours. ⟶ **Fixons** la date du concours.
  - › **Déterminons** le sens de ce mot. ⟶ **Définissons** le sens de ce mot.
  - › **Déterminons** les gens à recycler. ⟶ **Amenons** les gens à recycler.
- L'adjectif *original* a différents antonymes, selon le contexte.
  - › Ce n'est **pas** l'œuvre **originale.** ⟶ C'est une œuvre **copiée.**
  - › Ce n'est **pas** une idée **originale.** ⟶ C'est une idée **banale.**
  - › Ce n'est **pas** l'édition **originale.** ⟶ C'est la **dernière** édition.

Remplis une fiche semblable à celle ci-dessous à l'aide des indices qui y figurent déjà et des explications de la rubrique *Cap sur les mots.*

SYNONYME ET ANTONYME

MOT TIRÉ DU TEXTE	SYNONYME	ANTONYME	FORMATION DE L'ANTONYME
▬ (ligne 2)	infestées	▬	▬
inutilisable (ligne 13)	▬	▬	▬
évidé (ligne 19)	▬	▬	▬
▬ (ligne 24)	égoïsme	▬	▬
▬ (ligne 29)	▬	absence	▬
recouverts (ligne 34)	couverts	découverts	changement de préfixe
perméables (ligne 35)	apparent	▬	changement du mot de base

Compréhension et interprétation

1. Qu'est-ce qui oblige le héros de *Vendredi ou la vie sauvage*, Robinson, à utiliser de manière originale et efficace les ressources naturelles et matérielles de l'île Speranza? À quel autre texte de cette escale cette situation s'apparente-t-elle?

2. Sur une fiche semblable à celle ci-dessous, relève et classe les ressources récupérées par Robinson, selon leur provenance et l'utilisation qu'il en a faite.

ROBINSON

	RÉCOLTE DES CÉRÉALES	CONSTRUCTION DE LA MAISON	FABRICATION DE L'HORLOGE
RESSOURCES DE L'ÎLE			
RESSOURCES DE L'ÉPAVE			

3. Compare l'organisation des textes de cette escale à l'aide d'un tableau semblable à celui ci-dessous.

a) Écris *oui* ou *non* dans les cases en fonction de la présence ou de l'absence des éléments d'organisation indiqués.

b) Si ta réponse est *non*, donnes-en la raison.

ORGANISATION DES TEXTES

ÉLÉMENT D'ORGANISATION	*RÉDUIRE, C'EST AGIR !*	*LES ARTS INDISCIPLINÉS*	*INGÉNIEUSE AFRIQUE*	*VENDREDI OU LA VIE SAUVAGE*
Il s'agit d'un texte courant.				
Il s'agit d'un texte qui vise à raconter, à divertir ou à émouvoir.				
Le sujet est divisé en aspects.				
Des intertitres annoncent les différents aspects.				

4. Ce texte te permet-il de te représenter clairement l'univers dans lequel vit Robinson? Explique les caractéristiques de ce texte qui contribuent à sa compréhension.

5. En un court paragraphe, imagine comment Robinson pourrait faire pour se nourrir.

a) Décris la scène en écrivant ton récit au présent de l'indicatif.

b) Souligne tous les groupes nominaux.

Bagage de connaissances

a) Observe l'illustration ci-contre.

b) Décris l'objet recyclé qui s'y trouve en un paragraphe de quelques lignes.

La description

Une description est l'action de représenter un lieu, une personne, une époque, un objet, une situation. Sa fonction est de permettre au lecteur ou à la lectrice de bien se représenter, presque visuellement, ce qui est dit dans un texte, de bien situer le sujet abordé.

Pour rédiger une bonne description, on doit y inclure les caractéristiques ci-dessous :

- des noms précis et variés ;
- des verbes précis et variés, autres que les verbes *avoir*, *être* et *faire* ;
- de nombreux adjectifs évocateurs ;
- des adverbes qui précisent les éléments énoncés ;
- des synonymes qui permettent d'éviter les répétitions.

c) Relis ta description et ajoutes-y des mots qui la rendront plus précise.

d) Puise dans les différentes classes de mots pour enrichir ton texte.

L'aventure →

N'hésite pas à consulter de nouveau cette rubrique au moment de rédiger la description de ton objet. En tenant compte des caractéristiques qui y sont mentionnées, tu t'assureras de l'efficacité de ta description.

Bilan

a) Les textes de cette escale te fournissent-ils des éléments utiles à la réalisation de ton projet ? Justifie ta réponse en donnant des exemples.

b) Comment les textes et les activités de cette escale ont-ils contribué à éveiller ou à nourrir ta créativité ?

c) Lequel de ces textes a le plus contribué à l'enrichissement de ton vocabulaire ? Illustre ta réponse à l'aide de quelques exemples.

d) L'organisation des textes t'aide-t-elle à les comprendre ?

Fonctionnement de la langue

Les classes de mots et les groupes de mots

Point de repère

Les mots de la langue française sont regroupés dans huit **classes de mots** différentes, selon leurs caractéristiques et leur rôle dans la phrase. Les mots de certaines classes sont **variables** alors que ceux d'autres classes sont **invariables.** Les mots de plusieurs de ces classes peuvent être les noyaux de groupes de mots.

Exploration

a) Lis les phrases ci-dessous afin de découvrir des caractéristiques des classes de mots et des groupes de mots.

❶ Le Québec **produit** 20 tonnes de déchets à la minute.

❷ Un **produit** fait de matières recyclées aide à la valorisation des ressources.

❸ Ces chaussures, je **les** ai achetées d'une artisane africaine.

❹ Même **les** enfants participent à la fabrication d'objets utilitaires.

❺ L'art indiscipliné est une discipline **très** peu connue.

❻ Les prix correspondent aux moyens de la population **défavorisée**.

❼ Quelques boutiques se spécialisent **dans** la vente d'objets recyclés.

❽ Le carton peut servir à fabriquer un abri **ou** de la litière.

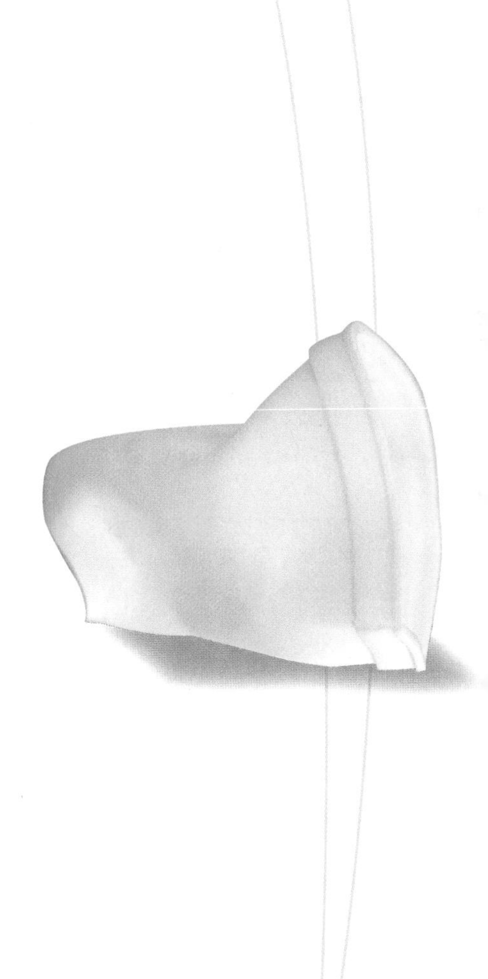

b) Examine les mots qui précèdent les mots en gras dans les phrases ❶ et ❷. Ces mots appartiennent-ils à la même classe de mots? Pourquoi?

c) Dans quelle phrase peux-tu remplacer le mot en gras par:

❶ un nom?	❹ un adjectif?	❼ un adverbe?
❷ un déterminant?	❺ un pronom?	❽ un verbe?
❸ une conjonction?	❻ une préposition?	

d) À l'aide de tes réponses à la question précédente, détermine la classe de chacun des mots en gras.

e) Comment se nomme chacun des groupes de mots soulignés?

f) À quelle classe de mots les noyaux en gras dans ces groupes de mots appartiennent-ils?

g) Quels ouvrages peux-tu consulter pour déterminer la classe d'un mot?

Tour d'horizon

p. 600

1. Les mots de la langue française sont répartis en **huit classes de mots** différentes, selon leurs caractéristiques et leur rôle dans la phrase. Ces classes de mots comptent deux grandes catégories : les classes de mots **variables** et les classes de mots **invariables.**

2. Cinq **groupes de mots** permettent la construction de phrases. Ces groupes comportent un noyau dont la présence est obligatoire.

CLASSE DE MOTS			
CLASSE DE MOTS		GROUPE DE MOTS DONT LE NOYAU APPARTIENT À CETTE CLASSE	*EXEMPLE*
VARIABLE	INVARIABLE		
noms		groupe nominal (GN)	› Les gens recyclent peu.
pronoms			› Ils recyclent peu.
adjectifs		groupe adjectival (GAdj)	› L'œuvre est originale.
verbes		groupe verbal (GV)	› Mireya trie ses déchets.
	adverbes	groupe adverbial (GAdv)	› Tu es très créatif.
	prépositions	groupe prépositionnel (GPrép)	› Prends tes matériaux dans le bac.
déterminants			
	conjonctions		

Comment déterminer la classe d'un mot?

› Ces **œuvres** suscitent des discussions.

› Tu **œuvres** dans le recyclage.

- En **remplaçant** le mot par un autre mot dont on connaît la classe.
  › Ces **objets** suscitent des discussions. (objets : nom)
  › Tu **travailles** dans le recyclage. (travailles : verbe)
- Certaines **formes** de mots donnent aussi des indices quant à la classe des mots, comme la terminaison -**ez**, qui indique souvent la présence d'un verbe.
- En examinant le **contexte,** c'est-à-dire les mots qui l'entourent.
  › Noyau d'un GN et précédé d'un déterminant, le mot *œuvres* est un nom.
  › Noyau d'un GV et précédé d'un pronom, le mot *œuvres* est un verbe.
- En consultant un **dictionnaire** ou une **grammaire.**

Boussole

Les noms propres s'écrivent toujours avec une majuscule initiale.

› **P**atrick, **F**ido, un **A**fricain, une **M**ontréalaise

On met une majuscule au nom qui désigne un peuple et une minuscule à l'adjectif qui qualifie un peuple.

› un met **a**fricain, une citoyenne **m**ontréalaise

Pour distinguer le nom propre de l'adjectif, on peut se référer au contexte ou recourir à des manipulations syntaxiques.

Les groupes syntaxiques et leur fonction

Point de repère

Une phrase est une suite de mots bien ordonnés qui a du sens.
La phrase de base est constituée de deux groupes obligatoires parfois suivis d'un ou de plusieurs groupes facultatifs.

Exploration

a) Lis les phrases ci-dessous afin de découvrir des caractéristiques des groupes de la phrase.

1. Tous les trois **s'ennuyaient** [sur l'île].
2. Les rongeurs **avaient dévoré les provisions de riz.**
3. L'île **demeurait une terre sauvage et hostile.**
4. De gros coquillages **tiennent lieu de récipients.**
5. Les marchands **réalisent des profits substantiels** [en Afrique].
6. La créativité et l'ingéniosité **valorisent l'activité des récupérateurs.**
7. L'économie **conditionne les activités de recyclage.**
8. Les populations moins favorisées **s'efforcent de subsister** [aussi longtemps que possible].

b) Peux-tu effacer les groupes de mots soulignés sans nuire à la construction des phrases?

c) Peux-tu remplacer ces groupes de mots par un pronom?

d) Quelle fonction exercent-ils?

e) Peux-tu effacer les groupes de mots en gras sans nuire à la construction des phrases?

f) À quelle classe de mots le noyau de chacun de ces groupes appartient-il?

g) Comment appelle-t-on ces groupes de mots?

h) Peux-tu effacer et déplacer les groupes de mots encadrés sans nuire à la construction des phrases?

i) Quel type de précision (lieu, temps, but, etc.) ces mots encadrés donnent-ils à la phrase?

j) Ce type de renseignement est-il essentiel à la construction des phrases?

k) Comment nomme-t-on ces groupes de mots?

l) Quelle fonction exercent-ils?

Tour d'horizon

1. Les phrases sont constituées de **groupes de mots,** dont deux sont **obligatoires**: le groupe sujet (GS), qui exerce la **fonction de sujet,** et le groupe verbal (GV), qui exerce la **fonction de prédicat.** À ces constituants obligatoires peuvent s'ajouter des groupes facultatifs, qui exercent la fonction de complément de phrase. ..... p. 615 et 617

2. On repère les groupes d'une phrase en procédant à des **manipulations syntaxiques.** Le tableau ci-dessous résume les manipulations auxquelles on doit recourir pour reconnaître les différents groupes d'une phrase. .... p. 591

› Les élèves (GS) circulent (GV) dans le musée (GCP).

GROUPE DE MOTS	MANIPULATION	*EXEMPLE*
GROUPE SUJET (GS)	• **effacement impossible**	⊘ circulent dans le musée.
	• **remplacement** par un pronom	› *Ils* circulent dans le musée.
	• **détachement** par l'expression *C'est… qui* ou *Ce sont… qui*	› *Ce sont* les élèves *qui* circulent dans le musée.
GROUPE VERBAL (GV)	• **effacement impossible**	⊘ Les élèves dans le musée.
	• **détachement** du noyau à l'aide des mots *ne… pas*	› Les élèves *ne* circulent *pas* dans le musée.
GROUPE COMPLÉMENT DE PHRASE (GCP)	**Les trois manipulations ci-dessous doivent être possibles.**	
	• **effacement**	› Les élèves circulent.
	• **déplacement**	› Dans le musée, les élèves circulent. › Les élèves, dans le musée, circulent.
	• **dédoublement** à l'aide des mots *et cela se passe* ou *et cela se fait.*	› Les élèves circulent *et cela se passe* dans le musée.

Boussole

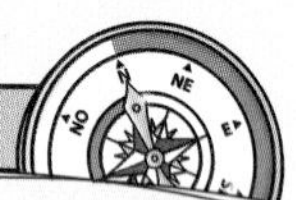

Placé au début de la phrase, le GCP est suivi d'une **virgule.**

› En Afrique, la récupération est vitale.

Placé au milieu de la phrase, il est encadré par des **virgules.**

› La récupération, en Afrique, est vitale.

10

Le groupe nominal (GN) et l'accord de ses constituants

Point de repère

Le GN a pour noyau un nom commun, un nom propre ou un pronom. Ce noyau, généralement un nom commun, peut être accompagné d'un déterminant et complété par diverses expansions. Une phrase peut contenir plusieurs GN, qui ont différentes fonctions syntaxiques.

Exploration

a) Lis les phrases ci-dessous afin de découvrir des caractéristiques du GN. Prête attention aux groupes de mots soulignés.

1. Les débouchés pour les **matières** résiduelles sont nombreux.
2. Leur **classe** entière participe à ce **concours** annuel.
3. Plusieurs **«patenteux»** québécois s'inspirent des objets jugés désuets.
4. Certaines créations viennent du quotidien de l'artiste, **elles** reflètent sa personnalité.
5. Florent Veilleux avait 30 ans lorsqu'**il** s'est lancé dans cette discipline.
6. Valoriser les ressources exige peu d'**investissement** personnel.
7. Peu d'**articles** jetés n'offrent aucune possibilité.

b) À quelles classes de mots les mots en gras appartiennent-ils?

c) Leur présence est-elle nécessaire dans les groupes de mots soulignés?

d) À quelle classe grammaticale les mots soulignés qui précèdent les mots en gras dans les phrases 1, 2 et 3 appartiennent-ils?

e) À quelle classe de mots les autres mots qui font partie des groupes de mots soulignés dans ces phrases appartiennent-ils?

f) Comment ces mots s'accordent-ils?

g) Quel est l'antécédent des mots soulignés dans les phrases 4 et 5?

h) Comment les mots soulignés s'accordent-ils dans ces phrases?

i) Que remarques-tu de particulier quant à l'accord en nombre des mots en gras dans les phrases 6 et 7?

Tour d'horizon

1. Peu importe sa **construction,** le groupe nominal (GN) comporte toujours un noyau (nom ou pronom), souvent un déterminant et, parfois, une ou plusieurs expansions. . . . . p. 600

2. Le GN peut exercer les **fonctions** de sujet, d'attribut du sujet, de complément direct, de complément de phrase ou de complément du nom. . . . . p. 598

3. L'accord des constituants du GN

- Le **noyau** du GN, qu'il s'agisse d'un nom ou d'un pronom, **donne** son genre et son nombre au déterminant, lorsque présent, et au noyau du groupe adjectival (GAdj) qui le qualifie.

  › Des **fleurs** séchées ornent ce superbe **bibelot.**
  (Des fleurs séchées : **fém. sing.** ; ce superbe bibelot : **masc. sing.**)

- Si le nom est précédé d'un déterminant indéfini de quantité tel que ***peu de, beaucoup de, moins de,*** etc., son nombre varie selon qu'il désigne une entité comptable ou non comptable.

  › Elle a beaucoup d'**imagination,** mais peu de **moyens** pour l'exprimer.

- Le **pronom** prend le genre et le nombre de son **antécédent.**

  › Ces femmes sont créatives et **elles** en font profiter leurs voisins.
  (Ces femmes : **fém. plur.** ; elles : **fém. plur.**)

- Les mots ***le, la, les, l'*** et ***leur*** suivis d'un nom sont généralement des déterminants ; on peut alors les remplacer par un autre déterminant. Suivis d'un verbe, ces mots sont des pronoms ; on peut alors trouver leur antécédent.

  › Une fois **les** déchets triés, on **les** a confiés aux artisanes.
  (les [**ces**] : **dét.** ; les [⊘ **des**] : **pronom (antécédent : les déchets triés)**)

4. Un nom commun est soit **individuel,** soit **collectif.** Le nom **individuel** désigne une personne, un animal ou un objet en particulier. Le nom **collectif** désigne un ensemble de personnes, d'animaux ou d'objets, même s'il est au singulier.

› noms individuels ⟶ tableau, produit, artiste, outil, matériel, etc.

› noms collectifs ⟶ famille, troupe, groupe, classe, armée, etc.

Excursion

Les classes de mots p. 546

a) Complète le texte ci-dessous à l'aide des mots qui te semblent les plus appropriés.

Néanmoins, les déchets profitaient à plusieurs classes de la société. Les ________ venaient chercher les boues des villes et s'en servaient ________ fertiliser leurs sols. Même les porcs étaient mis à contribution et devenaient des éboueurs ________. On les laissait circuler ________ dans les rues où ils trouvaient leur pitance.

La récupération et le recyclage avaient aussi ________ place. Au fil des siècles, dans ce secteur, un véritable corps de métier, les chiffonniers, se développa. ________ faisaient la tournée de la ville pour ramasser tout ce qui pouvait avoir une certaine valeur : ________, morceaux de cuir ou de métal, vieux vêtements et tissus, débris de verre et os d'animaux.

Les os pouvaient être bouillis pour obtenir de la graisse servant à fabriquer des chandelles et du beurre économique. Les plus beaux morceaux étaient transformés en boutons, manches de couteaux ________ brosses à dents. Les vieux chiffons étaient acheminés ________ ateliers qui produisaient le papier. Quant aux cheveux, ________ entraient dans la fabrication de postiches. Bref, rien d'utile ne ________.

Les chiffonniers se recrutaient parmi les gens les plus ________. À cause de leur misère et de leur métier, ils étaient ________ méprisés et trompés, même s'ils étaient très utiles à la société. En France, au siècle dernier, le secteur de la récupération et ________ recyclage faisait ________ 500 000 personnes.

Adapté de *Des déchets et des hommes*, Le BAC, site Internet de la Centrale des syndicats du Québec (CSQ).

b) Indique, au-dessus de chaque mot ajouté, sa classe.

c) Compare tes réponses avec celles de tes camarades et discutez des indices présents dans le texte qui vous ont permis de trouver la classe des mots manquants.

Les groupes syntaxiques p. 548

a) Lis les phrases ci-dessous, elles portent sur la gestion des déchets à l'époque médiévale.

1. Pendant des millénaires, la nature s'est chargée de la gestion des déchets.
2. Les ordures servaient de nourriture aux animaux ou se décomposaient.
3. Cet équilibre disparut avec la croissance de la population urbaine.
4. Nos lointains ancêtres ont vécu dans des villes envahies par les déchets et leur odeur.
5. Les règles élémentaires d'hygiène n'étaient pas respectées.
6. Des restants, des excréments et des carcasses d'animaux jonchaient rues et cours d'eau.
7. De nombreuses épidémies gagnèrent ces populations du Moyen Âge.
8. De 1346 à 1353, la peste noire fit des millions de victimes en Europe.
9. Beaucoup de médecins attribuent ces maladies ravageuses aux ordures.
10. Davantage préoccupés par leur survie, les gens boudaient la gestion des déchets.

Adapté de *Des déchets et des hommes*, Le BAC, site Internet de la Centrale des syndicats du Québec (CSQ).

b) Souligne le ou les verbes conjugués dans chacune des phrases.

c) Encadre les groupes syntaxiques de chaque phrase. Écris GS, GV ou GCP au-dessous de chacun d'eux.

d) Encercle l'expansion ou les expansions du verbe.

Le groupe nominal (GN) et l'accord de ses constituants

.. p. 550

a) Survole rapidement le texte ci-dessous tout en observant les mots inscrits entre parenthèses.

En 1883, le préfet de Paris, Eugène Poubelle, fit une première tentative de collecte sélective. (Il, Elle, Ils) s'adressa aux propriétaires d'immeubles, les obligeant à se munir de récipients spéciaux pour déposer (les, le) déchets de leurs locataires. Quant aux citoyens, Poubelle (lui, leur) demanda de trier leurs ordures. Mais la population de Paris ne consacra que très peu d'(énergies, énergie) à ce projet.

Beaucoup de (solutions, solution) ont été mises en place depuis. L'incinération est temporairement apparue comme une mesure satisfaisante, jusqu'à ce qu'on constate qu'elle causait trop de (pollutions, pollution). Au début du siècle dernier, certains pays éliminèrent les dépotoirs habituels en (les, le) remplaçant par des sites d'enfouissement dont l'emplacement était choisi avec soin. Cette solution devint si populaire que nos voisins du Sud (les, la) reproduisirent annuellement de 300 à 400 reprises dans les années1970.

Aujourd'hui, au Québec comme ailleurs, après qu'on (les, l') eut boudés pendant quelques décennies, la récupération et le recyclage sont de retour. Ces gens pauvres ou ces brocanteurs qui explorent les déchets avant que le camion à ordures (le, les) prive de ces ressources, l'existence d'un programme de collecte sélective dans la plupart des municipalités, la présence d'un nombre grandissant de comptoirs d'articles et de vêtements d'occasion et les nombreux projets de ressourcerie illustrent bien (les, le) multiples formes que peuvent prendre la récupération et le recyclage.

b) Dans les parenthèses, encercle le mot qui respecte l'accord avec le GN.

c) Sur les filets de droite, justifie chacun de tes choix ainsi :

- s'il s'agit d'un pronom, note son antécédent ;
- s'il s'agit d'un nom précédé d'un déterminant indéfini, indique s'il est comptable ou non comptable.

L'aventure

Art ou bricolage innovateur?

L'artiste en toi rêve d'exhiber sa créativité? L'inventeur ou l'inventrice en toi aimerait créer un nouvel objet utilitaire? Avant d'arriver à cette dernière phase du projet, il te reste quelques étapes à franchir. D'abord, pense à tes compétences personnelles et choisis l'option qui te convient le mieux. Que tu choisisses de créer une œuvre artistique ou d'inventer un objet utilitaire à partir de matières recyclées, il te faudra rédiger une **description** pour faire connaître ta création. Cette description devra présenter de façon claire, précise et complète les différents aspects de ton œuvre.

Dans ce projet d'écriture, respecte les consignes suivantes:

TÂCHE	Rédiger un texte descriptif pour présenter un objet utilitaire ou une création artistique.
SUJET	Des œuvres créées à partir de matières recyclées.
DESTINATAIRES	À déterminer en groupe classe.
CONTEXTE DE RÉALISATION	Organiser une exposition où seront exposés les œuvres et les textes les décrivant.

Calepin

Voici quelques règles d'usage concernant la graphie ou la prononciation de certaines consonnes.

- Pour distinguer le *c* dur, qui se prononce [k], du *c* mou, qui se prononce [s], **la lettre *c*** prend une cédille devant les voyelles *a*, *o* et *u*.
  › re**ç**u / re**c**ul
  › gar**ç**on / **c**onstat
  › **c**abine / fran**ç**ais
- Les sons *an*, *on* et *in* s'écrivent avec un *m* devant les consonnes *p* et *b*.
  › **im**portation / **in**térêts
- Placée entre deux voyelles, la lettre ***s*** se prononce généralement [z].
  › ra**s**oir / uten**s**ile

Préparation

Planifie ta production

a) Détermine ta manière d'écrire:

❶ en considérant les choix qui s'offrent à toi: l'œuvre d'art ou l'objet utilitaire;

❷ en tenant compte de tes habiletés personnelles en écriture.

b) Détermine le contenu de ton texte:

❶ en relisant les extraits descriptifs des textes de cette escale;

❷ en relisant les notes que tu as prises tout le long de cette escale;

❸ en te référant à des textes dans lesquels tu as observé des façons intéressantes de décrire les objets.

c) Sélectionne les éléments de ton texte:

❶ en dressant une liste des caractéristiques de ton œuvre: ses matériaux, les parties qui la composent, les techniques utilisées, ses dimensions, etc.;

❷ en regroupant ces caractéristiques en aspects et en sous-aspects.

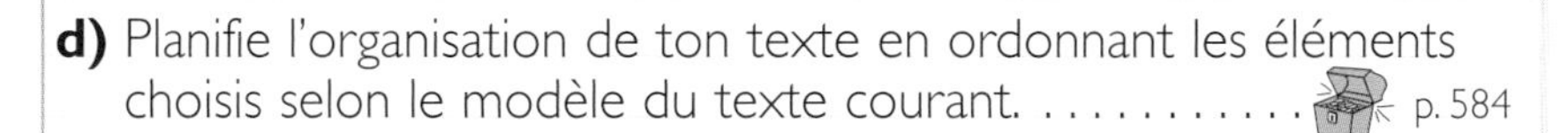

d) Planifie l'organisation de ton texte en ordonnant les éléments choisis selon le modèle du texte courant. . . . . p. 584

Réalisation

Rédige un brouillon

a) Relis régulièrement ton texte pendant ta rédaction :

❶ afin de vérifier la cohérence de tes propos ;

❷ pour corriger les erreurs évidentes.

b) Utilise des procédés stylistiques (énumération, comparaison, etc.) et des procédés typographiques en fonction du projet que tu as choisi.

c) Utilise un vocabulaire précis et nuancé qui respecte la variété de langue standard.

d) Prête une attention particulière à la construction et à la ponctuation de tes phrases.

e) Construis tes phrases de manière à ce qu'elles reflètent l'absence d'énonciateur et un point de vue objectif.

f) Divise ton texte en paragraphes en regroupant les phrases en fonction des aspects et des sous-aspects abordés.

g) Insère des intertitres explicites qui annoncent les aspects et sous-aspects de ton texte.

h) Donne à ton texte un titre explicite ou évocateur.

Révise, améliore et corrige ton brouillon

a) Relis ton texte afin de t'assurer que la réponse à chacune des questions suivantes est *oui*.

❶ Mon texte respecte-t-il les caractéristiques d'un texte descriptif ?

mon œuvre recyclée

❷ Les phrases de mon texte sont-elles bien construites et la ponctuation est-elle appropriée?

❸ Le vocabulaire est-il nuancé et précis?

b) Demande à un ou une autre élève de lire ton texte afin de voir l'intérêt qu'il suscite et l'effet qu'il produit.

c) Revois la pertinence et le degré de précision des aspects et des sous-aspects pour t'assurer qu'ils sont décrits clairement et de manière intéressante.

d) Vérifie si la structure des phrases et la ponctuation sont appropriées.

e) Utilise un dictionnaire pour vérifier l'orthographe des mots.

f) Mets ton texte au propre en y intégrant les améliorations et les corrections.

Le grand moment est arrivé!

Voilà enfin venu le moment tant attendu: tu feras connaître ton œuvre et, par le fait même, ta créativité, ton originalité et tes talents en écriture seront mis en valeur. Joins-toi aux autres participants et participantes afin d'organiser l'exposition: lui trouver un nom, déterminer où elle se tiendra, lancer des invitations, etc.

Bilan

Fais le point sur cette escale en répondant aux questions suivantes.

a) As-tu eu du plaisir à parcourir cette escale? Explique ta réponse.

b) Quelle partie de *L'aventure* as-tu préférée? Explique pourquoi.

c) Quelle partie de *L'aventure* as-tu le moins aimée? Pourquoi?

d) Si tu étais l'auteur ou l'auteure de cette escale, quelles améliorations apporterais-tu au projet final?

e) Quelles difficultés as-tu éprouvées pendant la rédaction de ta description? Comment les as-tu surmontées?

f) De quelle façon les commentaires des autres élèves t'ont-ils réellement permis d'améliorer ton texte?

g) As-tu l'impression d'avoir fait des progrès en écriture depuis la 1re partie du 1er cycle du secondaire? Explique ta réponse.

h) Crois-tu avoir rédigé un texte qui décrit de façon claire et précise ton objet d'art ou ton objet utilitaire? Justifie ta réponse.

Étapes de la lecture

Table des matières

La présentation du journal de bord

Au cours du 1er cycle du secondaire, tu laisseras des traces de tes lectures, de tes expériences culturelles, de tes productions écrites et de tes apprentissages en tenant un journal de bord. Ces traces te permettront de te donner des repères culturels, de réfléchir à ta pratique de lecteur ou lectrice et de scripteur ou scriptrice, et de suivre la progression de tes apprentissages.

Ton journal de bord sera divisé en trois sections :

- *Mon répertoire*
- *Mes productions écrites*
- *Mes apprentissages*

Mon répertoire

Dans cette section, tu inséreras des fiches critiques, des comptes rendus de lecture et d'expériences culturelles, des résumés et des extraits de livres qui t'auront paru marquants. Tu y inséreras aussi des textes qui exprimeront tes réactions et tes appréciations après que tu auras lu, entendu ou vu une œuvre, ou vécu une expérience culturelle. Enfin, cette section comprendra les références bibliographiques des livres que tu auras appréciés. Des outils te sont proposés dans les pages suivantes pour t'aider à constituer ton répertoire.

Les expériences culturelles que tu peux vivre sont variées. Il peut s'agir de la visite d'un lieu culturel, de ta participation à un événement culturel ou d'une rencontre avec une personne travaillant dans le monde de la culture.

Mes productions écrites

Dans cette section, tu inséreras les documents sur lesquels se trouvent des traces de la préparation, de la réalisation et de l'évaluation de tes productions écrites particulièrement signifiantes. Tu pourras réfléchir à ta pratique de scripteur ou scriptrice en faisant le bilan de tes acquis, de tes progrès et des points à améliorer grâce à ces productions.

Mes apprentissages

Dans cette dernière section, tu inséreras tes autoévaluations, tes grilles de correction grammaticale d'un texte, des fiches qui te permettront de te remémorer facilement les notions et les concepts étudiés, et des notes personnelles liées à des connaissances sur la langue, les textes et la culture.

Les étapes de la lecture ou de la réalisation d'une expérience culturelle

Il est important que tu suives les étapes ci-dessous afin de donner un sens à ce que tu fais.

Avant la lecture ou la réalisation d'une expérience culturelle

1. Oriente ta lecture, ta visite, ta participation ou ta rencontre en fonction d'intentions et de besoins liés au développement culturel.

2. Écris ce que tu sais à propos de l'œuvre que tu liras (histoire, genre de texte, univers particulier, auteur ou auteure, collection, maison d'édition, date de parution, etc.), du lieu que tu visiteras, de l'événement auquel tu participeras ou de la personne que tu rencontreras.

3. a) S'il s'agit d'une lecture, prévois le contenu à l'aide d'indices tels que le titre, la quatrième de couverture, la table des chapitres, les illustrations, etc.

b) S'il s'agit d'une expérience culturelle, écris des questions que tu te poses à propos de la visite que tu feras, de l'événement auquel tu participeras ou de la personne que tu rencontreras.

Pendant la lecture ou la réalisation d'une expérience culturelle

1. a) S'il s'agit d'une lecture, cerne le contenu et l'organisation du texte en mettant en évidence des éléments caractéristiques de l'œuvre, en reconnaissant des similitudes entre cette œuvre et d'autres œuvres, ou en observant la conformité et l'écart entre l'œuvre et sa version transposée, si tel est le cas.

b) S'il s'agit d'une expérience culturelle, vérifie si tu trouves les réponses aux questions que tu te posais. Sinon, pose tes questions à une personne-ressource ou à la personne rencontrée.

2. a) S'il s'agit d'une lecture, compare ton interprétation avec celle d'une personne qui lit ou qui a lu l'œuvre que tu lis.

b) S'il s'agit d'une expérience culturelle, écoute les commentaires des gens qui t'entourent afin de comparer tes perceptions avec la leur.

3. Prends des notes pour laisser des traces de ce que tu auras lu, vu ou entendu.

Après la lecture ou la réalisation d'une expérience culturelle

1. Vérifie si cette lecture ou cette expérience culturelle s'est déroulée selon tes intentions et a répondu à tes besoins.

2. Écris tes réactions et partage-les avec d'autres personnes.

3. Remplis une fiche critique et fais un compte rendu de ta lecture ou de ton expérience culturelle.

Les caractéristiques des lectures de la section *Mon répertoire*

Dans la section *Mon répertoire,* tu laisseras des traces des différentes lectures que tu fais, qu'il s'agisse de littérature jeunesse ou de littérature pour le grand public. En fonction d'œuvres reconnues pour leur qualité et majoritairement contemporaines, tu construiras tes propres repères culturels.

Pendant le 1er cycle, des tableaux semblables à ceux ci-dessous pourront te servir à enregistrer les caractéristiques des œuvres lues.

ŒUVRES LITTÉRAIRES NARRATIVES COMPLÈTES

	TITRE	AUTEUR OU AUTEURE	GENRE[1]	UNIVERS[2]	DU QUÉBEC	DE LA FRANCOPHONIE
1	*Un cadavre stupéfiant*	Robert Soulières	Roman	Récit policier	✔	
2	*Solos*	Régine Detambel	Recueil de nouvelles	Récits fantastiques		✔
3	*Allegro*	Félix Leclerc	Recueil de fables	Récits d'apprentissage	✔	
Total	Au moins cinq pour chaque année du cycle	Au moins trois différents		Au moins trois différents	Au moins cinq pour le cycle	Au moins cinq pour le cycle

ŒUVRES COMPLÉMENTAIRES

	TITRE	AUTEUR OU AUTEURE	GENRE[3]	REPÈRE CULTUREL[4]
1	*L'esprit de la lune*	Jacques Pasquet	Recueil de nouvelles	› Comparaison d'œuvres du même genre (*L'esprit de la lune* / *Solos*)
2	*Andante*	Félix Leclerc	Recueil de poèmes	› Comparaison d'œuvres d'un même auteur ou d'une même auteure (*Allegro* / *Andante*)
Total	Environ dix pour le cycle			

1. Un roman, un recueil de nouvelles, de contes, de légendes ou de fables.
2. Un récit policier, historique, fantastique, d'amour, d'anticipation, d'apprentissage, d'aventures, de science-fiction.
3. Un roman, un recueil de nouvelles, de contes, de légendes ou de fables, des chansons, des poèmes et des monologues.
4. Des transpositions d'œuvres littéraires au cinéma, à la télévision ou à la scène; des comparaisons faites entre des romans et des recueils d'un même auteur ou d'une même auteure, d'un même genre ou d'une même époque; des œuvres diverses y compris des œuvres illustrées.

La prise de notes de lecture

Pendant ou immédiatement après ta lecture, il est bon que tu prennes des notes afin de soutenir la progression de ta compréhension. Ces traces te permettront de résumer ou d'apprécier un texte sans avoir à le relire en totalité.

Il existe plusieurs façons de noter les éléments significatifs d'un texte. Tu peux annoter le texte en soulignant, en surlignant ou en écrivant dans les marges, si cela est possible, tu peux prendre des notes sur une feuille ou une fiche, ou tu peux construire des tableaux et des schémas.

Voici les principaux éléments à noter lorsque tu lis un texte littéraire.

Lorsque tu lis un texte narratif, tu notes :

- les indices de temps (quand ?) et de lieux (où ?) qui sont importants dans le récit ; p. 635
- les caractéristiques, l'importance et le rôle des principaux personnages (qui ?) ; p. 118-119
- les parties du schéma narratif ; p. 580
- les événements du déroulement qui font progresser le récit (quoi ?).

Lorsque tu lis un texte poétique, tu notes :

- le thème ;
- la séquence textuelle dominante (narrative, descriptive ou de parole) ;
- les mots évocateurs qui génèrent des images ;
- les procédés stylistiques ; p. 637
- les rimes ;
- les émotions et les sentiments exprimés.

Exemples

« Monsieur Scalzo »

Il s'appelait Scalzo. C'était un Italien, musicien et jardinier comme il devait l'être dans son pays. Il jouait l'accordéon et gardait des fleurs sur son toit. Petit, figure rouge, cheveux gris très épais, une voix chaude, des « r » sonores, beaucoup de gestes, un grand sourire : c'était lui.

Situation initiale — *qui ? personnage principal + caractéristiques*

quand ?

Quand cinq heures criait à l'usine, en vitesse, nous, les enfants, sautions sur le bout de la galerie et, jambes pendantes, regardions les hommes en habit de travail défiler près de nous sur le trottoir, deux par deux, leur boîte à dîner sous le bras. Monsieur Scalzo en passant nous faisait le bonjour avec le « r » et ça nous amusait.

Élément perturbateur — *qui ? personnages secondaires + actions*

Il tournait à droite dans la ruelle. Un escalier montait au fond. Lentement, sans passer de marche, parce qu'il était fatigué, il grimpait puis disparaissait derrière un mur et réapparaissait en haut sur le toit, chez lui avec les fleurs. Alors il enlevait sa blouse d'usine, son chapeau

où ?

mou, ses bottines et, les manches relevées, il aspirait plusieurs grandes bouffées d'air en se frottant les bras, puis il se plongeait la face dans un bassin d'eau que sa femme posait là chaque soir.

À travers les tiges vertes, les bouquets rouges, les fleurs jaunes qui ne poussaient que chez lui, on le voyait commencer sa visite de botaniste,

quoi ?

s'arrêter à chaque pot, inspecter les pousses, le canif à la main, glisser les doigts sur des boutons roses, ou rester des longs moments le nez enfoui dans une corolle. Quelquefois, il nous lançait une feuille ou une fleur. Nous courions la ramasser avidement, comme une pièce d'argent que l'on trouve.

Déroulement

Puis, il arrosait son jardin et nous le guettions ; il savait pourquoi et, volontairement, nous faisait languir. Nous lui faisions des signes et des gestes, et lui se contentait de rire. Quand tout était fini, il secouait ses

quand ?

mains, donnait un coup d'épaule en arrière pour déplier son dos qui courbait, et rentrait chez lui à reculons. Alors, nous cessions subitement de nous amuser. Quelque chose de beau se préparait. Nous nous

quoi ?

assoyions dans les herbes, l'un près de l'autre, le dos sur la clôture

où ?

de bois, et chut… le cœur nous battait.

Dans le soir, c'était d'abord loin, incertain comme une rumeur, puis

quand ?

nos oreilles distinguaient une note, une autre, d'autres, enfin tout un accord parfait. Alors la porte s'ouvrait et, sous le soleil tombant,

Déroulement (suite)

apparaissait, avec un sourire large comme son beau clavier d'ivoire, Monsieur Scalzo, radieux parmi les fleurs, attelé dans son accordéon blanc. L'instrument s'étirait, se pliait, se dépliait en rampant comme une danseuse et, à chaque mouvement, les accords se précipitaient l'un sur l'autre, montaient : le ciel en était plein.

quoi ? *quoi ?*

Marches, tarentelles, romances, mazurkas, pasodoble, et soudain un long accord soutenu comme une page que l'on tourne nous immobilisait, attentifs, comme à la veille de découvrir une belle histoire ; et sur un thème langoureux, mineur, nouveau, nous nous sentions emportés ; les oiseaux rapides effleuraient nos têtes, accourant au concert ; tout l'univers recueilli, immobile, écoutait le jardinier semer des mélodies dans nos cœurs.

où ? *quoi ?*

Dénouement

Et Monsieur Scalzo se balançait comme un dompteur qui aurait commandé aux gammes de séduire. Combien de temps durait cette magie ? Souvent, elle cessait en même temps que le jour. Comme quelqu'un qui se sent toucher sur l'épaule, nous nous retournions ; il faisait brun.

quoi ? *quand ?*

Situation finale

Nous ne voyions plus Monsieur Scalzo, c'était la nuit déjà. Nous passions par le trou où manquait une planche, serrant dans nos doigts un bout de tige épineuse ou un pétale de fleur rare que nous allions cacher entre les pages de nos contes de fées.

Félix LECLERC, « Monsieur Scalzo », *Adagio*, Montréal, Les Éditions Fides, 1991, p. 70-71 (Coll. du Goéland). Reproduction autorisée par Copibec.

« Bozo »

Dans un marais
De joncs mauvais
Y avait
Un vieux château
Aux longs rideaux
Dans l'eau

Rime

Dans le château
Y avait Bozo
Le fils du matelot
Maître céans
De ce palais branlant

Par le hublot
De son château
Bozo
Voyait entrer
Ses invités
Poudrés

De vieilles rosses
Traînant carrosse
Et la fée Carabosse
Tous y étaient
Moins celle qu'il voulait

Vous devinez que cette histoire
Est triste à boire
Puisque Bozo le fou du lieu
Est amoureux
Celle qu'il aime n'est pas venue
C'est tout entendu
Comprenez ça
Elle n'existe pas...

Tristesse

Ni le château
Aux longs rideaux
Dans l'eau
Ni musiciens
Vêtus de lin
Très fin

Y a que Bozo
Vêtu de peau
Le fils du matelot
Qui joue dans l'eau
Avec un vieux radeau

Solitude — *Métaphore*

Si vous passez
Par ce pays
La nuit
Y a un fanal
Comme un signal
De bal
Dansez chantez
Bras enlacés
Afin de consoler
Pauvre Bozo
Pleurant sur son radeau...

Comparaison — *Tristesse*

Thème : solitude
Séquence textuelle dominante : narrative

Félix LECLERC, « Bozo », *Félix Leclerc en chansons*, Montréal, Les Éditions Fides, 1991, p. 70-71 (Coll. du Goéland). Reproduit avec l'autorisation des Éditions Raoul Breton.

Les références bibliographiques

Au cours des *Aventures* et dans différents contextes, tu devras te documenter afin de maîtriser un sujet. Ainsi, tu parcourras diverses sources d'information comme des livres, des articles de revues ou de journaux, des dépliants ou encore des sites Internet. Pour que tu puisses te retrouver dans tous les renseignements que tu auras recueillis, il importe que tu développes une méthode pour les organiser en fonction de leur nature et de leur provenance.

Inspire-toi de ces différents modèles pour noter tes références bibliographiques.

Une référence tirée d'un livre

NOM, prénom. *Titre du livre,* lieu de publication, nom de l'éditeur, date de publication, nombre de pages.

› VIGNEAULT, Gilles. *L'armoire des jours,* Montréal, Nouvelles éditions de l'Arc, 1998, 220 pages.

Une référence tirée d'un article

NOM, prénom. « Titre de l'article », *nom du journal, de la revue ou de l'encyclopédie,* numéro de la revue ou indication du cahier, date de publication, pages de l'article.

› MORIN, Stéphanie. « Le Montréal de Jacques Villeneuve », *La Presse,* Cahier des sports, mercredi 8 juin 2005, p. S3.

Une référence tirée d'un site Internet

NOM, prénom ou nom de l'organisme. « Titre du texte consulté », [en ligne], année du copyright ou date de consultation.

› CHRÉTIEN, Daniel. « Les métiers ont de l'avenir », [en ligne], septembre 2005.

Le résumé

Résumer une œuvre narrative ou une expérience culturelle, c'est formuler dans tes mots les éléments essentiels que tu as lus, vus ou entendus.

Pour résumer une œuvre narrative, tu dois t'assurer d'avoir bien compris l'histoire racontée. Une bonne prise de notes faite pendant ou après la lecture, le visionnement ou l'écoute te permettra de faire un bon résumé. Voici ce que tu dois faire.

1. Rédige ton résumé au présent en employant la troisième personne.
2. Relève les éléments essentiels qui caractérisent cette œuvre narrative.
   - **Qui ?** Principaux personnages.
   - **Quoi ?** Intrigue, dénouement de l'intrigue.
   - **Où ?** Endroit où se déroule cette histoire.
   - **Quand ?** Époque où se déroule cette histoire.
3. Formule dans tes propres mots ces éléments essentiels. Respecte l'ordre chronologique des événements résumés.
4. Évite les répétitions, les imprécisions et les énumérations détaillées. Utilise plutôt des pronoms, des synonymes, des termes précis et des mots génériques.
5. Conserve les liens logiques qui existent entre les actions ou les événements présentés dans le texte original afin d'assurer la continuité et la progression de ton résumé. Pour mettre ces liens en évidence, utilise des organisateurs textuels et des marqueurs de relation.

Pour résumer une expérience culturelle, tu dois t'assurer de bien noter l'information qui t'a été transmise. Une bonne prise de notes te permettra de faire un bon résumé. Voici ce que tu dois faire.

1. Rédige ton résumé au présent en employant la troisième personne.
2. Relève les éléments d'information essentiels qui caractérisent ton expérience culturelle.
3. Regroupe ces éléments sous différents aspects et formule des phrases qui décrivent chacun de ces aspects.
4. Évite les répétitions, les imprécisions et les énumérations détaillées. Utilise plutôt des pronoms, des synonymes, des termes précis et des mots génériques.
5. Utilise des organisateurs textuels et des marqueurs de relation pour assurer la continuité et la progression de ton résumé.

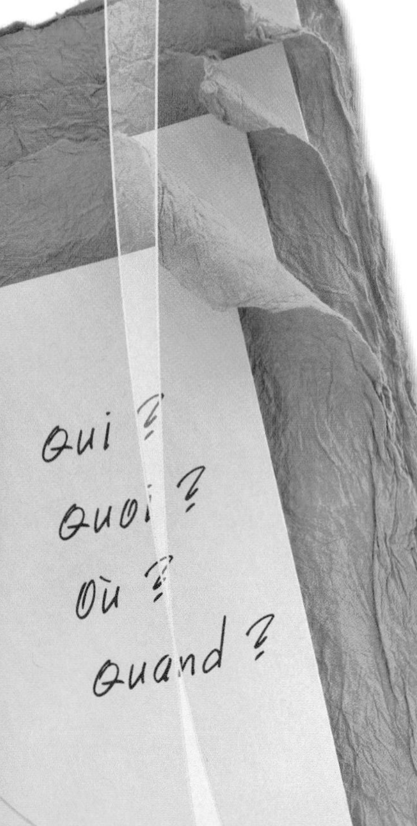

Exemples

Résumé d'un texte littéraire

« Monsieur Scalzo »

Monsieur Scalzo est un Italien, musicien et jardinier. Il travaille dans une usine. Chaque après-midi, quand cinq heures arrive, les enfants le regardent sortir du travail et rentrer chez lui pour prendre soin de ses fleurs sur le toit de sa demeure. Ils l'observent et attendent impatiemment parce qu'ils savent que quelque chose de beau se prépare. Une fois la visite du jardinier terminée, les enfants s'assoient dans l'herbe, l'un près de l'autre, le dos contre la clôture. Dans le soir, Monsieur Scalzo joue alors différents airs d'accordéon qui font rêver les enfants. Ceux-ci ne voient plus le temps passer. L'Italien emplit le ciel de ses accords. Quand la musique s'arrête, souvent, il fait déjà nuit.

Résumé d'une expérience culturelle

Visite à l'Espace Félix-Leclerc

L'Espace Félix-Leclerc est un endroit magnifique situé sur l'île d'Orléans, dans la région de Québec. Ce lieu permet aux visiteurs et visiteuses de mieux connaître et d'apprécier l'œuvre de Félix Leclerc et la culture québécoise. C'est dans le grenier d'une grange se trouvant à l'entrée de l'île qu'est gardée bien vivante la mémoire de cet homme qui a vécu sur l'île d'Orléans. À l'intérieur du bâtiment, une exposition permanente retrace la vie et l'œuvre de l'artiste. Cette exposition est complétée par des archives sonores, des livres et des films. Entre ces quatre murs, on trouve également la reconstitution du bureau de travail de Félix Leclerc, une boîte à chansons ainsi qu'une exposition sur l'histoire de ce type de salle de spectacle, une exposition sur un ou une artiste francophone d'ici ou d'ailleurs, et une boutique où l'on vend, entre autres, des disques, des livres et des affiches. À l'extérieur, une terre de 50 hectares traversée de nombreux sentiers permet aux visiteurs et visiteuses d'admirer les beautés de l'île et le fleuve Saint-Laurent.

Résumé

La critique d'une œuvre littéraire

Utilise une fiche semblable à celle ci-dessous pour apprécier une œuvre littéraire. Cette fiche critique t'aidera à rédiger un compte rendu de lecture.

CRITIQUE D'UNE ŒUVRE LITTÉRAIRE

DESCRIPTION

- Œuvre : ☐ lue ☐ vue ☐ entendue
- Genre : ☐ roman ☐ nouvelle ☐ conte ☐ fable ☐ bande dessinée ☐ poème ☐ chanson ☐ théâtre ☐ monologue ☐ légende
- Forme : ☐ livre ☐ journal ☐ revue/magazine ☐ Internet ☐ DC ☐ DVD ☐ cassette ☐ spectacle ☐ émission télévisuelle ☐ émission radiophonique
- Titre de l'œuvre : ____________
- Auteur ou auteure : ____________

RÉACTION ET APPRÉCIATION

1. a) Selon toi, quel est le niveau de complexité de cette œuvre dans son ensemble ?
☐ Facile ☐ Difficile

b) Justifie ton opinion en cochant les causes de ce niveau de complexité.
☐ Vocabulaire ☐ Phrases ☐ Nombre de personnages
☐ Nombre de lieux ☐ Thème ☐ Univers
☐ Narration des événements (ordre chronologique ou autre ordre)
☐ Organisation du texte ☐ Procédés stylistiques ☐ Autres (précise)
____
____

2. a) Quel est le thème de cette œuvre ? ____________

b) Ce thème te plaît-il ? ☐ Oui ☐ Non

3. a) Quel est l'univers de cette œuvre ? ☐ Policier ☐ Fantastique ☐ Historique ☐ Amour ☐ Anticipation ☐ Apprentissage ☐ Aventures ☐ Science-fiction

b) Cet univers te plaît-il ? ☐ Oui ☐ Non

4. a) S'il s'agit d'une œuvre narrative, de quel type sont les événements racontés ?
☐ Vraisemblables ☐ Invraisemblables

b) Cela te plaît-il ? ☐ Oui ☐ Non

CRITIQUE D'UNE ŒUVRE LITTÉRAIRE (*SUITE*)

RÉACTION ET APPRÉCIATION

5. a) Selon toi, la personne à l'origine de cette œuvre a-t-elle fait preuve d'originalité?
- ☐ Oui ☐ Non

b) Justifie ton opinion en cochant les raisons qui la motivent.
- ☐ Personnages ☐ Lieux ☐ Époque
- ☐ Intrigue ☐ Fin (prévisible ou inattendue) ☐ Autres (précise) ______

6. a) S'il s'agit d'une œuvre narrative, coche, parmi les caractéristiques ci-dessous, celle qui s'applique au narrateur.
- ☐ Il raconte l'histoire et influence son déroulement, puisqu'il est participant.
- ☐ Il raconte l'histoire et permet aux lecteurs et lectrices de mieux connaître les personnages en dévoilant leurs sentiments et leurs motivations, puisqu'il est omniscient.
- ☐ Il raconte l'histoire en se limitant aux faits qu'il a pu observer, puisqu'il est témoin.

b) Pendant ta lecture, le narrateur a-t-il influencé ta vision des personnages et des événements racontés? ☐ Oui ☐ Non

c) Si oui, comment? ______

7. a) Coche les émotions et sentiments que tu as vécus en découvrant cette œuvre.
- ☐ Sympathie ☐ Ennui ☐ Colère ☐ Dégoût
- ☐ Indifférence ☐ Plaisir ☐ Joie ☐ Peur
- ☐ Suspense ☐ Tristesse ☐ Admiration ☐ Autres (précise) ______

b) Coche les éléments de cette œuvre qui ont contribué à faire naître ces émotions et ces sentiments chez toi.
- ☐ Personnages ☐ Lieux ☐ Intrigue ☐ Dénouement
- ☐ Thème ☐ Vocabulaire ☐ Procédés stylistiques ☐ Autres (précise) ______

8. Qu'as-tu le plus aimé dans cette œuvre? Justifie ta réponse. ______

9. Qu'as-tu le moins aimé dans cette œuvre? Justifie ta réponse. ______

10. Recommanderais-tu cette œuvre? Justifie ta réponse. ______

Le compte rendu de lecture

Un compte rendu de lecture sert à faire connaître une œuvre, tout comme ta critique personnelle de cette œuvre. Il peut t'être utile pour te constituer des repères culturels ou pour conseiller un lecteur ou une lectrice faisant partie d'un cercle de lecture.

Construis ou utilise une fiche semblable à celle ci-dessous pour faire un compte rendu de lecture. Respecte les consignes ; elles te guideront dans la rédaction de ta fiche.

COMPTE RENDU DE LECTURE

RÉFÉRENCE BIBLIOGRAPHIQUE

Note les renseignements ci-dessous dans l'ordre où ils sont présentés.

Nom et prénom de l'auteur ou l'auteure, *titre du roman ou du recueil,* lieu de publication, maison d'édition, année de publication, pages, (collection).

Genre

Détermine le genre de l'œuvre (roman, recueil de nouvelles, de contes, de légendes ou de fables, chanson, poème, monologue).

Univers

Détermine l'univers de l'œuvre (récit policier, historique, fantastique, d'amour, d'anticipation, d'apprentissage, d'aventures, de science-fiction).

RÉSUMÉ

Résume l'œuvre en un paragraphe en suivant les conseils qui sont présentés à la page 566. La séquence dominante de ton paragraphe doit être narrative.

Attention ! Puisque ton résumé peut servir à d'autres lecteurs et lectrices, **ne dévoile pas le dénouement de l'intrigue ni la situation finale,** c'est-à-dire la fin du récit. Ton résumé doit susciter la curiosité des lecteurs et des lectrices quant à la suite de cette œuvre afin de leur donner le goût de la découvrir.

NOTE CRITIQUE

Utilise le « je » pour faire connaître ta critique. Sers-toi de la fiche présentée aux pages 568 et 569 pour la rédiger. Les différents points que contient cette fiche t'aideront à justifier ton opinion, favorable ou défavorable, sur l'œuvre. Il peut s'agir d'une note critique qui concerne une seule œuvre ou d'une comparaison faite entre des œuvres.

Exemple

COMPTE RENDU DE LECTURE

RÉFÉRENCE BIBLIOGRAPHIQUE

Félix LECLERC, « Monsieur Scalzo », *Adagio,* Montréal, Les Éditions Fides, 1991, p. 70-71 (Coll. du Goéland).

Genre : conte

Univers : récit d'apprentissage

RÉSUMÉ

Monsieur Scalzo est un Italien, musicien et jardinier. Il travaille dans une usine. Chaque après-midi, quand cinq heures arrive, les enfants le regardent sortir du travail et rentrer chez lui pour prendre soin de ses fleurs sur le toit de sa demeure. Ils l'observent et attendent impatiemment, parce qu'ils savent que quelque chose de beau se prépare. Une fois la visite du jardinier terminée, les enfants s'assoient dans l'herbe, l'un près de l'autre, le dos contre la clôture. Que fait Monsieur Scalzo jusqu'au soir? La lecture de ce conte vous le fera découvrir.

NOTE CRITIQUE

J'ai beaucoup aimé lire le conte « Monsieur Scalzo » de Félix Leclerc. Même si le vocabulaire et la longueur des phrases rendent cette œuvre un peu complexe, l'organisation du texte et la narration des événements, tous vraisemblables, sont faciles à saisir. Cela équilibre le tout pour en faire un texte accessible à tous et toutes. Les principaux thèmes de ce conte sont la musique et les fleurs. Ce que j'ai le plus apprécié dans ce texte, ce sont les descriptions, qui m'ont presque permis de sentir et de voir le jardin de Monsieur Scalzo et d'entendre ses airs d'accordéon. Félix Leclerc réussit également à faire ressentir tout le plaisir qu'a cet homme à jouer de son instrument et toute l'admiration et le respect qu'ont les enfants pour lui et sa musique. Je recommande donc la lecture de ce conte de même que la lecture du recueil d'où il est tiré. J'ai préféré cette œuvre au texte poétique « Bozo ». Ce dernier aborde le thème de la solitude, et son personnage, le pauvre Bozo, m'a fait ressentir de la tristesse et de la sympathie. L'atmosphère de ce texte poétique n'est pas gaie comme celle du conte. J'ai tout de même apprécié les rimes et le fait qu'il s'agisse d'une séquence narrative.

La critique d'une expérience culturelle

Utilise une fiche semblable à celle ci-dessous pour apprécier une expérience culturelle. Cette fiche critique t'aidera à rédiger un compte rendu de cette expérience.

CRITIQUE D'UNE EXPÉRIENCE CULTURELLE

DESCRIPTION

Expérience culturelle: ☐ visite d'un lieu ☐ participation à un événement ☐ rencontre d'une personne

Nom: ____________________

RÉACTION ET APPRÉCIATION

1. a) Coche ce qui qualifierait le mieux cette expérience culturelle.
☐ Pas intéressante ☐ Peu intéressante ☐ Intéressante ☐ Très intéressante

b) Énumère des éléments qui justifient ton niveau d'intérêt pour cette expérience culturelle. ____________________

2. Qu'as-tu appris ou découvert au cours de cette expérience culturelle? ____________________

3. Quel aspect de cette expérience culturelle a été le plus marquant pour toi? Explique ta réponse. ____________________

4. a) Coche les émotions et les sentiments que tu as vécus en réalisant cette expérience culturelle.

☐ Sympathie	☐ Ennui	☐ Colère	☐ Dégoût
☐ Indifférence	☐ Plaisir	☐ Joie	☐ Peur
☐ Curiosité	☐ Tristesse	☐ Admiration	☐ Autres (précise) ________

b) Énumère des éléments qui ont contribué à faire naître ces émotions et ces sentiments. ____________________

5. Qu'as-tu le plus aimé dans cette expérience culturelle? Justifie ta réponse. ____________________

6. Qu'as-tu le moins aimé dans cette expérience culturelle? Justifie ta réponse. ____________________

7. Recommanderais-tu la réalisation de cette expérience culturelle? Justifie ta réponse. ____________________

Le compte rendu d'une expérience culturelle

Le compte rendu d'une expérience culturelle sert à faire connaître une expérience culturelle vécue et la critique personnelle que tu en fais. Il peut t'être utile pour te constituer des repères culturels ou pour conseiller une personne.

Construis ou utilise une fiche semblable à celle ci-dessous pour faire le compte rendu d'une expérience culturelle. Respecte les consignes; elles te guideront dans la rédaction de ta fiche.

COMPTE RENDU D'UNE EXPÉRIENCE CULTURELLE

PRÉSENTATION DE L'EXPÉRIENCE CULTURELLE

Précise ce que tu as visité, nomme l'événement auquel tu as participé ou la personne que tu as rencontrée. Indique l'endroit et le moment où tu as vécu cette expérience culturelle.

RÉSUMÉ

Résume ton expérience culturelle en un paragraphe en suivant les conseils qui sont présentés à la page 566. La séquence dominante de ton résumé doit être descriptive.

NOTE CRITIQUE

Utilise le «je» pour faire connaître ta critique. Sers-toi de la fiche présentée à la page 572 pour la rédiger. Les différents points que contient cette fiche t'aideront à justifier ton opinion, favorable ou défavorable, sur ce que tu as vécu. Il peut s'agir d'une note critique qui concerne une seule expérience culturelle ou d'une comparaison entre des expériences culturelles.

Exemple

COMPTE RENDU D'UNE EXPÉRIENCE CULTURELLE

PRÉSENTATION DE L'EXPÉRIENCE CULTURELLE

En juin dernier, j'ai visité, avec les autres élèves de ma classe, l'Espace Félix-Leclerc à l'île d'Orléans. Ce lieu m'a permis de découvrir la vie et l'œuvre du poète, chansonnier et conteur Félix Leclerc.

RÉSUMÉ

C'est dans le grenier d'une grange se trouvant à l'entrée de l'île qu'est gardée bien vivante la mémoire de cet homme qui a vécu sur l'île d'Orléans. À l'intérieur du bâtiment, une exposition permanente retrace la vie et l'œuvre de l'artiste. Cette exposition est complétée par des archives sonores, des livres et des films. Entre ces quatre murs, on trouve également la reconstitution du bureau de travail de Félix Leclerc, une boîte à chansons ainsi qu'une exposition sur l'histoire de ce type de salle de spectacle, une exposition sur un ou une artiste francophone d'ici ou d'ailleurs, et une boutique où l'on vend, entre autres, des disques, des livres et des affiches. À l'extérieur, une terre de 50 hectares traversée de nombreux sentiers permet aux visiteurs et visiteuses d'admirer les beautés de l'île et le fleuve Saint-Laurent.

NOTE CRITIQUE

Cette visite a été très intéressante. Elle m'a permis de mieux connaître un grand artiste québécois, qui a apporté beaucoup à notre culture. J'ai bien aimé la présentation d'extraits sonores et visuels et la reconstitution de son bureau de travail, qui m'ont permis de mieux m'imaginer l'époque à laquelle il a écrit une grande part de son œuvre. Tout le long de cette visite, j'ai eu du plaisir à connaître davantage et à apprécier l'œuvre de Félix Leclerc. J'ai ressenti beaucoup d'admiration pour cet homme. Ce qui m'a paru le plus marquant au cours de cette expérience culturelle, c'est le bâtiment qui abrite l'Espace Félix-Leclerc. Il est à l'image de l'homme à qui on rend hommage : modeste, noble et poétique. Outre des renseignements sur la vie et l'œuvre de cet artiste, j'ai pu découvrir une peintre québécoise grâce à une exposition. Je recommande cette visite à tous et toutes.

La critique de film

Rédiger la critique d'un film consiste à présenter ce film et à donner son opinion sur celui-ci. Ainsi, une critique de film relève à la fois de la **description** et de l'**appréciation.** D'une part, il s'agit de décrire les différents aspects du film pour que le lecteur ou la lectrice de la critique puisse se faire une idée du film dont il est question. D'autre part, il s'agit d'élaborer et de justifier un point de vue personnel sur le film en s'appuyant sur des critères d'appréciation bien précis. La fiche ci-dessous présente les éléments qui composent généralement une critique de film.

CRITIQUE DE FILM

PRÉSENTATION GÉNÉRALE

Titre du film, pays et année de réalisation

Nom du réalisateur ou de la réalisatrice

Noms des actrices et acteurs principaux

Genre

- Comédie
- Drame
- Histoire
- Comédie romantique
- Suspense
- Horreur
- Action
- Science-fiction

Scénario

- Écrit spécifiquement pour le film
- Adapté d'une œuvre littéraire

DESCRIPTION ET APPRÉCIATION DU FILM

1. Le scénario

a) Description

Résumé de l'intrigue principale du film qui répond aux questions *qui? quoi? où? quand?*

Indication sur l'ordre de présentation des événements (chronologique ou autre)

b) Critères d'appréciation de l'intrigue:

- L'intrigue est-elle originale?
- L'intrigue est-elle complexe?
- L'intrigue est-elle cohérente?
- L'intrigue est-elle vraisemblable?
- L'intrigue est-elle imprévisible?
- Autres

CRITIQUE DE FILM (*SUITE*)

DESCRIPTION ET APPRÉCIATION DU FILM

2. Les personnages

a) Description du personnage principal et des personnages secondaires

b) Critères d'appréciation des personnages:

- Les caractéristiques des personnages sont-elles cohérentes avec les actions qu'ils accomplissent?
- Les personnages sont-ils tous pertinents pour faire progresser l'intrigue?
- Les personnages sont-ils touchants?
- Autres

3. Les thèmes

a) Description du thème principal du film

b) Critères d'appréciation:

- Le thème est-il pertinent?
- Le traitement du thème est-il original?
- Autres

4. Le jeu des acteurs et actrices

Critères d'appréciation:

- Le jeu des acteurs et actrices est-il crédible?
- Le jeu des acteurs et actrices est-il original?
- Autres

5. Les costumes et les décors

Critères d'appréciation:

- Le choix des costumes et des décors est-il pertinent?
- Les costumes et les décors sont-ils beaux?
- Autres

6. L'aspect visuel

Critères d'appréciation:

- Les images sont-elles belles et de qualité?
- Les effets spéciaux sont-ils réussis et originaux?
- Autres

7. La musique

Critères d'appréciation:

- La bande sonore est-elle pertinente?
- La musique est-elle évocatrice et agréable?
- Autres

APPRÉCIATION GÉNÉRALE

En une dizaine de lignes, apprécie le film en te servant des critères d'appréciation cochés précédemment. Dans ce paragraphe, décris la principale qualité du film et son principal défaut. Finalement, recommande ou non le visionnement de ce film.

Exemple

CRITIQUE DE FILM

PRÉSENTATION GÉNÉRALE

Titre du film, pays et année de réalisation
Le Survenant, Québec, 2005

Nom du réalisateur ou de la réalisatrice
Érik Canuel

Noms des actrices et acteurs principaux
Jean-Nicolas Verrault
Anick Lemay
Gilles Renaud

Genre
- ☐ Comédie
- ☐ Drame
- ☑ Historique
- ☐ Comédie romantique
- ☐ Suspense
- ☐ Horreur
- ☐ Action
- ☐ Science-fiction

Scénario
- ☐ Écrit spécifiquement pour le film
- ☑ Adapté d'une œuvre littéraire

DESCRIPTION ET APPRÉCIATION DU FILM

Critique positive :

Le film d'Érik Canuel m'a littéralement enchantée. J'ai été d'abord séduite par la splendeur des images, surtout celles qui montrent les paysages de forêts, de champs et de la rivière au fil des saisons. La reconstitution historique m'a aussi beaucoup impressionnée : les décors et les costumes des personnages évoquent de manière très convaincante le Québec rural d'autrefois, où se situe l'action du film. Ces qualités sont d'autant plus précieuses qu'elles sont mises au service d'un récit que j'ai trouvé captivant. C'est avec beaucoup d'intérêt et d'émotion que j'ai suivi le déroulement de cette histoire d'un étranger qui vient bouleverser la vie tranquille et monotone des habitants et des habitantes d'un village. À mon avis, le cinéaste a réussi à décrire les relations complexes entre le Survenant et les autres personnages avec finesse et sensibilité. Le personnage de l'étranger sauvage et énigmatique m'a charmée : c'est un héros comme on en voit peu au cinéma de nos jours ! Les personnages secondaires (le père Didace, Alphonsine, Amable et Angélina) sont intéressants parce qu'ils représentent bien la société québécoise du passé. Le jeu des acteurs et des actrices n'est, bien sûr, pas étranger à la forte impression que nous laissent les personnages : Jean-Nicolas Verreault (le Survenant), Anick Lemay (Angélina) et Gilles Renaud (le père Didace), entre autres, jouent leur rôle respectif avec beaucoup d'intensité et de conviction. Par-dessus tout, j'ai bien aimé le message de tolérance et d'ouverture qui transparaît dans cette histoire. Bref, ce film porté par une musique envoûtante est non seulement un bon divertissement, mais aussi une œuvre inspirante et stimulante à cause du beau message qu'il véhicule.

Coffret

Table des matières

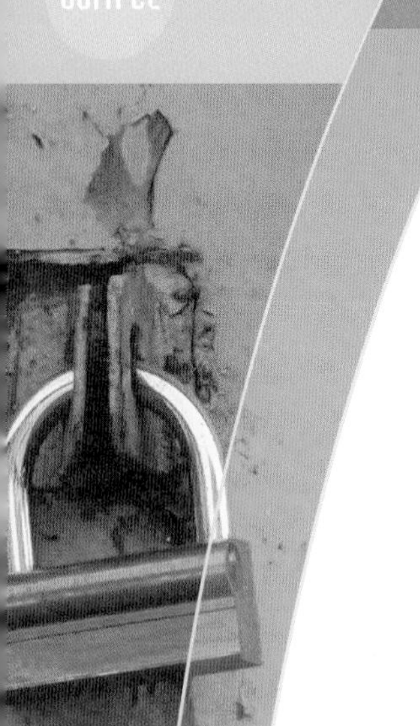

1. La grammaire du texte

Le texte narratif et son schéma

Dans un texte narratif, on raconte une histoire généralement fictive en se servant de la voix d'un narrateur. Ce texte présente un univers construit en fonction:

- d'une époque donnée;
- d'un ou de plusieurs lieux donnés;
- de personnages;
- d'une intrigue.

Les événements racontés sont:

- réels (vrais) ou fictifs (inventés);
- vraisemblables (possibles) ou invraisemblables (impossibles).

Le narrateur peut faire ou non partie du récit.

- Il est absent si le narrateur est omniscient.
- Il est présent si le narrateur est le personnage principal ou un témoin.

Les personnages présentés dans ce texte n'ont pas tous la même importance. Il y a:

- un personnage principal, qui joue le rôle du héros ou de l'héroïne;
- des personnages secondaires, qui sont les adjuvants (alliés) ou les opposants (adversaires) du personnage principal;
- des figurants, qui ajoutent de la vraisemblance au récit.

Dans ce texte, la séquence narrative est dominante; elle sert à organiser le texte dans son ensemble. Toutefois, ce texte contient également des séquences descriptives, qui permettent aux lecteurs et lectrices de bien s'imaginer ce qui est raconté, ainsi que des séquences de parole, qui permettent aux personnages de s'exprimer sans avoir recours au narrateur.

Généralement, l'organisation du texte narratif respecte le schéma narratif suivant.

SCHÉMA NARRATIF 

SITUATION INITIALE (ÉTAT D'ÉQUILIBRE)	• Il s'agit de la situation de départ. • On y présente l'état initial d'équilibre avant que l'élément perturbateur survienne. • On y présente habituellement les lieux (où?), les personnages (qui?), ce qu'ils font (quoi?) et l'époque où l'action se situe (quand?).
ÉLÉMENT PERTURBATEUR (ÉTAT DE DÉSÉQUILIBRE)	• Il s'agit d'un événement qui perturbe la situation initiale, qui provoque un déséquilibre en changeant les choses. • Cet événement perturbateur qui atteint le personnage peut prendre la forme d'un problème à résoudre, d'un projet à réaliser ou d'un désir à combler.
DÉROULEMENT (QUÊTE D'ÉQUILIBRE)	• Cette partie est composée d'une série d'actions et de péripéties qui font progresser le récit et qui font vivre des événements au personnage principal. • Le déroulement correspond à une quête d'équilibre, souvent menée par le personnage principal, qui peut se traduire par des réflexions, des actions ou des événements faisant progresser le récit. • On y raconte la façon dont ce personnage s'y prend pour résoudre son problème, réaliser son projet ou combler son désir.
DÉNOUEMENT (FIN DU DÉSÉQUILIBRE)	• Il s'agit de l'événement qui vient régler la situation de déséquilibre provoquée par l'élément perturbateur. • On y raconte comment le personnage a réussi ou non à résoudre son problème, à réaliser son projet ou combler son désir.
SITUATION FINALE	• Dans cette partie qui est parfois absente, on décrit l'état dans lequel se trouve le personnage principal une fois sa quête d'équilibre terminée. • Il s'agit de l'état dans lequel se trouve le personnage principal après les événements qui se sont produits tout le long du récit. • On y raconte ce qu'est devenu le personnage principal à la suite des événements qu'il a vécus.

Situation initiale

quand ? *qui ?* *où ?* *quoi ?*

Par un beau matin, un homme marchait sur la plage pour y ramasser du bois. Apercevant un objet d'allure massive, il pensa avoir trouvé un tronc d'arbre échoué. Peut-être même une épave de bateau !

Élément perturbateur

Certain de faire une bonne trouvaille, il pressa le pas. Mais plus il s'en approchait, plus il était troublé. À deux reprises, il lui sembla que la chose avait bougé. Il poursuivit quand même tout en restant sur ses gardes.

Quand il découvrit la forme allongée sur le sable, l'homme se figea de stupeur. Il se trouvait en présence d'un être mi-humain, mi-poisson. Partagé entre la curiosité et la peur, il songea à aller avertir les gens du village.

Élément qui perturbe l'état d'équilibre

Déroulement

Il s'apprêtait à faire demi-tour lorsque l'étrange créature s'adressa à lui. Incapable, disait-elle, de retourner dans l'eau, elle avait besoin de son aide. Sinon elle allait mourir là.

L'homme hésita. Et si c'était un piège pour s'emparer de lui plus facilement ? Finalement, il oublia sa crainte et décida de venir en aide à la créature. Elle ne semblait pas méchante.

1re péripétie

Il eut à peine le temps d'avancer vers elle de quelques pas qu'elle le mit en garde :

– Surtout ne me touche pas !

– Mais comment pourrais-je te remettre à l'eau sans te toucher ?

La créature lui expliqua alors qu'elle était une sirène :

– Tout humain qui touche une sirène se voit condamné à la suivre jusqu'au fond des mers !

2e péripétie

Peu rassuré par de tels propos, l'homme se mit tout de même en quête d'un solide morceau de bois. Remettre la sirène à l'eau ne fut pas une mince tâche. Plusieurs fois les pièces de bois se brisèrent sous son poids.

Ce n'est qu'à force de patience et d'habileté que l'homme y parvint. Une fois dans l'eau, la sirène s'adressa de nouveau à lui:

– Pour te remercier de ton geste, je vais te faire un cadeau. Demande-moi ce que tu aimerais avoir et je te le donnerai. J'en ai le pouvoir.

Déroulement (suite)

3e péripétie

L'homme trouva la proposition étonnante. À vrai dire, il n'y croyait guère. Il avoua cependant à la sirène qu'un fusil, une machine à coudre et un tourne-disque pareils à ceux du magasin de l'homme blanc feraient bien son bonheur. Depuis le temps qu'il en rêvait!

– Reviens demain, ici même, au lever du jour, lui lança-t-elle avant de disparaître vers le large.

Le lendemain, à l'heure dite, l'homme retourna à l'endroit où il avait découvert la sirène. Elle n'était plus là, mais sur la plage se trouvaient un fusil, une machine à coudre et un tourne-disque.

Dénouement

Son précieux trésor dans les bras, l'homme rentra fièrement au village raconter aux siens son étonnante aventure.

Situation finale

Ce jour-là, les gens comprirent pourquoi l'homme blanc possédait tant de choses dans son magasin. Il avait sûrement rencontré beaucoup de sirènes!

Quant à moi le conteur, je vous le dis, c'est ainsi que ça s'est passé à cette époque où les sirènes possédaient beaucoup. Et si on ne les voit plus de nos jours, c'est qu'elles ont tout donné et n'ont plus rien!

Jacques PASQUET, *L'esprit de la lune*, Montréal, Québec/Amérique, 1992, p. 99-102 (Coll. Clip).

Le texte descriptif et le plan du texte courant

Le texte descriptif est un texte courant qui présente les caractéristiques d'une personne, d'un animal, d'un objet, d'un événement, d'un phénomène, d'un lieu, etc., sous différents aspects (idées importantes). Ces aspects sont parfois divisés à leur tour en sous-aspects. La séquence descriptive est dominante dans ce genre de texte.

Généralement, l'organisation du texte descriptif respecte le plan du texte courant.

PLAN DU TEXTE COURANT

INTRODUCTION	• L'introduction est habituellement constituée d'un paragraphe de quelques lignes. Dans cette partie, on fait d'abord une mise en contexte du sujet (sujet amené), on annonce ensuite le sujet (sujet posé), puis on révèle parfois les aspects dont il sera question dans le développement (sujet divisé).
DÉVELOPPEMENT	• Le développement compte souvent plusieurs paragraphes. Dans cette partie, on divise le sujet en différents aspects. Les aspects sont les idées importantes développées. Chaque aspect est traité en un paragraphe ou un bloc de paragraphes, souvent précédé d'un intertitre. Les aspects sont parfois divisés en sous-aspects.
CONCLUSION	• La conclusion est habituellement constituée d'un seul paragraphe. Dans cette partie, on rappelle le sujet du texte et les principaux aspects qui ont été traités (fermeture). Ensuite, on formule un souhait, un conseil ou une recommandation, on donne son opinion ou on parle de l'avenir (ouverture).

La Terre

Introduction

Connais-tu vraiment la planète que tu habites? — *Sujet amené*

Les études menées par les scientifiques nous ont permis d'en apprendre davantage à propos de la Terre. — *Sujet posé*

Au cours de ce texte, tu découvriras l'origine de la Terre, tu identifieras certaines de ses caractéristiques et tu te familiariseras avec ses mouvements de rotation. — *Sujet divisé*

Développement

1er aspect : l'origine de la Terre

La Terre s'est formée dans un nuage de poussière il y a 4,5 milliards d'années, en même temps que les autres planètes de notre système solaire. On a longtemps cru qu'elle était le centre de l'Univers. Les découvertes de scientifiques ont permis de confirmer que le Soleil est le centre de notre système et que cet astre ne représente qu'une infime partie de l'Univers.

2e aspect : les caractéristiques de la Terre

La Terre est la planète que nous connaissons le mieux. Elle abrite des millions d'espèces vivantes et regorge de richesses de toutes sortes qui ont permis à l'humain de vivre et d'évoluer. La Terre est la troisième planète à partir du Soleil et elle est située à 149 millions de kilomètres de ce dernier. La température moyenne sur cette planète est d'environ 16 degrés Celsius. Son diamètre est de 12 756 kilomètres. Les trois quarts de la Terre sont recouverts d'eau.

3e aspect : les mouvements de la Terre

La Terre tourne autour du Soleil. Une translation prend 365,25 jours. Au bout de quatre ans, quatre quarts de jours, soit une journée complète, sont accumulés. Voilà pourquoi il y a un 29 février tous les quatre ans. Notre planète tourne aussi sur elle-même. Chaque rotation dure 23 heures 56 minutes. C'est ce mouvement de rotation qui explique le jour et la nuit, puisqu'un seul côté de la Terre est éclairé pendant qu'elle tourne. Ainsi, pour les gens qui habitent la portion éclairée de la planète, c'est le jour ; pour les autres, c'est la nuit.

Conclusion

Son origine, ses caractéristiques et ses mouvements font de notre Terre une planète unique. — *Fermeture*

Nous devons en prendre soin pour la garder longtemps. Évitons donc de la polluer! — *Ouverture*

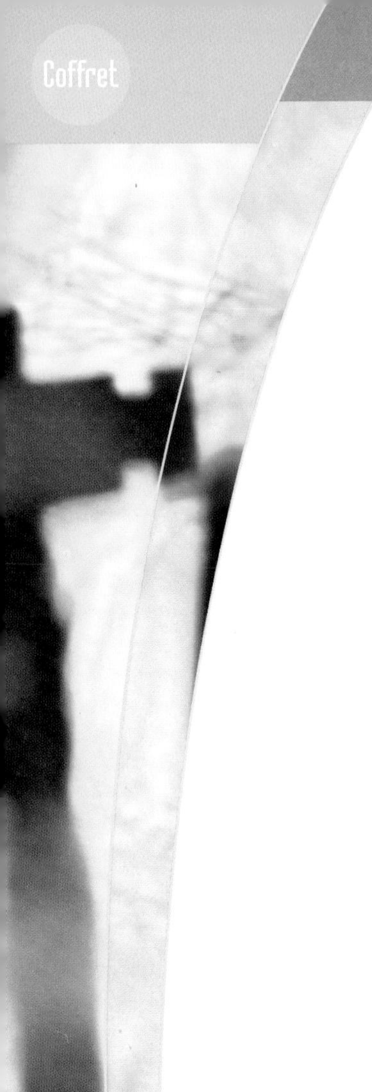

Les marqueurs de relation

Les marqueurs de relation sont des mots invariables (conjonctions ou adverbes) qui servent à organiser les éléments d'un texte en reliant les idées entre elles. Ils permettent de faire progresser le texte puisqu'on les utilise pour intégrer de nouveaux éléments. Ils jouent le rôle de coordonnants, de subordonnants ou, encore, d'organisateurs textuels en reliant les idées d'un texte pour marquer la relation de sens qui les unit.

Les coordonnants

Les **coordonnants** sont des marqueurs de relation qui servent à joindre des groupes de mots ou des phrases simples. Cette forme de jonction est la **coordination.**

› **Ni** les enfants **ni** les parents ne veulent partir de cet endroit magnifique.

› Ils sont allés dîner, **puis** tous sont revenus à la plage.

Les coordonnants sont des **conjonctions de coordination** ou des **adverbes.**

COORDONNANTS	
CONJONCTION	ADVERBE
et, mais, ou, donc, car, or, ni, soit… soit…	*puis, enfin, alors, cependant, pourtant, toutefois*

En tant que marqueurs de relations, les coordonnants établissent une relation de sens entre les éléments coordonnés. Le tableau ci-dessous présente les principaux sens exprimés par les coordonnants.

PRINCIPAUX SENS EXPRIMÉS PAR LES COORDONNANTS		
SENS EXPRIMÉ	COORDONNANT	*EXEMPLE*
Addition	*et, de plus,* etc.	› Le chevalier participe à des tournois **et** des parties de chasse.
Alternative	*ou, soit… soit,* etc.	› Le vassal est un chevalier **ou** un paysan.
Cause	*car, en effet,* etc.	› À l'époque, les femmes n'étaient pas libres: **en effet,** elles dépendaient de leur mari.
Conséquence	*ainsi, donc, par conséquent,* etc.	› Un fossé était creusé autour du château. **Par conséquent,** il fallait construire un petit pont pour le traverser.

PRINCIPAUX SENS EXPRIMÉS PAR LES COORDONNANTS (*SUITE*)		
SENS EXPRIMÉ	COORDONNANT	*EXEMPLE*
Opposition	*cependant, mais, par contre*, etc.	› Le chevalier a des privilèges, **par contre** il a beaucoup de responsabilités.
Succession	*puis, ensuite,* etc.	› En cas d'attaque, la porte est fermée, **puis** le pont-levis est levé.
Justification	*car, mais,* etc.	› J'aimerais être un chevalier, **car** je susciterais l'admiration de tous.

Les subordonnants

Les **subordonnants** sont des marqueurs de relation introduisant une phrase subordonnée qui complète un nom, un verbe, un adjectif ou une phrase. La **subordination** sert donc à former des phrases complexes.

› La dame **qui** t'a ouvert la porte est une chanteuse célèbre.

› J'espère **que** tu n'oublieras pas de venir me chercher.

› Béatrice est contente **que** tu sois là.

› Il était 19 heures **quand** l'avion décolla.

Les subordonnants sont généralement **des conjonctions de subordination** ou des **pronoms relatifs.**

SUBORDONNANTS	
CONJONCTION	PRONOM RELATIF
que, qu', ce que, à ce que, quand, parce que, comme, pour que, bien que, si, lorsque	*qui, que, où, lequel, dont, à laquelle, par lesquelles, auxquelles, avec laquelle*

Comme il s'agit de marqueurs de relation, les subordonnants expriment diverses relations de sens. En voici quelques exemples.

PRINCIPAUX SENS EXPRIMÉS PAR LES SUBORDONNANTS		
SENS EXPRIMÉ	SUBORDONNANT	*EXEMPLE*
Temps	*Alors que, pendant que, lorsque, au moment où, quand, tandis que*, etc.	› ***Lorsque*** **le chevalier reviendra,** il sera vainqueur.
Lieu	*Près duquel, où, à côté de laquelle*, etc.	› Voici le château ***où*** **la princesse devrait se trouver.**
Cause	*Parce que, qui,* etc.	› Ce jeune combattant ***qui*** **est peu expérimenté** risque d'y laisser sa peau.
But	*Pour que, afin que*, etc.	› Il s'est bien préparé ***pour qu'*****il puisse remporter la victoire.**

Les organisateurs textuels

Les organisateurs textuels sont des mots, des groupes de mots ou des phrases qui révèlent les articulations du texte. Ils servent à marquer des transitions entre certaines parties du texte. Ils font progresser l'information en indiquant, entre autres, l'ordre des événements, en situant ces événements dans le temps et dans l'espace, et en permettant l'ajout d'explications. Certains organisateurs textuels sont des marqueurs de relation.

Voici quelques organisateurs textuels classés selon le sens qu'ils expriment.

PRINCIPAUX SENS EXPRIMÉS PAR LES ORGANISATEURS TEXTUELS

SENS	ORGANISATEUR TEXTUEL
Temps	*depuis octobre 2004, ce matin, quelques années auparavant, hier, lorsque, en 1974, il était une fois, à la fin de son discours, tantôt, bientôt, pendant quelques secondes, jusqu'à 15 h,* etc.
Lieu	*ici, là-bas, à l'intérieur, sur une route de campagne, de l'autre côté, derrière, à l'est, droit devant, dans cette maison, près de l'épicerie,* etc.
Séquence	*d'abord, ensuite, puis, premièrement, en second lieu, pour poursuivre, de plus, pour conclure, en conclusion, enfin, finalement, en premier lieu, pour commencer, deuxièmement, en terminant, dans un premier temps, d'une part… d'autre part,* etc.
Explication	*en fait, ainsi, en effet, c'est pourquoi, or, cela s'explique par, car, c'est-à-dire que, en d'autres termes, plus précisément,* etc.

La reprise de l'information

La reprise de l'information permet de reprendre un élément déjà mentionné dans un texte dans le but d'assurer la continuité du propos pour qu'on ne perde pas le fil du texte. Lorsqu'on recourt aux différents procédés de reprise de l'information, il faut s'assurer que le texte demeure cohérent malgré les différents substituts employés.

Voici quelques procédés courants de reprise de l'information.

REPRISE DE L'INFORMATION	
PROCÉDÉ DE REPRISE DE L'INFORMATION	*EXEMPLE*
La répétition	› Les **écoles** de parachutisme sont rares. De plus, ces **écoles** se trouvent souvent dans des régions éloignées.
La synonymie	› Elle pose sa **lampe** sur son casque. Grâce à cette **lumière,** la caverne prend forme.
Le remplacement par un pronom	› Ces **sportifs** limitent les risques de blessures. **Ils** portent l'équipement de protection nécessaire.
La périphrase (le remplacement d'un mot par une suite de mots)	› Le danger guette ces **braves,** mais ces **amateurs de sensations fortes** semblent apprécier.
L'utilisation d'un terme générique ou spécifique	› De nombreux **sports extrêmes** se pratiquent à l'extérieur. Parmi ces **activités,** on trouve le **saut libre.**
L'utilisation d'un mot de la même famille	› Il convient d'être **équipé** adéquatement lorsqu'on pratique ce sport. Un bon **équipement** peut sauver des vies!
La reprise partielle du groupe de mots	› La **bande de parachutistes** s'apprête à sauter. La nervosité des **parachutistes** est palpable.

L'intégration de l'information nouvelle dans un texte

Afin d'assurer la progression du récit, les auteurs et auteures emploient divers moyens permettant d'intégrer de l'information nouvelle. Cette dernière peut être greffée au texte à l'aide de l'une des méthodes suivantes.

La juxtaposition de groupes de mots ou de phrases

› On s'imagine à Rio**,** on dort sur les balcons**,** on peste contre cette fourmilière languide de touristes.

La coordination de groupes de mots ou de phrases

› J'ai eu un bref béguin pour Vancouver, **mais** je me suis bien vite senti étranger entre les *joggeurs* **et** leurs labradors végétariens.

La subordination

› On apprécie cette solidarité d'assiégés **qui** s'installe entre Montréalais **quand** plonge le mercure.

Les organisateurs textuels

› **Puis** la fatale première neige tombe...

Différents procédés de reprise de l'information

.... p. 589

Par exemple, le remplacement d'un mot par un groupe de mots (périphrase) et le remplacement d'un groupe de mots par un pronom.

› On décevra toujours **Paris, c'est une vieille dame désabusée, elle** en a vu passer et vous **la** lasserez inévitablement.

2. Les manipulations syntaxiques

Les manipulations syntaxiques sont des transformations réalisées dans le but de:

- reconnaître les constituants de la phrase;
- reconnaître les classes de mots et les fonctions dans les groupes;
- vérifier les accords grammaticaux;
- enrichir une phrase ou préciser sa pensée;
- corriger un texte.

Elles peuvent servir à transformer un mot, un groupe de mots ou une phrase.

Il en existe plusieurs, mais les plus utilisées sont l'addition, l'effacement, le déplacement, le remplacement, le détachement et le dédoublement.

L'addition

Cette manipulation consiste à **ajouter un mot ou un groupe de mots** dans une phrase. On l'utilise pour:

- enrichir différents groupes de mots ou toute une phrase;
  - › Élisabeth adore lire.
    Élisabeth**, ma meilleure amie,** adore lire.
    Élisabeth adore lire **des romans fantastiques.**
    Depuis son tout jeune âge, Élisabeth adore lire.
- transformer le type ou la forme d'une phrase;
  - › Jade déteste faire ses devoirs.
    Est-ce que Jade déteste faire ses devoirs?
    Jade déteste**-t-elle** faire ses devoirs?
    Jade **ne** déteste **pas** faire ses devoirs.
- déterminer si un adjectif est qualifiant ou classifiant.
  - › Ce parc provincial est achalandé.
    Ce parc provincial est **très** achalandé. (achalandé : qualifiant)
    ⊘ Ce parc **très** provincial est achalandé. (provincial : classifiant)

L'effacement

L'effacement consiste à **supprimer un mot ou un groupe de mots.** Cette manipulation permet :

- de distinguer les groupes obligatoires des groupes facultatifs dans une phrase ;
  - › ⊘ ~~Nous~~ avons visité la France l'année dernière. (**obligatoire**)
  - ⊘ Nous ~~avons visité la France~~ l'année dernière. (**obligatoire**)
  - Nous avons visité la France ~~l'année dernière~~. (**facultatif**)
- de repérer le noyau du groupe nominal (GN) pour déterminer l'accord du verbe avec son sujet (GS).
  - › ⊘ [~~Les passagers~~ de cet autobus]GS **ont manifesté** bruyamment.GV
  - [Les passagers ~~de cet autobus~~] **ont manifesté** bruyamment.

  L'effacement du groupe *de cet autobus* est possible. L'accord doit donc être fait avec le noyau du GS, soit le nom commun *passagers*, qui n'est pas effaçable.

Le déplacement

Le déplacement consiste à **changer la position d'un mot ou d'un groupe de mots** dans une phrase. Cette manipulation syntaxique est utilisée pour :

- différencier un groupe complément de phrase (GCP) d'un complément du verbe en tentant de déplacer le complément au début, au milieu ou à la fin d'une phrase ;
  - › Alex rêve de son voyage chaque soir.

    Chaque soir, Alex rêve de son voyage.
    (Chaque soir : GCP)

    ⊘ De son voyage Alex rêve chaque soir.
    (De son voyage : compl. du verbe)
- transformer une phrase déclarative en une phrase interrogative en déplaçant le groupe sujet (GS) après le verbe ;
  - › Tu pars en train demain matin.

    Pars-tu en train demain matin ?
- mettre en évidence un élément en le déplaçant au début d'une phrase.
  - › Aïcha présenta son billet d'avion, toute souriante et avec un regard serein.

    Toute souriante et avec un regard serein, Aïcha présenta son billet d'avion.

Le remplacement

Cette manipulation consiste à **remplacer,** dans une phrase, **un mot, un groupe de mots ou un signe de ponctuation** par un autre mot, un autre groupe de mots ou un autre signe de ponctuation.
Le remplacement sert à :

- trouver la classe d'un mot en remplaçant ce mot par un autre mot dont on connaît la classe ;
  › **Plusieurs** observaient le fleuve. **Ils** observaient le fleuve.
  Ils est un pronom, donc *Plusieurs* est un pronom.
- déterminer la fonction d'un mot ou d'un groupe de mots en le remplaçant par un pronom ;
  › **Les filles de ma classe** organisent un voyage.
  Elles (GS) organisent un voyage. (*il/elle, ils/elles* → GS)
  › Mon enseignant accompagnera **ces voyageuses.**
  Mon enseignant **les** (CD) accompagnera.
  (*le, la, l', les* pronoms → toujours CD)
  › Avant leur départ, le directeur parlera **à ces élèves.**
  Avant leur départ, le directeur **leur** (CI) parlera.
  (*lui/leur, en* → toujours CI)
- déterminer la personne et le nombre d'un groupe sujet (GS) formé de plusieurs groupes du nom (GN) en le remplaçant par les pronoms *il, elle, nous, vous, ils* ou *elles* ;
  › **Audrey, Catherine et eux** sont allés en Asie.
  Ils sont allés en Asie. (*Ils* → 3e personne du pluriel)
- transformer le type d'une phrase en remplaçant un mot exclamatif ou interrogatif et le signe de ponctuation.
  › **Est-ce que** ce garçon est un bon guide touristique **?**
  Comme ce garçon est un bon guide touristique **!**

Le détachement

Cette manipulation consiste à **détacher un groupe de mots** à l'aide d'une des expressions suivantes: *c'est... qui, ce sont... qui* ou *c'est... que, ce sont... que.* Elle peut être utilisée pour:

- repérer le groupe sujet (GS): un groupe qui peut être détaché grâce à l'expression *c'est... qui* ou *ce sont... qui* remplit la fonction de sujet;

  › Ces visiteurs adorent le Vieux-Québec.

  Ce sont ces visiteurs **qui** adorent le Vieux-Québec.
  GS

- repérer un groupe complément du verbe: un groupe qui peut être détaché grâce à l'expression *c'est... que* ou *ce sont... que* remplit la fonction de complément du verbe.

  › Marie-Andrée a visité le Château Frontenac hier.

  C'est le Château Frontenac **que** Marie-Andrée a visité hier.

  Le GN *le Château Frontenac* remplit donc la fonction de complément du verbe.

Le dédoublement

Cette manipulation consiste à **insérer devant un groupe de mots** l'expression *et cela se passe* ou *et cela se fait.* Cette manipulation permet de reconnaître les groupes compléments de phrase (GCP) puisque ces expressions les introduisent.

› Nous avons marché sous un beau ciel étoilé.

Nous avons marché **et cela s'est fait** sous un beau ciel étoilé.
GCP

3. La grammaire de la phrase

La phrase de base

La phrase de base sert de modèle pour l'analyse des phrases. Il s'agit d'une phrase de type déclaratif, de forme positive, active, neutre et personnelle. La phrase de base est formée des constituants obligatoires : le groupe sujet (GS) et le groupe verbal (GV), auxquels s'ajoutent parfois un ou plusieurs groupes qui sont facultatifs, soit des groupes compléments de phrase (GCP).

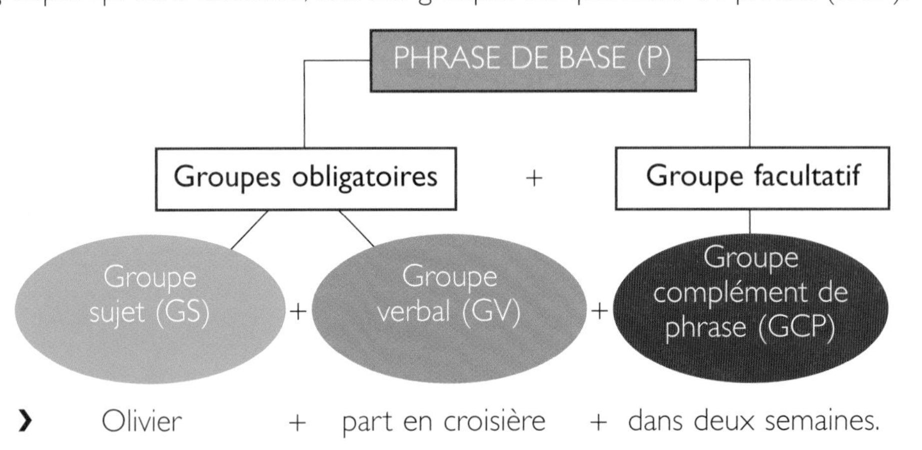

› Olivier + part en croisière + dans deux semaines.

Les types de phrases

TYPES DE PHRASES	
TYPE	*EXEMPLE*
Déclarative	› Mélanie a visité ce musée pendant ses vacances.
Interrogative	› Est-ce que Mélanie a visité ce musée pendant ses vacances ?
Exclamative	› Ah ! Mélanie a visité ce musée pendant ses vacances !
Impérative	› Visite ce musée pendant tes vacances.

Les formes de phrases

FORMES DE PHRASES	
FORME	*EXEMPLE*
Positive / négative	› Léandre a visité ce musée pendant ses vacances. › Léandre **n'**a **pas** visité ce musée pendant ses vacances.
Active / passive	› Des milliers de gens ont visité ce musée. › Ce musée **a été visité par** des milliers de gens.
Neutre / emphatique	› Des milliers de gens ont visité ce musée. › **Ce musée,** des milliers de gens **l'**ont visité.
Personnelle / impersonnelle	› Cette magnifique pièce d'art est arrivée ce matin. › **Il** est arrivé **une magnifique pièce d'art** ce matin.

Les phrases à construction particulière

Certaines phrases qui n'ont subi aucune transformation ne respectent pas le modèle d'analyse de la phrase de base. Ce sont des phrases à construction particulière.

La phrase infinitive

Comme son nom l'indique, la phrase infinitive est construite à l'aide d'un verbe à l'infinitif et elle ne possède pas de groupe sujet (GS).

› Ne pas fumer.

› Servir chaud.

La phrase non verbale

La phrase non verbale ne contient pas de groupe verbal (GV). Elle peut notamment être formée à l'aide de noms, d'adjectifs ou d'adverbes.

› Bon appétit!

› Baignade interdite.

› Extraordinaire!

› Non!

La phrase à présentatif

La phrase à présentatif contient des mots ou des expressions appelés «présentatifs»: *voici, voilà, il y a, c'est* et leurs variantes conjuguées à différents temps (*il y aura, il y avait, c'était, ce fut,* etc.).

› La voici.

› C'est ma sœur.

› Il y a très longtemps que je ne l'ai pas vue.

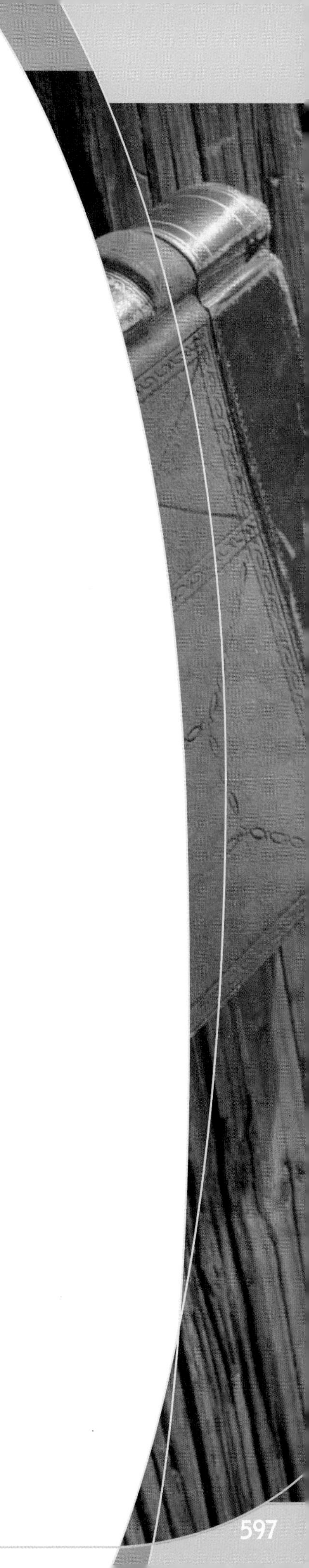

Les fonctions syntaxiques

Une **phrase** contient **deux groupes obligatoires**: un **groupe sujet (GS)** et un **groupe verbal (GV).** Elle peut aussi contenir un ou des **groupes facultatifs,** qui sont alors des **compléments de phrase (GCP).**

Le groupe sujet (GS):

- exerce la **fonction de sujet** en précisant **de qui** ou **de quoi on parle** dans la phrase;
- peut être un pronom ou un groupe de mots **pouvant être remplacé** par les pronoms ***il, elle, ils, elles, nous, vous, cela***;
- peut être détaché du reste de la phrase par l'expression ***c'est... qui*** ou ***ce sont... qui***;
- **ne peut pas être effacé.**

GROUPES DE MOTS EXERÇANT LA FONCTION DE SUJET	
GROUPE	*EXEMPLE*
Groupe nominal (GN)	› Les **gens** qui vont à Québec doivent prendre cet autobus.
Groupe verbal infinitif (GVinf)	› **Visiter** de nouveaux endroits me plaît beaucoup.
Phrase subordonnée	› **Que vous partiez tout de suite** est malheureux.

Le groupe verbal (GV):

- exerce la **fonction de prédicat** en précisant **ce qui est dit à propos du sujet** de la phrase;
- contient un **verbe conjugué,** noyau du GV, qui est seul ou accompagné d'un ou de plusieurs compléments, ou d'un attribut;
- **ne peut pas être effacé.**

DIVERSES CONSTRUCTIONS DU GV EXERÇANT LA FONCTION DE PRÉDICAT	
CONSTRUCTION	*EXEMPLE*
Verbe seul	› Patrick **dort**.
Verbe + complément direct (CD)	› Anne-Marie **lit** un livre.
Verbe + complément indirect (CI)	› Ces deux amis **vont** en Gaspésie.
Verbe + CD + CI	› Le chauffeur d'autobus **a remis** une carte de la région aux touristes.
Verbe + CI + CI	› Anne-Marie et Patrick lui **ont parlé** de leur voyage.
Verbe attributif + attribut	› Nos deux voyageurs **semblent** fatigués.

Le groupe complément de phrase (GCP) :

- exerce la **fonction de complément de phrase** en apportant une précision facultative **de temps, de lieu, de but, de cause,** etc. ;
- **peut être déplacé** dans la phrase et **effacé** de la phrase sans nuire à son sens ou à sa construction ;
- **peut être introduit** par l'expression ***et cela se passe*** ou ***et cela se fait*** ;
- est souvent **isolé par une ou des virgules** lorsqu'il est placé au début ou au milieu de la phrase.

GROUPES DE MOTS EXERÇANT LA FONCTION DE COMPLÉMENT DE PHRASE	
GROUPE	*EXEMPLE*
Groupe prépositionnel (GPrép)	› Béatrice consulte ce guide **pour** mieux connaître la région.
Groupe nominal (GN)	› Cette **année**, elle ira en Italie.
Groupe adverbial (GAdv)	› Elle a acheté, **aujourd'hui**, ses billets d'avion.
Phrase subordonnée	› Nous prendrons soin du chat **pendant qu'elle sera partie**.

Les classes et les groupes de mots

La langue française compte **huit classes de mots** dont certains sont variables et d'autres, invariables.

MOTS DE LA LANGUE FRANÇAISE	
Variables	**Invariables**
• noms	• conjonctions
• déterminants	• adverbes
• adjectifs	• prépositions
• pronoms	
• verbes	

Dans une phrase, on peut trouver **cinq groupes de mots** différents. Ces groupes sont formés d'un noyau, qui est accompagné ou non d'une expansion. Il y a :

- le **groupe nominal** (**GN**), qui a pour noyau un nom (propre ou commun) ou un pronom ;
- le **groupe verbal** (**GV**), qui a pour noyau un verbe conjugué ;
- le **groupe adjectival** (**GAdj**), qui a pour noyau un adjectif ;
- le **groupe adverbial** (**GAdv**), qui a pour noyau un adverbe ;
- le **groupe prépositionnel** (**GPrép**), qui a pour noyau une préposition.

Au GV de base, on peut ajouter :

- le **groupe verbal participe** (**GVpart**), qui a pour noyau un participe présent ;
- le **groupe verbal infinitif** (**GVinf**), qui a pour noyau un verbe infinitif.

Voici les différentes constructions de ces groupes.

GROUPE NOMINAL (GN)	
CONSTRUCTION	*EXEMPLE*
Nom ou pronom seul	› Pascal réfléchit. Il s'est perdu dans la ville.
Déterminant (dét.) + nom	› Ce **taxi** file à vive allure.
Dét. + nom + GAdj	› Les gens sont attirés par les **climats** chauds.
Dét. + nom + GPrép	› Le **sable** de cette plage est magnifique.
Dét. + nom + subordonnée relative	› J'ai vu cette **rivière** qui coule au sud de la ville.
Dét. + nom + GN	› Ma **cousine** Josée fait de la plongée sous-marine.
Dét. + nom + GVpart	› L'**aubergiste,** étant très accueillant, nous invita chez lui.

GROUPE VERBAL (GV)	
CONSTRUCTION	*EXEMPLE*
Verbe seul	› Emma **danse**.
Verbe + GN	› Cet homme **est** musicien. Il **a composé** une chanson.
Verbe + GPrép	› Ces gens **semblent** en vacances. Ils **vont** à la plage.
Verbe + GN + GPrép	› Ils **racontent** leur excursion à leur voisin.
Verbe + GVinf	› Ce groupe **veut** pêcher le saumon.
Verbe + phrase subordonnée	› Je **souhaite** que tu reviennes bientôt.
Verbe + GAdv	› Luc et Mia **marchent** lentement. Ils **sont** là-bas.
Verbe + GAdj	› Le ciel **reste** dégagé.

GROUPE ADJECTIVAL (GAdj)	
CONSTRUCTION	*EXEMPLE*
Adjectif seul	› Quelle **belle** journée!
GAdv + Adjectif	› C'est une très **belle** journée!
Adjectif + GPrép	› Nous sommes **heureux** de partir en camping.
Adjectif + phrase subordonnée	› Léane est **ravie** que tu sois là.

GROUPE ADVERBIAL (GAdv)	
CONSTRUCTION	*EXEMPLE*
Adverbe seul	› **Heureusement**, tu n'es pas en retard.
GAdv + adverbe	› Tu t'es très **bien** sorti de cette situation.

GROUPE PRÉPOSITIONNEL (GPrép)	
CONSTRUCTION	*EXEMPLE*
Préposition + GN	› Rosalie dit au revoir **à** sa mère.
Préposition + GVinf	› Elle lui promet **de** l'appeler.
Préposition + GPrép	› **Devant** chez elle, un taxi l'attendait.
Préposition + GAdv	› Les gens **d'**ici sont très chaleureux.

Le nom

La formation du féminin des noms

Souvent, on forme le féminin d'un nom en ajoutant un **e** au nom masculin.

› un étudiant → une étudiant**e**
un cousin → une cousin**e**

La formation du féminin de plusieurs noms suit des règles particulières.

FORMATION DU FÉMININ DES NOMS		
TERMINAISON AU MASCULIN	TERMINAISON AU FÉMININ	*EXEMPLE*
-e	-e	un peintr**e**, une peintr**e**; un artist**e**, une artist**e**
-e	-esse	un maîtr**e**, une maîtr**esse**; un tigr**e**, une tigr**esse**
-er	-ère	un polici**er**, une polici**ère**; un caissi**er**, une caissi**ère**
-el	-elle	un professionn**el**, une professionn**elle**
-eau	-elle	un jum**eau**, une jum**elle**; un cham**eau**, une cham**elle**
-et	-ette	un mu**et**, une mu**ette**
-et	-ète	un indiscr**et**, une indiscr**ète**
-ot	-otte	un s**ot**, une s**otte**
-ot	-ote	un idi**ot**, une idi**ote**; un dév**ot**, une dév**ote**
-en	-enne	un chi**en**, une chi**enne**; un musici**en**, une musici**enne**
-on	-onne	un li**on**, une li**onne**; un espi**on**, une espi**onne**
-an	-anne	un pays**an**, une pays**anne**
-an	-ane	un artis**an**, une artis**ane**
-f	-ve	un veu**f**, une veu**ve**; un sporti**f**, une sporti**ve**
-x	-se	un épou**x**, une épou**se**; un amoureu**x**, une amoureu**se**
-eur	-euse	un dans**eur**, une dans**euse**; un golf**eur**, une golf**euse**
-eur	-eure	un aut**eur**, une aut**eure**; un doct**eur**, une doct**eure**
-teur	-teuse	un con**teur**, une con**teuse**; un ache**teur**, une ache**teuse**
-teur	-trice	un édi**teur**, une édi**trice**; un direc**teur**, une direc**trice**

La formation du pluriel des noms

La plupart du temps, on forme le pluriel du nom en ajoutant un **s** au nom singulier.

› le village → les village**s**
un jeune → des jeune**s**

La formation du pluriel de plusieurs noms suit des règles particulières.

FORMATION DU PLURIEL DES NOMS		
TERMINAISON AU SINGULIER	TERMINAISON AU PLURIEL	*EXEMPLE*
-s, -x, -z	-s, -x, -z	un autobu**s**, des autobu**s**; une voi**x**, des voi**x**; un ne**z**, des ne**z**
-eau, -au, -eu	*-eaux, -aux, -eux*	un jum**eau**, des jum**eaux**; un boy**au**, des boy**aux**; un li**eu**, des li**eux**
	Exceptions *-aus, -eus*	un land**au**, des land**aus**; un sarr**au**, des sarr**aus**; un pn**eu**, des pn**eus**; un bl**eu**, des bl**eus**; un ém**eu**, des ém**eus**
-al	*-aux*	un chev**al**, des chev**aux**; un anim**al**, des anim**aux**
	Exceptions *-als*	un b**al**, des b**als**; un festiv**al**, des festiv**als**; un carnav**al**, des carnav**als**; un cérémoni**al**, des cérémoni**als**; un récit**al**, des récit**als**; un rég**al**, des rég**als**; un rorqu**al**, des rorqu**als**
-ail	*Exceptions* *-aux*	un trav**ail**, des trav**aux**; un vitr**ail**, des vitr**aux**; un b**ail**, des b**aux**; un cor**ail**, des cor**aux**; un ém**ail**, des ém**aux**; un soupir**ail**, des soupir**aux**; un trav**ail**, des trav**aux**; un vant**ail**, des vant**aux**
	-ails	un chand**ail**, des chand**ails**; un épouvant**ail**, des épouvant**ails**
-ou	*-ous*	un s**ou**, des s**ous**; un tr**ou**, des tr**ous**
	Exceptions *-oux*	un bij**ou**, des bij**oux**; un caill**ou**, des caill**oux**; un ch**ou**, des ch**oux**; un gen**ou**, des gen**oux**; un hib**ou**, des hib**oux**; un jouj**ou**, des jouj**oux**; un p**ou**, des p**oux**

L'accord dans le groupe nominal (GN)

Dans un groupe nominal (GN), les déterminants, les adjectifs et les adjectifs participes (les participes passés employés sans auxiliaire) reçoivent le genre et le nombre du noyau de ce GN.

› De grosses **vagues** formées par la **mer** agitée déferlent sur la rive.
(fém. pl. — GN : De grosses vagues formées ; fém. sing. — GN : la mer agitée)

L'adjectif

La formation du pluriel des adjectifs

Souvent, on forme le pluriel de l'adjectif en ajoutant un **s** à l'adjectif singulier.

› un œil brun → des yeux brun**s**
ce livre brisé → ces livres brisé**s**

La formation du pluriel de plusieurs adjectifs suit des règles particulières.

FORMATION DU PLURIEL DES ADJECTIFS		
TERMINAISON AU SINGULIER	TERMINAISON AU PLURIEL	*EXEMPLE*
-s, -x	*-s, -x*	mauvai**s**, mauvai**s** ; délicieu**x**, délicieu**x**
-al	***-aux***	spéci**al**, spéci**aux** ; médic**al**, médic**aux**
	Exceptions ***-als***	ban**al**, ban**als** ; banc**al**, banc**als** ; fat**al**, fat**als** ; nav**al**, nav**als** ; prénat**al**, prénat**als** ; postnat**al**, postnat**als**
	Certains adjectifs peuvent prendre les deux finales ***-als*** ou ***-aux***	austr**als**, austr**aux** ; caus**als**, caus**aux** ; fin**als**, fin**aux** ; glaci**als**, glaci**aux** ; idé**als**, idé**aux** ; pasc**al**, pasc**aux**
-eau	***-eaux***	nouv**eau**, nouv**eaux** ; jum**eau**, jum**eaux**
-eu	*Exception* ***-eus***	bl**eu**, bl**eus**

La formation du féminin des adjectifs

Souvent, on forme le féminin de l'adjectif en ajoutant un **e** à l'adjectif masculin.

› un soulier vert → une sandale vert**e**
cet homme souriant → cette femme souriant**e**
le rendez-vous oublié → la rencontre oublié**e**

La formation du féminin de plusieurs adjectifs suit des règles particulières.

FORMATION DU FÉMININ DES ADJECTIFS		
TERMINAISON AU MASCULIN	TERMINAISON AU FÉMININ	*EXEMPLE*
-e	*-e*	fragil**e**, fragil**e** ; extraordinair**e**, extraordinair**e**
-er	*-ère*	ch**er**, ch**ère** ; famili**er**, famili**ère**
-el	*-elle*	exceptionn**el**, exceptionn**elle** ; nouv**el**, nouv**elle**
-eau	*-elle*	nouv**eau**, nouv**elle** ; b**eau**, b**elle**
-et	*-ette*	mu**et**, mu**ette** ; cad**et**, cad**ette**
-et	*-ète*	discr**et**, discr**ète** ; secr**et**, secr**ète**
-ot	*-otte*	s**ot**, s**otte** ; vieill**ot**, vieill**otte**
-ot	*-ote*	idi**ot**, idi**ote**
-en	*-enne*	moy**en**, moy**enne** ; anci**en**, anci**enne**
-on	*-onne*	b**on**, b**onne** ; bouff**on**, bouff**onne**
-eil	*-eille*	vi**eil**, vi**eille** ; par**eil**, par**eille**
-s	*-sse*	la**s**, la**sse** ; gro**s**, gro**sse**
-x	*-se*	généreu**x**, généreu**se** ; harmonieu**x**, harmonieu**se**
-eur	*-euse*	vol**eur**, vol**euse** ; ment**eur**, ment**euse**
-eur	*-eure*	supéri**eur**, supéri**eure** ; intéri**eur**, intéri**eure**
-teur	*-trice*	protec**teur**, protec**trice**
-f	*-ve*	neu**f**, neu**ve** ; naï**f**, naï**ve**
-c	*-che*	se**c**, sè**che** ; fran**c**, fran**che**

Les déterminants

CATÉGORIES DE DÉTERMINANTS				
	SINGULIER		PLURIEL	
CATÉGORIE	MASCULIN	FÉMININ	MASCULIN	FÉMININ
Défini	*le* *l'*	*la* *l'*	*les*	
Indéfini	*un*	*une*	*des, de, d'*	
Contracté	*au (à + le)* *du (de + le)*		*aux (à + les)* *des (de + les)*	
Possessif	*mon* *ton* *son* *notre* *votre* *leur*	*ma* *ta* *sa* *notre* *votre* *leur*	*mes* *tes* *ses* *nos* *vos* *leurs*	
Démonstratif	*ce* *cet*	*cette*	*ces*	
Numéral	*un*	*une*	*deux, trois, quatre…* *dix, onze, douze…* *vingt, trente, quarante…* *cent, cinq cents, mille…*	
Partitif	*du* *de l'*	*de la* *de l'*	*des*	
Indéfini de quantité	*aucun* *pas un* *certain* *chaque* *quelque* *plus d'un* *nul*	*aucune* *pas une* *certaine* *chaque* *quelque* *plus d'une* *nulle*	*plusieurs* *divers* *certains* *différents* *quelques* *beaucoup de* *tous les*	*plusieurs* *diverses* *certaines* *différentes* *quelques* *beaucoup de* *toutes les*
Interrogatif	*quel* *combien de*	*quelle* *combien de*	*quels* *combien de*	*quelles* *combien de*
Exclamatif	*quel*	*quelle*	*quels*	*quelles*

Les pronoms

CATÉGORIES DE PRONOMS				
	SINGULIER		PLURIEL	
CATÉGORIE	MASCULIN	FÉMININ	MASCULIN	FÉMININ
Personnel	*je, me, moi, m'* *tu, te, toi, t'* *il, se, soi, s', on* *le, l', lui, en, y*	*je, me, moi, m'* *tu, te, toi, t'* *elle, se, soi, s', on* *la, l', lui, en, y*	*nous* *vous* *ils, eux, se, soi, s'* *les, leur, en, y*	*nous* *vous* *elles, se, soi, s'* *les, leur, en, y*
Possessif	*le mien* *le tien* *le sien* *le nôtre* *le vôtre* *le leur*	*la mienne* *la tienne* *la sienne* *la nôtre* *la vôtre* *la leur*	*les miens* *les tiens* *les siens* *les nôtres* *les vôtres* *les leurs*	*les miennes* *les tiennes* *les siennes* *les nôtres* *les vôtres* *les leurs*
Démonstratif	*ce, c', ça, ceci, cela* *celui* *celui-ci* *celui-là*	*ce, c', ça, ceci, cela* *celle* *celle-ci* *celle-là*	*ceux* *ceux-ci* *ceux-là*	*celles* *celles-ci* *celles-là*
Indéfini	*aucun* *pas un* *chacun* *personne* *nul*	*aucune* *pas une* *chacune* *nulle*	*plusieurs* *beaucoup* *certains* *différents* *quelques-uns*	*plusieurs* *beaucoup* *certaines* *différentes* *quelques-unes*
Interrogatif	*qui, que, quoi* *lequel* *auquel* *duquel*	*qui, que, quoi* *laquelle* *à laquelle* *de laquelle*	*lesquels* *auxquels* *desquels*	*lesquelles* *auxquelles* *desquelles*
Numéral	*un*	*une*	*deux, trois, dix, vingt, trente, cent, mille, etc.*	
Relatif	*qui, que, quoi* *dont* *où* *lequel* *auquel* *duquel*	*qui, que, quoi* *dont* *où* *laquelle* *à laquelle* *de laquelle*	*qui, que, quoi* *dont* *où* *lesquels* *auxquels* *desquels*	*qui, que, quoi* *dont* *où* *lesquelles* *auxquelles* *desquelles*

Le verbe

L'accord du verbe avec son groupe sujet (GS)

Le verbe conjugué reçoit la personne et le nombre du noyau du groupe qui exerce la fonction de sujet (GS). Habituellement, le GS est un groupe nominal (GN). La plupart du temps, le verbe conjugué s'accorde donc en personne et en nombre avec le nom ou le pronom noyau du GS.

› Les nombreux **touristes envahissent** les rues de ce quartier.
GS

L'accord du verbe avec des GS particuliers

Le groupe sujet (GS) constitué de plusieurs groupes nominaux (GN)

- Dans une phrase, le GS peut être composé de plusieurs GN.
  Dans ce cas, il faut d'abord déterminer la personne et le nombre que représente l'ensemble des GN qui composent le GS. Pour ce faire, il suffit de remplacer le GS par un pronom de conjugaison. Le verbe recevra donc le nombre et la personne de ce pronom.
  - Si les GN sont **tous de la 3e personne,** on les remplacera par un pronom de la 3e personne du pluriel (*ils* ou *elles*). Le verbe s'accordera donc à la 3e personne du pluriel.

    › Mathilde, Thomas et elle **préparent** leurs valises.
    Ils
  - Si les GN sont **de la 2e et de la 3e personne,** on les remplacera par un pronom de la 2e personne du pluriel (*vous*). Le verbe s'accordera donc à la 2e personne du pluriel.

    › Simon et toi **partirez** à 10 heures.
    Vous
  - Si **un des GN est de la 1re personne,** on remplacera les GS par un pronom de la 1re personne du pluriel (*nous*). Le verbe s'accordera donc à la 1re personne du pluriel.

    › David, eux et moi **sommes montés** dans l'autobus les premiers.
    Nous

Le GS séparé du noyau du groupe verbal (GV) par un mot écran

Le GS peut être séparé du verbe noyau par un **mot écran,** c'est-à-dire par un pronom faisant partie du GV et placé devant le verbe conjugué. Dans ce cas, le pronom ne modifie pas l'accord du verbe avec son sujet.

› Je **vous** enverrai une invitation très bientôt.
1re pers. sing.

Le GS formé d'un groupe verbal infinitif (GVinf)

Le noyau du GS peut être un **verbe à l'infinitif.** Dans ce cas, le verbe s'accorde à la 3e personne du singulier.

› Répondre à celle-ci n'**était** pas une priorité.
3e pers. sing.

Le GS formé d'une subordonnée

Le GS peut être une **subordonnée.** Dans ce cas, le verbe s'accorde à la 3e personne du singulier.

› Qu'il refuse son invitation ne m'**étonne** pas.
3e pers. sing.

L'accord du GV avec un nom collectif

- Dans une phrase, le GS peut avoir pour noyau un **nom collectif** employé **sans complément.** Si ce nom collectif est au **singulier,** le verbe s'accordera à la **3e personne du singulier** même si ce nom désigne un ensemble de personnes ou d'objets.

  3e pers. sing.
  › Cette **troupe** de théâtre se **produira** dans plusieurs festivals de la province.

- Si le GS est un **nom collectif suivi d'un complément au singulier,** le verbe se conjugue à la 3e personne du singulier.

  › Le public du chanteur **applaudit** à tout rompre.
  3e pers. sing.

- Si le GS est un **nom collectif suivi d'un complément au pluriel** et qu'il est précédé d'un déterminant indéfini (*un, une, des,* etc.), le verbe se conjugue à la 3e personne du singulier ou du pluriel selon que l'on souhaite insister sur l'ensemble ou sur les éléments composant cet ensemble.

  › Un groupe d'invités **l'attendait.** (Accent mis sur l'ensemble.)

  › Un groupe d'invités **l'attendaient.** (Accent mis sur les éléments composant l'ensemble.)

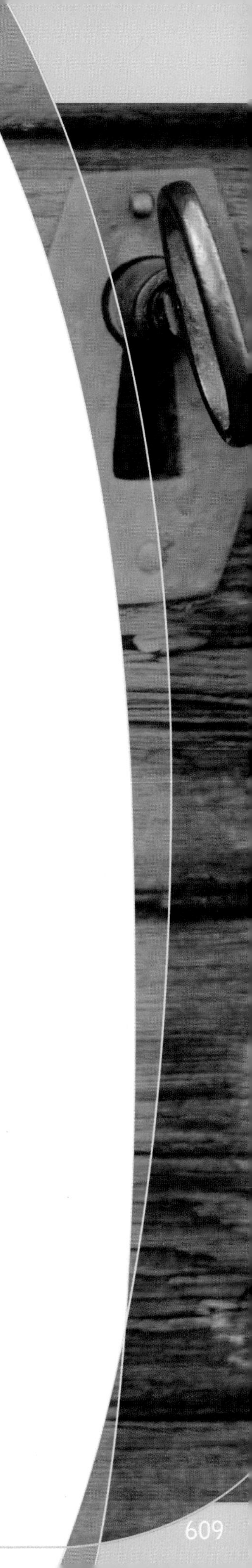

L'accord du GV avec certains pronoms indéfinis

- Si le noyau du GS est l'un des pronoms indéfinis suivants : *plusieurs, beaucoup, certains, certaines, la plupart, quelques-uns* ou *quelques-unes*, le verbe se conjugue à la 3e personne du pluriel.
  › Quelques-uns **sont arrivés** plus tôt.
  › La plupart **étaient** à l'heure.

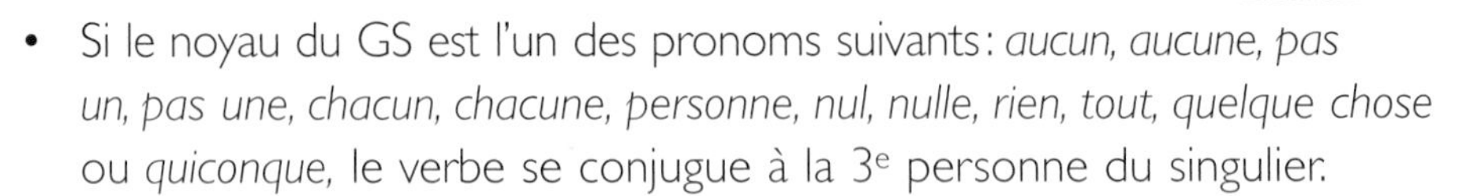

- Si le noyau du GS est l'un des pronoms suivants : *aucun, aucune, pas un, pas une, chacun, chacune, personne, nul, nulle, rien, tout, quelque chose* ou *quiconque*, le verbe se conjugue à la 3e personne du singulier.
  › Personne ne se **doutait** de la surprise.
  › Chacun **avait apporté** un plat.

L'accord avec un GS dont le noyau est le pronom *qui*

- Dans une phrase subordonnée introduite par le **pronom relatif** ***qui***, le GS du verbe conjugué est ce pronom *qui*. Le verbe s'accorde donc en **nombre** et en **personne** avec ce pronom, qui prend le nombre et la personne de son antécédent.

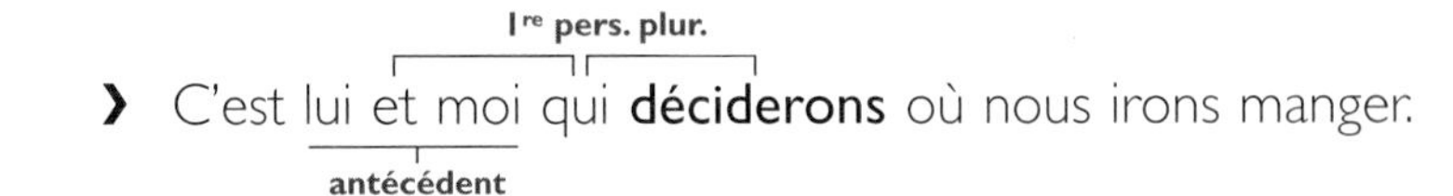

L'accord du participe passé employé avec l'auxiliaire *être*

Les **participes passés** employés avec l'auxiliaire ***être*** s'accordent en **genre** et en **nombre** avec le noyau du groupe qui exerce la fonction de **sujet** (**GS**). Habituellement, le GS est un groupe nominal (GN) dont le noyau est un nom ou un pronom.

GS → Elles

› Annabelle et Sophie sont **parties** en Australie.

L'accord du participe passé employé avec l'auxiliaire *avoir*

Les **participes passés** employés avec l'auxiliaire ***avoir*** s'accordent en **genre** et en **nombre** avec le noyau du groupe de mots, qui exerce la fonction de **complément direct du verbe** (**CD**) si ce groupe est placé **avant le verbe.** Habituellement, le CD est un GN dont le noyau est un nom ou un pronom.

CD → masc. plur.

› Elles ont pris des photographies des endroits qu' elles ont **visités.**

Si le CD est placé **après le verbe** ou s'il n'y a **pas de CD** dans la phrase, le participe passé est **invariable.**

CD

› Elles **ont adoré** cette randonnée à cheval. Pendant tout le trajet, elles **ont bavardé.** **(Pas de CD)**

L'accord de l'attribut du sujet

Lorsque la fonction d'attribut du sujet est exercée par un groupe adjectival (GAdj), le noyau de ce groupe s'accorde en **genre** et en **nombre** avec le noyau du **groupe sujet** (**GS**), qui est habituellement un nom ou un pronom.

GS → Elle

› Cette **ville** est **merveilleuse** à découvrir.

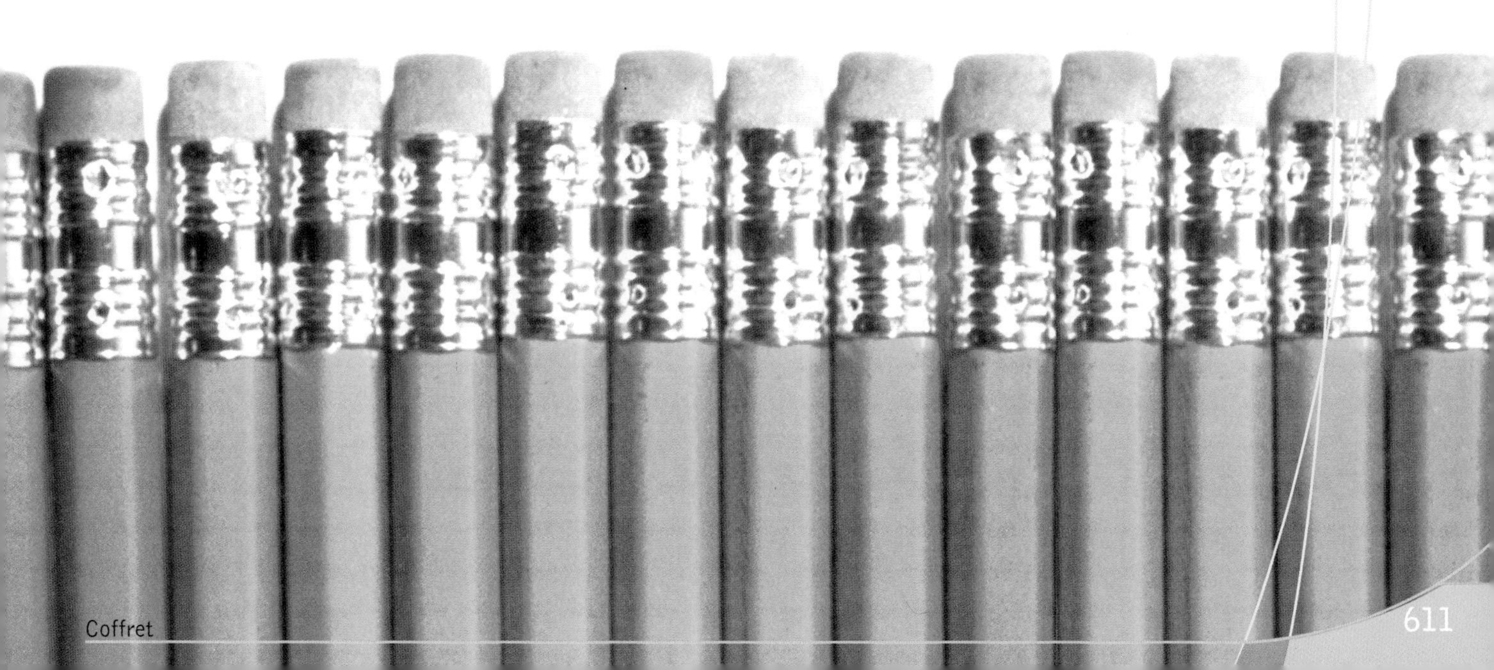

Les prépositions

Les prépositions sont des mots invariables qui servent à introduire un groupe de mots exerçant la fonction de complément.

VALEUR DES PRÉPOSITIONS	
L'addition	*outre*
Le temps	*à, avant, après, dans, de, depuis, dès, durant, en, entre, jusque, jusqu'à, pendant, pour, sous*
Le lieu	*à, au-dessus de, au-dessous de, dessus, dessous, auprès de, chez, contre, dans, de, derrière, devant, en, entre, hors, par, parmi, pour, sous, sur, vers, à côté de, à l'abri de, au pied de, autour de, de chez, de derrière, de dessous, de dessus, en dehors de, en face de, loin de, par delà, par-dessous, par-dessus, par-devant, par-derrière, près de*
Le but	*à, pour, afin de, de façon à, de manière à, dans le but de*
La cause	*à cause de*
La conformité	*selon, conformément à*
L'exclusion	*sauf*
La manière	*à, de, par, avec, sans, selon*
La matière	*en, de*
Le moyen	*à, avec, par*
L'opposition	*malgré, à l'encontre de*
La privation	*sans*

Les adverbes

Les adverbes sont des mots invariables. Selon le contexte où il est employé, l'adverbe peut exprimer différentes valeurs. En voici quelques-unes.

DIFFÉRENTES VALEURS DE L'ADVERBE	
VALEUR	ADVERBE
Manière	*simplement, heureusement, calmement, bien, ensemble,* etc.
Temps	*hier, demain, maintenant, ensuite, jamais, bientôt, tout de suite,* etc.
Lieu	*ici, ailleurs, dehors, loin, partout, autour, là, là-bas,* etc.
Négation	*non, ne… pas, ne… jamais,* etc.
Intensité	*beaucoup, moins, assez, trop, peu, le plus, très,* etc.
Quantité	*environ, à peu près, presque, tellement,* etc.

De nombreux adverbes se terminent par *-ment*. Ils sont formés à l'aide d'adjectifs selon différents procédés de formation.

FORMATION DES ADVERBES EN *-MENT*	
PROCÉDÉ DE FORMATION	***EXEMPLE***
Quand il s'agit d'un adjectif masculin se terminant par une voyelle, on y ajoute simplement le suffixe *-ment.*	› difficile + *-ment* = difficilement › poli + *-ment* = poliment › vrai + *-ment* = vraiment
Quand il s'agit d'un adjectif se terminant par une consonne, il faut d'abord trouver sa forme féminine avant d'y ajouter le suffixe *-ment.*	› heureux → heureuse + *-ment* = heureusement › faux → fausse + *-ment* = faussement
Quand il s'agit d'un adjectif masculin se terminant par *-ent,* on remplace *-ent* par *-emment* pour former l'adverbe.	› évid**ent** → évid**emment** › prud**ent** → prud**emment**
Quand il s'agit d'un adjectif masculin se terminant par *-ant,* on remplace *-ant* par *-amment.*	› élég**ant** → élég**amment** › brill**ant** → brill**amment**
Afin d'harmoniser les sons, on ajoute à certains adjectifs le suffixe *-ément* pour former l'adverbe.	› précis + *-ément* = précisément › énorm(e) + *-ément* = énormément › intens(e) + *-ément* = intensément
Il existe de nombreux cas particuliers. En voici quelques-uns.	› bref → brièvement › gentil → gentiment › lent → lentement › gai → gaiement

Voici une liste d'adverbes qui ne suivent pas ces procédés de formation.

- bien
- peut-être
- ainsi
- alors
- assez
- davantage
- environ
- ici
- bientôt
- donc
- aujourd'hui
- demain
- hier
- d'ailleurs
- cependant
- pourtant
- toutefois
- ne... pas
- jamais
- aussi
- d'accord
- beaucoup
- moins
- tout à fait
- à peu près
- sans doute

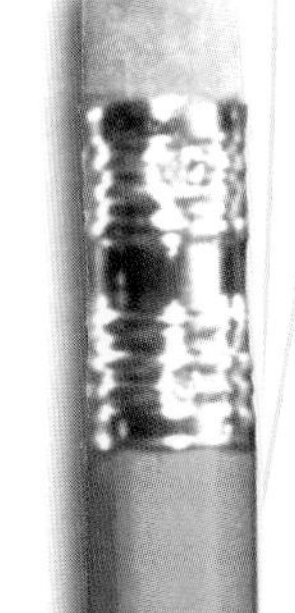

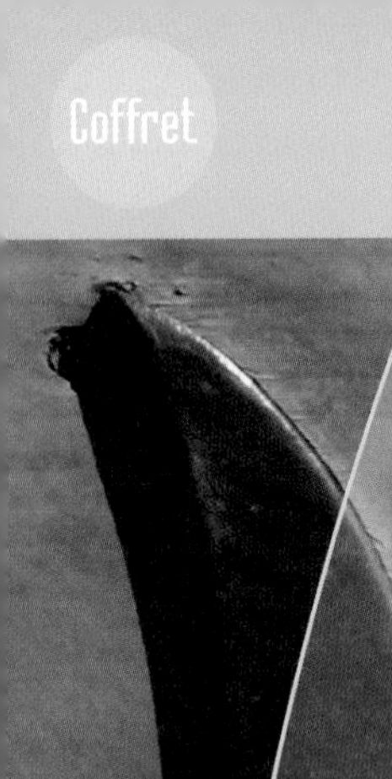

Les conjonctions

Les conjonctions sont des mots invariables qui expriment la relation existant entre des groupes de mots ou des phrases. Ce sont des marqueurs de relation qui agissent en tant que coordonnant ou subordonnant.

CONJONCTIONS	
COORDONNANT	SUBORDONNANT
mais	*lorsque*
ou	*dès que*
et	*aussitôt que*
donc	*quand*
car	*afin que*
ni	*parce que*
or	*puisque*
soit... soit...	*tandis que*
	comme
	que
	à ce que

- Les conjonctions exerçant le rôle de coordonnant servent à unir des groupes de mots ou des phrases simples. Les phrases simples réunies forment alors une phrase complexe obtenue grâce à la coordination.
  - › Jade **et** Éric ont le même âge.
  - › Le skieur était blessé, **mais** il a remporté la course malgré tout.
- Les conjonctions exerçant le rôle de subordonnant servent à introduire une phrase subordonnée qui complète un verbe, un nom, un adjectif ou une phrase. Ces conjonctions servent à former des phrases complexes obtenues grâce à la subordination.
  - › Anaïs espère **qu'elle remportera la victoire.** (Sub. complétant un verbe)
  - › Elle est fière **que le tournoi ait lieu dans sa ville.** (Sub. complétant un adjectif)
  - › **Dès que nous avons mis le pied dehors,** le temps s'est couvert. (Sub. complétant une phrase)

Les fonctions dans les groupes

La langue française compte cinq groupes de mots de base : le groupe nominal (GN), le groupe verbal (GV), le groupe adjectival (GAdj), le groupe prépositionnel (GPrép) et le groupe adverbial (GAdv). Ces groupes de mots exercent des fonctions à l'intérieur d'une phrase. Au GV, on peut ajouter le groupe verbal infinitif (GVinf) et le groupe verbal participe (GVpart).

- La fonction de complément du nom

  L'**expansion** qui accompagne le **noyau d'un GN** exerce la fonction de complément du nom. Le groupe complément du nom est généralement :

  - un **GAdj** ;
    › C'est une merveilleuse **exposition** !
  - un **GN** ;
    › J'adore les poèmes du **poète** Émile Nelligan.
  - un **GPrép** ;
    › As-tu lu ce **roman** de science-fiction ?
  - un **GVpart** ;
    › Les **gens** participant à ce concours sont des amateurs.
  - une **subordonnée relative** (sub. relat.).
    › Les **gens** qui participent à ce concours sont des amateurs.

- La fonction de complément de l'adjectif

  L'**expansion** qui accompagne le **noyau d'un GAdj** et qui est placée à droite exerce la fonction de complément de l'adjectif. Le groupe complément de l'adjectif est souvent un **GPrép** ou une **subordonnée complétive.**

  › Sandrine est **heureuse** de pouvoir rencontrer cet écrivain. (GPrép)
  › Elle paraît **triste** qu'il reparte bientôt. (Sub. complétive)

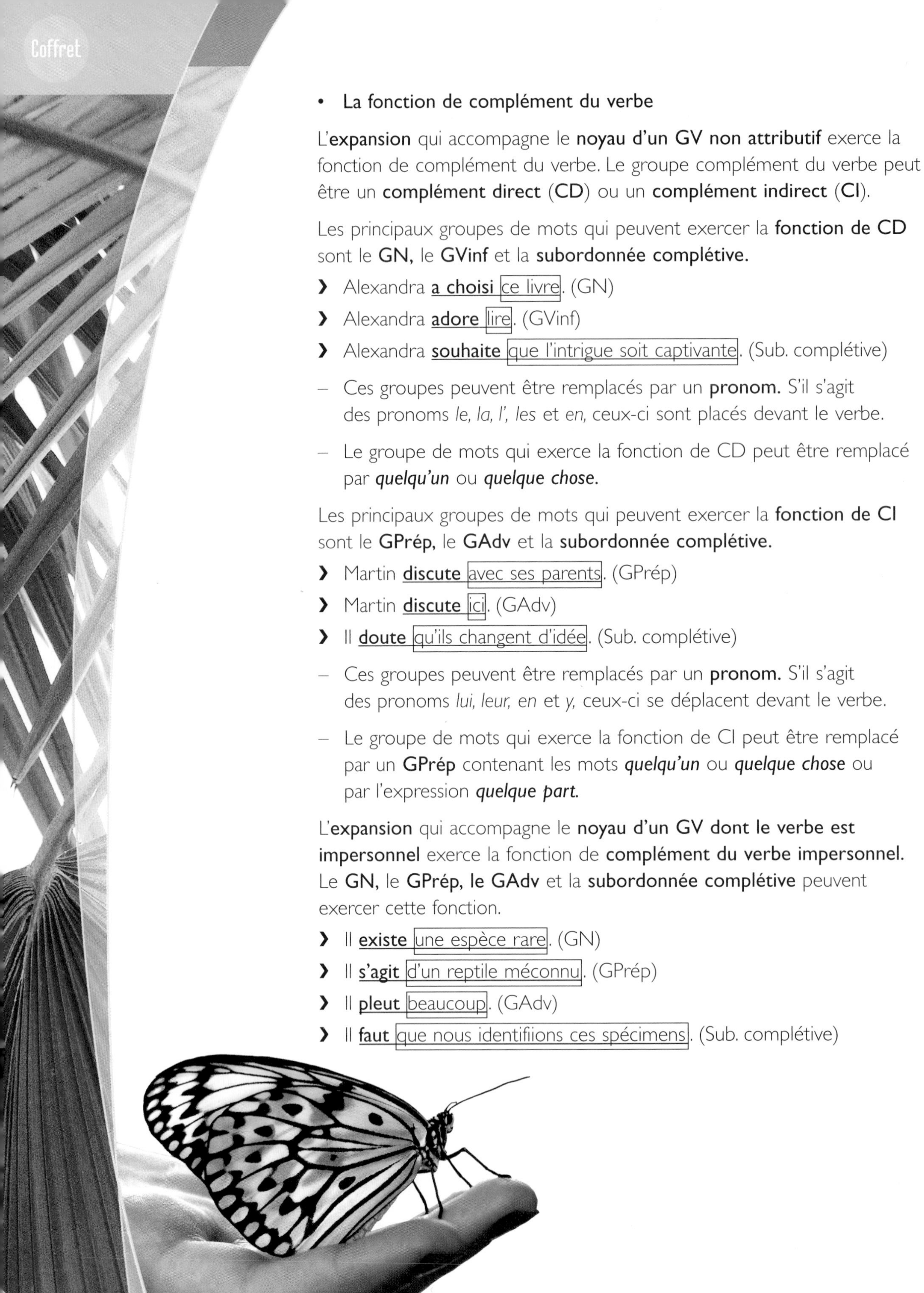

- La fonction de complément du verbe

L'**expansion** qui accompagne le **noyau d'un GV non attributif** exerce la fonction de complément du verbe. Le groupe complément du verbe peut être un **complément direct** (**CD**) ou un **complément indirect** (**CI**).

Les principaux groupes de mots qui peuvent exercer la **fonction de CD** sont le **GN,** le **GVinf** et la **subordonnée complétive.**

› Alexandra **a choisi** ce livre. (GN)

› Alexandra **adore** lire. (GVinf)

› Alexandra **souhaite** que l'intrigue soit captivante. (Sub. complétive)

– Ces groupes peuvent être remplacés par un **pronom.** S'il s'agit des pronoms *le, la, l', les* et *en,* ceux-ci sont placés devant le verbe.

– Le groupe de mots qui exerce la fonction de CD peut être remplacé par ***quelqu'un*** ou ***quelque chose.***

Les principaux groupes de mots qui peuvent exercer la **fonction de CI** sont le **GPrép,** le **GAdv** et la **subordonnée complétive.**

› Martin **discute** avec ses parents. (GPrép)

› Martin **discute** ici. (GAdv)

› Il **doute** qu'ils changent d'idée. (Sub. complétive)

– Ces groupes peuvent être remplacés par un **pronom.** S'il s'agit des pronoms *lui, leur, en* et *y,* ceux-ci se déplacent devant le verbe.

– Le groupe de mots qui exerce la fonction de CI peut être remplacé par un **GPrép** contenant les mots ***quelqu'un*** ou ***quelque chose*** ou par l'expression ***quelque part.***

L'**expansion** qui accompagne le **noyau d'un GV dont le verbe est impersonnel** exerce la fonction de **complément du verbe impersonnel.** Le **GN,** le **GPrép, le GAdv** et la **subordonnée complétive** peuvent exercer cette fonction.

› Il **existe** une espèce rare. (GN)

› Il **s'agit** d'un reptile méconnu. (GPrép)

› Il **pleut** beaucoup. (GAdv)

› Il **faut** que nous identifiions ces spécimens. (Sub. complétive)

- **La fonction d'attribut du sujet**

L'**expansion** qui accompagne le **noyau d'un GV attributif** exerce la fonction d'attribut du sujet. Le groupe attribut du sujet peut être un **GAdj,** un **GN,** un **GPrép** ou un **GAdv.**

› Éliot **semble** fatigué. (GAdj)

› Malgré cela, il **demeure** un bon étudiant. (GN)

› Bientôt, il **sera** en vacances. (GPrép)

› Il **a l'air** ailleurs. (GAdv)

Ces groupes peuvent être remplacés par les pronoms *le, l',* ou *en,* qui sont placés devant le verbe.

- **La fonction de modificateur**

Le **GAdv** est le seul groupe qui exerce la fonction de modificateur.

Il peut modifier :

– le noyau d'un **GV** ;
  › Roxanne et Béatrice **parlaient** rarement.
– le noyau d'un **GAdj** ;
  › Elles semblaient très **impatientes.**
– un **autre adverbe.**
  › Ses amies **marchaient** extrêmement **rapidement.**

La virgule

- La virgule peut servir à **juxtaposer** :
  - **des groupes de mots** ;
    › Cette forêt de feuillus compte notamment des érables, des bouleaux, des chênes, des peupliers et quelques cerisiers.
  - **des phrases** ;
    › Il distingue difficilement un sapin d'une épinette, elle connaît toutes les variétés !
  - **des subordonnées.**
    › Son père, qui a longtemps travaillé dans le domaine de la foresterie, qui connaît le bois comme le creux de sa main et qui adore la faune et la flore, lui a tout montré.
- La virgule permet d'**isoler** ou d'**encadrer** un **groupe de mots** formant :
  - un **groupe complément de phrase** (GCP), qui n'occupe pas sa position habituelle dans la phrase ;
    › **Pour ne rien oublier,** j'ai fait cette liste.
  - un **groupe du nom** (GN), agissant comme complément du nom **détaché** ;
    › Annie**, mon enseignante,** m'a fait découvrir cet auteur.
  - une **apostrophe,** qui précise à qui l'on s'adresse ;
    › Est-ce toi**, Michel,** qui as gagné ?
  - une **phrase incise,** qui accompagne souvent les paroles rapportées directement ;
    › J'arrive**, lui dit-elle.**
    › Dépêche-toi**, cria Léo,** je ne veux pas être en retard.
  - une **phrase incidente** ;
    › Cette découverte plutôt inusitée**, nous en conviendrons,** a été faite par un groupe d'étudiants.
  - une **subordonnée complément de phrase déplacée** ;
    › **Quand il arriva,** la cérémonie tirait à sa fin.
  - un groupe de mots sur lequel on veut **mettre l'accent.**
    › **Mes enfants,** je les adore plus que tout !

- La virgule permet aussi d'**indiquer l'effacement** d'un élément d'une phrase.
  › Mathilde adore la danse, sa copine**,** le patin artistique.
- La virgule s'emploie également **devant plusieurs coordonnants** (*mais, donc, car,* etc.) pour marquer la coordination.
  › Jade est épuisée**, mais** elle n'abandonnera jamais.

Les autres signes de ponctuation

La ponctuation et les paroles rapportées directement

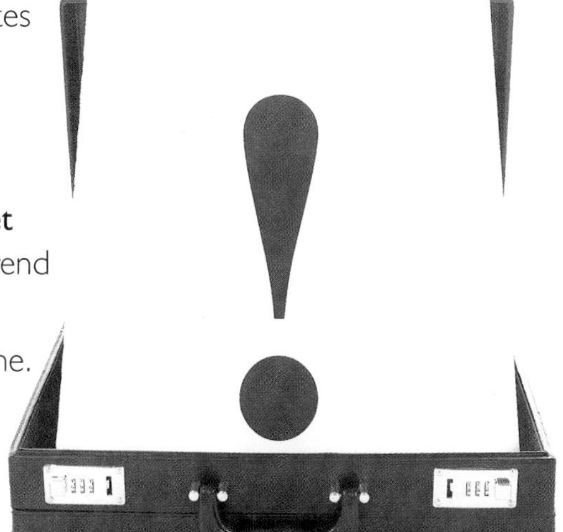

- Lorsqu'on rapporte des paroles directement, celles-ci sont introduites par un **deux-points** et sont encadrées par des **guillemets.**
  › À leur arrivée, les voyageurs ont déclaré: « Nous sommes très contents d'être rentrés chez nous. »
- Pour rapporter les paroles de plusieurs personnes, on place un **tiret** devant chaque réplique pour indiquer qu'une nouvelle personne prend la parole.
  › Au retour d'un voyage interculturel, Amélie discute avec sa copine.
    – J'ai bien aimé échanger avec des gens d'une autre culture. Et toi, Jade, as-tu aimé l'expérience?
    – J'ai pris beaucoup de plaisir à découvrir ce coin de pays et les gens qui l'habitent. Je recommencerais n'importe quand!

Le deux-points

En plus d'être employé pour introduire des paroles rapportées directement, le deux-points peut servir à introduire:

- une **énumération**;
  › Plusieurs personnes sont venues l'accueillir à l'aéroport: sa mère, son père, son frère, ses tantes et ses oncles.
- une **explication**;
  › L'un des passagers a éprouvé un léger malaise: il s'est senti étourdi.
- une **cause** ou une **conséquence.**
  › L'avion s'est finalement posé à l'heure: les vents étaient favorables.

La ponctuation et les types de phrases

- La phrase déclarative se termine par un **point.**
  › L'avion a finalement atterri à l'heure prévue.
- La phrase interrogative directe se termine par un **point d'interrogation.**
  › Referiez-vous l'expérience?
- La phrase interrogative indirecte se termine par **un point.**
  › Je me demande quelle sera sa prochaine destination.
- La phrase impérative se termine par un **point** ou par un **point d'exclamation.**
  › Sortez vos passeports. Soyez prêts!
- La phrase exclamative se termine par un **point d'exclamation.**
  › Quel beau voyage nous avons fait!

La jonction de phrases

- Une phrase peut être **simple** ou **complexe.** Une phrase complexe se construit à l'aide de **deux** ou **plusieurs** phrases simples. Elle contient donc plus d'un verbe conjugué. Les phrases simples qui s'unissent pour former une phrase complexe forment un tout : elles sont liées par le sens.

  GCP GS GV

  › L'été dernier, Tristan **a visité** la Gaspésie. (Phrase simple)

  GS GV

  › Ce vacancier **a adoré** cette beauté naturelle. (Phrase simple)

  GCP GS GV + GS

  › Au cours de son séjour, il **a pu** voir le rocher **Percé** : ce vacancier **a adoré** cette beauté naturelle. (Phrase complexe)

  GV

- Il existe trois procédés de jonction de phrases pour former des **phrases complexes.**
  - **La juxtaposition :** les phrases simples sont alors jointes à l'aide de signes de ponctuation comme la virgule, le deux-points et le point-virgule et demeurent **indépendantes les unes des autres.**

    GS GV GCP + GS GV

    › Je **visiterai** la capitale prochainement ; elle **regorge** d'activités.

  - **La coordination :** les phrases simples sont liées à l'aide de coordonnants et demeurent **indépendantes les unes des autres.**

    GS GV GCP + GS GV

    › Je **visiterai** la capitale prochainement, car elle **regorge** d'activités.

  - **La subordination :** les phrases simples sont liées à l'aide de subordonnants et sont **dépendantes les unes des autres.**

    GS GV GCP

    › Je **visiterai** la capitale, qui **regorge** d'activités, prochainement.

    GS GV

Avoir

On utilise l'**auxiliaire de conjugaison *avoir*** avec les participes passés pour former les temps composés de la majorité des verbes actifs.

Note : L'imparfait et le plus-que-parfait du subjonctif ne sont pas à l'étude au 1er cycle du secondaire.

Indicatif

Présent

j'	ai
tu	as
il, elle	a
nous	avons
vous	avez
ils, elles	ont

Passé composé

j'	ai	eu
tu	as	eu
il, elle	a	eu
nous	avons	eu
vous	avez	eu
ils, elles	ont	eu

Imparfait

j'	avais
tu	avais
il, elle	avait
nous	avions
vous	aviez
ils, elles	avaient

Plus-que-parfait

j'	avais	eu
tu	avais	eu
il, elle	avait	eu
nous	avions	eu
vous	aviez	eu
ils, elles	avaient	eu

Passé simple

j'	eus
tu	eus
il, elle	eut
nous	eûmes
vous	eûtes
ils, elles	eurent

Passé antérieur

j'	eus	eu
tu	eus	eu
il, elle	eut	eu
nous	eûmes	eu
vous	eûtes	eu
ils, elles	eurent	eu

Futur

j'	aurai
tu	auras
il, elle	aura
nous	aurons
vous	aurez
ils, elles	auront

Futur antérieur

j'	aurai	eu
tu	auras	eu
il, elle	aura	eu
nous	aurons	eu
vous	aurez	eu
ils, elles	auront	eu

Conditionnel présent

j'	aurais
tu	aurais
il, elle	aurait
nous	aurions
vous	auriez
ils, elles	auraient

Conditionnel passé

j'	aurais	eu
tu	aurais	eu
il, elle	aurait	eu
nous	aurions	eu
vous	auriez	eu
ils, elles	auraient	eu

Subjonctif

Présent

il faut...

que	j'	aie
que	tu	aies
qu'	il, elle	ait
que	nous	ayons
que	vous	ayez
qu'	ils, elles	aient

Passé

il faut...

que	j'	aie	eu
que	tu	aies	eu
qu'	il, elle	ait	eu
que	nous	ayons	eu
que	vous	ayez	eu
qu'	ils, elles	aient	eu

Imparfait

il fallait...

que	j'	eusse
que	tu	eusses
qu'	il, elle	eût
que	nous	eussions
que	vous	eussiez
qu'	ils, elles	eussent

Plus-que-parfait

il fallait...

que	j'	eusse	eu
que	tu	eusses	eu
qu'	il, elle	eût	eu
que	nous	eussions	eu
que	vous	eussiez	eu
qu'	ils, elles	eussent	eu

Impératif

Présent

aie
ayons
ayez

Passé

aie eu
ayons eu
ayez eu

Infinitif

Présent

avoir

Passé

avoir eu

Participe

Présent

ayant

Passé

eu, eue, eus, eues
ayant eu

Être

- Le **verbe *être*** est un **verbe attributif**:
  › Je **suis** satisfait de mon travail.
- On emploie l'**auxiliaire de conjugaison *être*** pour conjuguer certains verbes actifs, les verbes pronominaux et les verbes des phrases passives.

Note: L'imparfait et le plus-que-parfait du subjonctif ne sont pas à l'étude au 1er cycle du secondaire.

Indicatif

Présent		**Passé composé**		
je	suis	j'	ai	été
tu	es	tu	as	été
il, elle	est	il, elle	a	été
nous	sommes	nous	avons	été
vous	êtes	vous	avez	été
ils, elles	sont	ils, elles	ont	été

Imparfait		**Plus-que-parfait**		
j'	étais	j'	avais	été
tu	étais	tu	avais	été
il, elle	était	il, elle	avait	été
nous	étions	nous	avions	été
vous	étiez	vous	aviez	été
ils, elles	étaient	ils, elles	avaient	été

Passé simple		**Passé antérieur**		
je	fus	j'	eus	été
tu	fus	tu	eus	été
il, elle	fut	il, elle	eut	été
nous	fûmes	nous	eûmes	été
vous	fûtes	vous	eûtes	été
ils, elles	furent	ils, elles	eurent	été

Futur		**Futur antérieur**		
je	serai	j'	aurai	été
tu	seras	tu	auras	été
il, elle	sera	il, elle	aura	été
nous	serons	nous	aurons	été
vous	serez	vous	aurez	été
ils, elles	seront	ils, elles	auront	été

Conditionnel présent		**Conditionnel passé**		
je	serais	j'	aurais	été
tu	serais	tu	aurais	été
il, elle	serait	il, elle	aurait	été
nous	serions	nous	aurions	été
vous	seriez	vous	auriez	été
ils, elles	seraient	ils, elles	auraient	été

Subjonctif

Présent *il faut...*			**Passé** *il faut...*			
que	je	sois	que	j'	aie	été
que	tu	sois	que	tu	aies	été
qu'	il, elle	soit	qu'	il, elle	ait	été
que	nous	soyons	que	nous	ayons	été
que	vous	soyez	que	vous	ayez	été
qu'	ils, elles	soient	qu'	ils, elles	aient	été

Imparfait *il fallait...*			**Plus-que-parfait** *il fallait...*			
que	je	fusse	que	j'	eusse	été
que	tu	fusses	que	tu	eusses	été
qu'	il, elle	fût	qu'	il, elle	eût	été
que	nous	fussions	que	nous	eussions	été
que	vous	fussiez	que	vous	eussiez	été
qu'	ils, elles	fussent	qu'	ils, elles	eussent	été

Impératif

Présent	**Passé**	
sois	aie	été
soyons	ayons	été
soyez	ayez	été

Infinitif

Présent	**Passé**
être	avoir été

Participe

Présent	**Passé**
étant	été (invariable)
	ayant été

Aimer

Les verbes se terminant par *-er* ont les mêmes terminaisons que celles du verbe modèle ***aimer,*** à l'exception de celles du verbe *aller.*

Note : L'imparfait et le plus-que-parfait du subjonctif ne sont pas à l'étude au 1er cycle du secondaire.

Indicatif

Présent

j'	aime
tu	aimes
il, elle	aime
nous	aimons
vous	aimez
ils, elles	aiment

Passé composé

j'	ai	aimé
tu	as	aimé
il, elle	a	aimé
nous	avons	aimé
vous	avez	aimé
ils, elles	ont	aimé

Imparfait

j'	aimais
tu	aimais
il, elle	aimait
nous	aimions
vous	aimiez
ils, elles	aimaient

Plus-que-parfait

j'	avais	aimé
tu	avais	aimé
il, elle	avait	aimé
nous	avions	aimé
vous	aviez	aimé
ils, elles	avaient	aimé

Passé simple

j'	aimai
tu	aimas
il, elle	aima
nous	aimâmes
vous	aimâtes
ils, elles	aimèrent

Passé antérieur

j'	eus	aimé
tu	eus	aimé
il, elle	eut	aimé
nous	eûmes	aimé
vous	eûtes	aimé
ils, elles	eurent	aimé

Futur

j'	aimerai
tu	aimeras
il, elle	aimera
nous	aimerons
vous	aimerez
ils, elles	aimeront

Futur antérieur

j'	aurai	aimé
tu	auras	aimé
il, elle	aura	aimé
nous	aurons	aimé
vous	aurez	aimé
ils, elles	auront	aimé

Conditionnel présent

j'	aimerais
tu	aimerais
il, elle	aimerait
nous	aimerions
vous	aimeriez
ils, elles	aimeraient

Conditionnel passé

j'	aurais	aimé
tu	aurais	aimé
il, elle	aurait	aimé
nous	aurions	aimé
vous	auriez	aimé
ils, elles	auraient	aimé

Subjonctif

Présent

il faut...

que	j'	aime
que	tu	aimes
qu'	il, elle	aime
que	nous	aimions
que	vous	aimiez
qu'	ils, elles	aiment

Passé

il faut...

que	j'	aie	aimé
que	tu	aies	aimé
qu'	il, elle	ait	aimé
que	nous	ayons	aimé
que	vous	ayez	aimé
qu'	ils, elles	aient	aimé

Imparfait

il fallait...

que	j'	aimasse
que	tu	aimasses
qu'	il, elle	aimât
que	nous	aimassions
que	vous	aimassiez
qu'	ils, elles	aimassent

Plus-que-parfait

il fallait...

que	j'	eusse	aimé
que	tu	eusses	aimé
qu'	il, elle	eût	aimé
que	nous	eussions	aimé
que	vous	eussiez	aimé
qu'	ils, elles	eussent	aimé

Impératif

Présent

aime
aimons
aimez

Passé

aie aimé
ayons aimé
ayez aimé

Infinitif

Présent

aimer

Passé

avoir aimé

Participe

Présent

aimant

Passé

aimé, ée, és, ées
ayant aimé

Finir

- Les verbes se terminant par *-ir* avec un participe présent en *-issant* ont les mêmes terminaisons que celles du verbe modèle *finir*.
- La 1re personne du pluriel du présent de l'indicatif se termine par *-issons*.

Note : L'imparfait et le plus-que-parfait du subjonctif ne sont pas à l'étude au 1er cycle du secondaire.

Indicatif

Présent

je	finis
tu	finis
il, elle	finit
nous	finissons
vous	finissez
ils, elles	finissent

Passé composé

j'	ai	fini
tu	as	fini
il, elle	a	fini
nous	avons	fini
vous	avez	fini
ils, elles	ont	fini

Imparfait

je	finissais
tu	finissais
il, elle	finissait
nous	finissions
vous	finissiez
ils, elles	finissaient

Plus-que-parfait

j'	avais	fini
tu	avais	fini
il, elle	avait	fini
nous	avions	fini
vous	aviez	fini
ils, elles	avaient	fini

Passé simple

je	finis
tu	finis
il, elle	finit
nous	finîmes
vous	finîtes
ils, elles	finirent

Passé antérieur

j'	eus	fini
tu	eus	fini
il, elle	eut	fini
nous	eûmes	fini
vous	eûtes	fini
ils, elles	eurent	fini

Futur

je	finirai
tu	finiras
il, elle	finira
nous	finirons
vous	finirez
ils, elles	finiront

Futur antérieur

j'	aurai	fini
tu	auras	fini
il, elle	aura	fini
nous	aurons	fini
vous	aurez	fini
ils, elles	auront	fini

Conditionnel présent

je	finirais
tu	finirais
il, elle	finirait
nous	finirions
vous	finiriez
ils, elles	finiraient

Conditionnel passé

j'	aurais	fini
tu	aurais	fini
il, elle	aurait	fini
nous	aurions	fini
vous	auriez	fini
ils, elles	auraient	fini

Subjonctif

Présent

il faut...

que	je	finisse
que	tu	finisses
qu'	il, elle	finisse
que	nous	finissions
que	vous	finissiez
qu'	ils, elles	finissent

Passé

il faut...

que	j'	aie	fini
que	tu	aies	fini
qu'	il, elle	ait	fini
que	nous	ayons	fini
que	vous	ayez	fini
qu'	ils, elles	aient	fini

Imparfait

il fallait...

que	je	finisse
que	tu	finisses
qu'	il, elle	finît
que	nous	finissions
que	vous	finissiez
qu'	ils, elles	finissent

Plus-que-parfait

il fallait...

que	j'	eusse	fini
que	tu	eusses	fini
qu'	il, elle	eût	fini
que	nous	eussions	fini
que	vous	eussiez	fini
qu'	ils, elles	eussent	fini

Impératif

Présent

finis
finissons
finissez

Passé

aie fini
ayons fini
ayez fini

Infinitif

Présent

finir

Passé

avoir fini

Participe

Présent

finissant

Passé

fini, ie, is, ies
ayant fini

Partir

Les verbes se terminant par *-ir* et n'ayant pas de participe présent en *-issant* ont souvent les mêmes terminaisons que celles du verbe ***partir***.

Note : L'imparfait et le plus-que-parfait du subjonctif ne sont pas à l'étude au 1er cycle du secondaire.

Indicatif

Présent

je	pars
tu	pars
il, elle	part
nous	partons
vous	partez
ils, elles	partent

Passé composé

je	suis	parti, ie
tu	es	parti, ie
il, elle	est	parti, ie
nous	sommes	partis, ies
vous	êtes	partis, ies
ils, elles	sont	partis, ies

Imparfait

je	partais
tu	partais
il, elle	partait
nous	partions
vous	partiez
ils, elles	partaient

Plus-que-parfait

j'	étais	parti, ie
tu	étais	parti, ie
il, elle	était	parti, ie
nous	étions	partis, ies
vous	étiez	partis, ies
ils, elles	étaient	partis, ies

Passé simple

je	partis
tu	partis
il, elle	partit
nous	partîmes
vous	partîtes
ils, elles	partirent

Passé antérieur

je	fus	parti, ie
tu	fus	parti, ie
il, elle	fut	parti, ie
nous	fûmes	partis, ies
vous	fûtes	partis, ies
ils, elles	furent	partis, ies

Futur

je	partirai
tu	partiras
il, elle	partira
nous	partirons
vous	partirez
ils, elles	partiront

Futur antérieur

je	serai	parti, ie
tu	seras	parti, ie
il, elle	sera	parti, ie
nous	serons	partis, ies
vous	serez	partis, ies
ils, elles	seront	partis, ies

Conditionnel présent

je	partirais
tu	partirais
il, elle	partirait
nous	partirions
vous	partiriez
ils, elles	partiraient

Conditionnel passé

je	serais	parti, ie
tu	serais	parti, ie
il, elle	serait	parti, ie
nous	serions	partis, ies
vous	seriez	partis, ies
ils, elles	seraient	partis, ies

Subjonctif

Présent

il faut...

que	je	parte
que	tu	partes
qu'	il, elle	parte
que	nous	partions
que	vous	partiez
qu'	ils, elles	partent

Passé

il faut...

que	je	sois	parti, ie
que	tu	sois	parti, ie
qu'	il, elle	soit	parti, ie
que	nous	soyons	partis, ies
que	vous	soyez	partis, ies
qu'	ils, elles	soient	partis, ies

Imparfait

il fallait...

que	je	partisse
que	tu	partisses
qu'	il, elle	partît
que	nous	partissions
que	vous	partissiez
qu'	ils, elles	partissent

Plus-que-parfait

il fallait...

que	je	fusse	parti, ie
que	tu	fusses	parti, ie
qu'	il, elle	fût	parti, ie
que	nous	fussions	partis, ies
que	vous	fussiez	partis, ies
qu'	ils, elles	fussent	partis, ies

Impératif

Présent

pars
partons
partez

Passé

sois parti, ie
soyons partis, ies
soyez partis, ies

Infinitif

Présent

partir

Passé

être parti, ie, is, ies

Participe

Présent

partant

Passé

parti, ie, is, ies
étant parti, ie, is, ies

voir

- Le futur simple et le conditionnel présent comportent « rr ».
- On conserve les terminaisons *-ions* et *-iez* malgré la prononciation du « y ». Les verbes ***revoir*** et ***entrevoir*** se conjuguent selon ce modèle.

Note : L'imparfait et le plus-que-parfait du subjonctif ne sont pas à l'étude au 1er cycle du secondaire.

Indicatif

Présent

je	vois
tu	vois
il, elle	voit
nous	voyons
vous	voyez
ils, elles	voient

Passé composé

j'	ai	vu
tu	as	vu
il, elle	a	vu
nous	avons	vu
vous	avez	vu
ils, elles	ont	vu

Imparfait

je	voyais
tu	voyais
il, elle	voyait
nous	voyions
vous	voyiez
ils, elles	voyaient

Plus-que-parfait

j'	avais	vu
tu	avais	vu
il, elle	avait	vu
nous	avions	vu
vous	aviez	vu
ils, elles	avaient	vu

Passé simple

je	vis
tu	vis
il, elle	vit
nous	vîmes
vous	vîtes
ils, elles	virent

Passé antérieur

j'	eus	vu
tu	eus	vu
il, elle	eut	vu
nous	eûmes	vu
vous	eûtes	vu
ils, elles	eurent	vu

Futur

je	verrai
tu	verras
il, elle	verra
nous	verrons
vous	verrez
ils, elles	verront

Futur antérieur

j'	aurai	vu
tu	auras	vu
il, elle	aura	vu
nous	aurons	vu
vous	aurez	vu
ils, elles	auront	vu

Conditionnel présent

je	verrais
tu	verrais
il, elle	verrait
nous	verrions
vous	verriez
ils, elles	verraient

Conditionnel passé

j'	aurais	vu
tu	aurais	vu
il, elle	aurait	vu
nous	aurions	vu
vous	auriez	vu
ils, elles	auraient	vu

Subjonctif

Présent

il faut...

que	je	voie
que	tu	voies
qu'	il, elle	voie
que	nous	voyions
que	vous	voyiez
qu'	ils, elles	voient

Passé

il faut...

que	j'	aie	vu
que	tu	aies	vu
qu'	il, elle	ait	vu
que	nous	ayons	vu
que	vous	ayez	vu
qu'	ils, elles	aient	vu

Imparfait

il fallait...

que	je	visse
que	tu	visses
qu'	il, elle	vît
que	nous	vissions
que	vous	vissiez
qu'	ils, elles	vissent

Plus-que-parfait

il fallait...

que	j'	eusse	vu
que	tu	eusses	vu
qu'	il, elle	eût	vu
que	nous	eussions	vu
que	vous	eussiez	vu
qu'	ils, elles	eussent	vu

Impératif

Présent

vois
voyons
voyez

Passé

aie vu
ayons vu
ayez vu

Infinitif

Présent

voir

Passé

avoir vu

Participe

Présent

voyant

Passé

vu, vue, vus, vues
ayant vu

Boire

Note : L'imparfait et le plus-que-parfait du subjonctif ne sont pas à l'étude au 1er cycle du secondaire.

Indicatif

Présent

je	bois
tu	bois
il, elle	boit
nous	buvons
vous	buvez
ils, elles	boivent

Passé composé

j'	ai	bu
tu	as	bu
il, elle	a	bu
nous	avons	bu
vous	avez	bu
ils, elles	ont	bu

Imparfait

je	buvais
tu	buvais
il, elle	buvait
nous	buvions
vous	buviez
ils, elles	buvaient

Plus-que-parfait

j'	avais	bu
tu	avais	bu
il, elle	avait	bu
nous	avions	bu
vous	aviez	bu
ils, elles	avaient	bu

Passé simple

je	bus
tu	bus
il, elle	but
nous	bûmes
vous	bûtes
ils, elles	burent

Passé antérieur

j'	eus	bu
tu	eus	bu
il, elle	eut	bu
nous	eûmes	bu
vous	eûtes	bu
ils, elles	eurent	bu

Futur

je	boirai
tu	boiras
il, elle	boira
nous	boirons
vous	boirez
ils, elles	boiront

Futur antérieur

j'	aurai	bu
tu	auras	bu
il, elle	aura	bu
nous	aurons	bu
vous	aurez	bu
ils, elles	auront	bu

Conditionnel présent

je	boirais
tu	boirais
il, elle	boirait
nous	boirions
vous	boiriez
ils, elles	boiraient

Conditionnel passé

j'	aurais	bu
tu	aurais	bu
il, elle	aurait	bu
nous	aurions	bu
vous	auriez	bu
ils, elles	auraient	bu

Subjonctif

Présent

il faut...

que	je	boive
que	tu	boives
qu'	il, elle	boive
que	nous	buvions
que	vous	buviez
qu'	ils, elles	boivent

Passé

il faut...

que	j'	aie	bu
que	tu	aies	bu
qu'	il, elle	ait	bu
que	nous	ayons	bu
que	vous	ayez	bu
qu'	ils, elles	aient	bu

Imparfait

il fallait...

que	je	busse
que	tu	busses
qu'	il, elle	bût
que	nous	bussions
que	vous	bussiez
qu'	ils, elles	bussent

Plus-que-parfait

il fallait...

que	j'	eusse	bu
que	tu	eusses	bu
qu'	il, elle	eût	bu
que	nous	eussions	bu
que	vous	eussiez	bu
qu'	ils, elles	eussent	bu

Impératif

Présent

bois
buvons
buvez

Passé

aie bu
ayons bu
ayez bu

Infinitif

Présent

boire

Passé

avoir bu

Participe

Présent

buvant

Passé

bu, bue, bus, bues
ayant bu

Prendre

- Au présent de l'indicatif, la 3e personne du singulier se termine par un « **d** » : *il, elle pren***d**.
- Les verbes *apprendre*, *comprendre*, *se déprendre*, *désapprendre*, *entreprendre*, *s'éprendre*, *se méprendre*, *rapprendre*, *réapprendre*, *reprendre* et *surprendre* se conjuguent selon ce modèle.

Note : L'imparfait et le plus-que-parfait du subjonctif ne sont pas à l'étude au 1er cycle du secondaire.

Indicatif

Présent

je	prends
tu	prends
il, elle	prend
nous	prenons
vous	prenez
ils, elles	prennent

Passé composé

j'	ai	pris
tu	as	pris
il, elle	a	pris
nous	avons	pris
vous	avez	pris
ils, elles	ont	pris

Imparfait

je	prenais
tu	prenais
il, elle	prenait
nous	prenions
vous	preniez
ils, elles	prenaient

Plus-que-parfait

j'	avais	pris
tu	avais	pris
il, elle	avait	pris
nous	avions	pris
vous	aviez	pris
ils, elles	avaient	pris

Passé simple

je	pris
tu	pris
il, elle	prit
nous	prîmes
vous	prîtes
ils, elles	prirent

Passé antérieur

j'	eus	pris
tu	eus	pris
il, elle	eut	pris
nous	eûmes	pris
vous	eûtes	pris
ils, elles	eurent	pris

Futur

je	prendrai
tu	prendras
il, elle	prendra
nous	prendrons
vous	prendrez
ils, elles	prendront

Futur antérieur

j'	aurai	pris
tu	auras	pris
il, elle	aura	pris
nous	aurons	pris
vous	aurez	pris
ils, elles	auront	pris

Conditionnel présent

je	prendrais
tu	prendrais
il, elle	prendrait
nous	prendrions
vous	prendriez
ils, elles	prendraient

Conditionnel passé

j'	aurais	pris
tu	aurais	pris
il, elle	aurait	pris
nous	aurions	pris
vous	auriez	pris
ils, elles	auraient	pris

Subjonctif

Présent

il faut...

que	je	prenne
que	tu	prennes
qu'	il, elle	prenne
que	nous	prenions
que	vous	preniez
qu'	ils, elles	prennent

Passé

il faut...

que	j'	aie	pris
que	tu	aies	pris
qu'	il, elle	ait	pris
que	nous	ayons	pris
que	vous	ayez	pris
qu'	ils, elles	aient	pris

Imparfait

il fallait...

que	je	prisse
que	tu	prisses
qu'	il, elle	prît
que	nous	prissions
que	vous	prissiez
qu'	ils, elles	prissent

Plus-que-parfait

il fallait...

que	j'	eusse	pris
que	tu	eusses	pris
qu'	il, elle	eût	pris
que	nous	eussions	pris
que	vous	eussiez	pris
qu'	ils, elles	eussent	pris

Impératif

Présent

prends
prenons
prenez

Passé

aie pris
ayons pris
ayez pris

Infinitif

Présent

prendre

Passé

avoir pris

Participe

Présent

prenant

Passé

pris, prise, pris, prises
ayant pris

Craindre

- On conserve les terminaisons *-ions* et *-iez* malgré la prononciation du « gn ».
- Les verbes *contraindre* et *plaindre* se conjuguent selon ce modèle.

Note : L'imparfait et le plus-que-parfait du subjonctif ne sont pas à l'étude au 1er cycle du secondaire.

Indicatif

Présent

je	crains
tu	crains
il, elle	craint
nous	craignons
vous	craignez
ils, elles	craignent

Passé composé

j'	ai	craint
tu	as	craint
il, elle	a	craint
nous	avons	craint
vous	avez	craint
ils, elles	ont	craint

Imparfait

je	craignais
tu	craignais
il, elle	craignait
nous	craignions
vous	craigniez
ils, elles	craignaient

Plus-que-parfait

j'	avais	craint
tu	avais	craint
il, elle	avait	craint
nous	avions	craint
vous	aviez	craint
ils, elles	avaient	craint

Passé simple

je	craignis
tu	craignis
il, elle	craignit
nous	craignîmes
vous	craignîtes
ils, elles	craignirent

Passé antérieur

j'	eus	craint
tu	eus	craint
il, elle	eut	craint
nous	eûmes	craint
vous	eûtes	craint
ils, elles	eurent	craint

Futur

je	craindrai
tu	craindras
il, elle	craindra
nous	craindrons
vous	craindrez
ils, elles	craindront

Futur antérieur

j'	aurai	craint
tu	auras	craint
il, elle	aura	craint
nous	aurons	craint
vous	aurez	craint
ils, elles	auront	craint

Conditionnel présent

je	craindrais
tu	craindrais
il, elle	craindrait
nous	craindrions
vous	craindriez
ils, elles	craindraient

Conditionnel passé

j'	aurais	craint
tu	aurais	craint
il, elle	aurait	craint
nous	aurions	craint
vous	auriez	craint
ils, elles	auraient	craint

Subjonctif

Présent

il faut...

que	je	craigne
que	tu	craignes
qu'	il, elle	craigne
que	nous	craignions
que	vous	craigniez
qu'	ils, elles	craignent

Passé

il faut...

que	j'	aie	craint
que	tu	aies	craint
qu'	il, elle	ait	craint
que	nous	ayons	craint
que	vous	ayez	craint
qu'	ils, elles	aient	craint

Imparfait

il fallait...

que	je	craignisse
que	tu	craignisses
qu'	il, elle	craignît
que	nous	craignissions
que	vous	craignissiez
qu'	ils, elles	craignissent

Plus-que-parfait

il fallait...

que	j'	eusse	craint
que	tu	eusses	craint
qu'	il, elle	eût	craint
que	nous	eussions	craint
que	vous	eussiez	craint
qu'	ils, elles	eussent	craint

Impératif

Présent

crains
craignons
craignez

Passé

aie craint
ayons craint
ayez craint

Infinitif

Présent

craindre

Passé

avoir craint

Participe

Présent

craignant

Passé

craint, crainte,
craints, craintes
ayant craint

4. Le lexique

Les préfixes

LES PRINCIPAUX PRÉFIXES

PRÉFIXE	ORIGINE	SENS	EXEMPLE
a-, an-	grec	négation	***a**normal, **an**alphabète*
ad-	latin	vers	***ad**joint, **ad**option, **ad**venir*
anté-	latin	avant	***anté**posé, **anté**diluvien*
anti-	latin	contraire, avant	***anti**gel, **anti**colonialiste, **anti**daté*
circon-	latin	autour	***circon**férence*
co- *con-* *com-* *syn-*	latin latin latin grec	avec, ensemble	***co**auteur* ***con**citoyen* ***com**patir* ***syn**thèse*
contre- *dé-, dés-*	latin latin	opposition	***contre**dire, **contre**-courant* ***dé**composer, **dés**habiller*
dé-, dés-	latin	privation, séparation	***dé**tacher, **dés**honneur*
épi-	grec	au-dessus	***épi**derme*
ex-	grec	en dehors	***ex**proprier, **ex**-conjoint*
extra-	latin	extériorité	***extra**terrestre*
il-, ir-	latin	négation	***il**lettré, **ir**réel*
juxta-	latin	près de	***juxta**poser*
péri-	grec	autour	***péri**phrase*
pré-	latin	devant	***pré**histoire*
post-	latin	après	***post**natal, **post**synchroniser*
re-	latin	répétition	***re**prendre*
dis-	latin	séparation, dissociation	***dis**joindre, **dis**paraître*
rétro-	latin	en arrière	***rétro**actif, **rétro**grader*
sous- *sub-* *vice-*	latin latin latin	hiérarchie	***sous**-ministre* ***sub**alterne* ***vice**-présidente*
super- *sur-*	latin latin	sur	***super**poser* ***sur**monter*
archi- *extra-* *hyper-* *super-* *ultra-*	grec latin grec latin latin	intensité • forte	***archi**millionnaire* ***extra**ordinaire* ***hyper**actif* ***super**marché* ***ultra**moderne*
hypo- *sous-*	grec latin	• faible	***hypo**glycémie* ***sous**-développé*
bi- (deux) *mono-* (un) *octo-* (huit) *tri-* (trois)	latin latin latin latin	quantité	***bi**pède* ***mono**parental* ***octo**génaire* ***tri**angle*

LES PRINCIPAUX SUFFIXES			
SUFFIXE	ORIGINE	SENS	*EXEMPLE*
-able	latin	possibilité	*mangeable*
-ible	latin		*répressible, visible, audible*
-ade, -age	latin	action ou son résultat	*promenade, magasinage*
-ure, -aison	latin		*peinture, livraison*
-ion, -ation	latin		*production, argumentation*
-ement	latin		*stationnement*
-aie	latin	plantation	*roseraie*
-ain(e)	latin	quantité	*douzaine*
-aille	latin	collectif	*ferraille*
-ée	latin	contenu	*pelletée, cuillerée, assiettée*
-ais	latin	origine	*Français*
-ois	latin		*Chinois*
-ain	latin		*prochain, mexicain*
-ien	latin		*brésilien*
-an	latin		*persan*
-aille, -ard	latin	péjoratif	*canaille, fêtard, chauffard*
-âtre, -aud	latin		*marâtre, lourdaud*
-asse	latin		*bonasse, chaudasse*
-erie	latin	lieu où l'on fabrique, où l'on vend	*boucherie, brocanterie, épicerie*
-et, -ette	latin	diminutif	*garçonnet, maisonnette*
-in	latin		*diablotin*
-ot	latin		*îlot*
-ole	latin		*bestiole*
-eau	latin		*chevreau*
-cule	latin		*groupuscule*
-eur	latin	métier, profession	*chanteur, éboueur*
-er	latin		*pâtissier*
-aire	latin		*disquaire*
-iste	grec		*dentiste*
-ien	latin		*chirurgien*
-ier	latin	arbre, arbuste	*bananier, framboisier, figuier, pommier, poirier, peuplier*
-isme	latin	doctrine, système économique ou politique (-isme)	*capitalisme, libéralisme*
-iste	latin	adepte (-iste, -ien)	*pacifiste, socialiste, gauchiste*
-ien	latin		*stalinien, hégélien*
-ite	grec	infection	*appendicite, arthrite, bronchite, hépatite, méningite, otite*
-graphie	grec	art d'écrire	*calligraphie, sténographie*
-logie	grec	science	*psychologie, astrologie, géologie*
-nome	grec	qui règle	*économe, métronome, astronome*
-ose	grec	termes médicaux	*névrose, sclérose*
-ique	grec	qui est relié à	*bureautique, robotique, géographique*

Les homophones fréquents

HOMOPHONES				
HOMOPHONE	CLASSE DE MOT	PEUT ÊTRE REMPLACÉ PAR	PHRASE DE DÉPART	PHRASE MODIFIÉE
a	verbe ou auxiliaire	**avait**	Elle **a** nagé durant cinq heures.	Elle **avait** nagé durant cinq heures.
à	préposition		Elle aime **à** nager.	⊘ Elle aime **avait** nagé.
ma	déterminant possessif	**une**	J'ai **ma** montre.	J'ai **une** montre.
m'a	pronom personnel + verbe ou auxiliaire	**m'avait**	Elle **m'a** parlé.	Elle **m'avait** parlé.
sa	déterminant possessif	**une**	Lise prend **sa** tasse.	Lise prend **une** tasse.
ça	pronom démonstratif	**cela**	**Ça** va bien. Prenez cela.	**Cela** va bien. Prenez cela.
çà	adverbe		Elle se promène **çà** et là.	⊘ Elle se promène **cela** et là.
la	déterminant	**une**	Je pars pour **la** journée.	Je pars pour **une** journée.
la	pronom personnel		Je **la** vois partir.	⊘ Je **une** vois partir.
l'a	pronom personnel + verbe ou auxiliaire	**l'avait**	Elle **l'a** jeté à la porte.	Elle **l'avait** jeté à la porte.
là	adverbe	**à l'endroit**	Je vais **là** où tu es allé.	Je vais **à l'endroit** où tu es allé.
son	déterminant possessif	**un, une**	Elle appelle **son** amie.	Elle appelle **une** amie.
sont	verbe ou auxiliaire	**étaient**	Les amies **sont** parties.	Les amies **étaient** parties.
ont	verbe ou auxiliaire	**avaient**	Elles **ont** fini à 17 heures.	Elles **avaient** fini à 17 heures.
on	pronom personnel	**il**	Mais, **on** a fini!	Mais, **il** a fini!
on n'	pronom personnel + adverbe de négation	**il n'**	Mais, **on n'**a pas fini!	Mais, **il n'**a pas fini!
ou	conjonction	**ou bien**	Elle vit cinq **ou** six loups.	Elle vit cinq **ou bien** six loups.
où	pronom relatif (lieu)	**(à l') endroit où**	Éva va à Hull **où** elle demeure.	Éva va à Hull, **endroit où** elle demeure.
où	adverbe interrogatif	**à quel endroit**	**Où** vas-tu?	**À quel endroit** vas-tu?
peux	verbe (1re ou 2e pers. sing.)	**pouvais**	**Peux**-tu commencer?	**Pouvais**-tu commencer?
peut	verbe (3e pers. sing.)	**pouvait**	Julie **peut** être malade.	Julie **pouvait** être malade.

Les homophones fréquents (*suite*)

HOMOPHONES (*SUITE*)				
HOMOPHONE	CLASSE DE MOTS	PEUT ÊTRE REMPLACÉ PAR	PHRASE DE DÉPART	PHRASE MODIFIÉE
peut-	adverbe (*peut-être*)	**probablement**	Lise a **peut-être** tort.	Lise a **probablement** tort.
peu	déterminant (*peu de*)	**(ne, n')** **pas beaucoup**	Elle a **peu de** chance.	Elle **n'**a **pas beaucoup** de chance.
peu	adverbe	**(ne, n')** **pas beaucoup**	Elles travaillent **peu.**	Elles **ne** travaillent **pas beaucoup**.
ce	déterminant démonstratif	**un**	Josée a reçu **ce** cadeau.	Josée a reçu **un** cadeau.
ce	pronom démonstratif		**Ce** sont de bonnes choses.	⊘ **Une** sont de bonnes choses.
se	pronom personnel	nous **nous…**	Elles **se** sont disputées.	Nous **nous** sommes disputées.
c'	pronom démonstratif	**lui, eux, ceci**	**C'**était un petit garçon.	**Ceci** était un petit garçon.
s'	pronom personnel	nous **nous…**	Elles **s'**étaient enfuies.	Nous **nous** étions enfuies.
ses	déterminant possessif	**+ à lui, à elle**	Elle a terminé **ses** devoirs.	Elle a terminé **ses** devoirs **à elle.**
ces	déterminant démonstratif	**+ -là**	Elle voit **ces** montagnes.	Elle voit **ces** montagnes**-là.**
c'est	pronom démonstratif + verbe	**ceci + est**	**C'est** fini pour aujourd'hui.	**Ceci est** fini pour aujourd'hui.
s'est	pronom personnel + auxiliaire	**se + verbe au présent**	Elle **s'est** blessée.	Elle **se blesse.**
sais	verbe (1re ou 2e pers. sing.)	**savais**	Tu **sais** jouer aux échecs.	Tu **savais** jouer aux échecs.
sait	verbe (3e pers. sing.)	**savait**	Mona **sait** jouer aux échecs.	Mona **savait** jouer aux échecs.
mes	déterminant possessif	**nos**	Voici **mes** amis.	Voici **nos** amis.
mais	conjonction	**cependant**	Il fait froid, **mais** le soleil brille.	Il fait froid, **cependant** le soleil brille.
mets	verbe (1re ou 2e pers. sing.)	**mettais**	Tu **mets** ce chandail.	Tu **mettais** ce chandail.
met	verbe (3e pers. sing.)	**mettait**	Il **met** ses souliers.	Il **mettait** ses souliers.
m'est	pronom personnel + auxiliaire	**t'est**	Il **m'est** arrivé d'être en retard.	Il **t'est** arrivé d'être en retard.

Le vocabulaire exprimant la cause, la conséquence et la comparaison

VOCABULAIRE			
CLASSE DE MOTS	CAUSE	CONSÉQUENCE	COMPARAISON
Conjonction	*parce que, comme, car, puisque, vu que, du fait que, attendu que, étant donné que*, etc.	*de sorte que, donc, au point que, de façon que, de sorte que, si bien que, à tel point que, ainsi, alors, c'est pourquoi, d'où*, etc.	*comme, ainsi que, autant que, de même que, plutôt que, à mesure que, moins que, plus que*, etc.
Adjectif			*tel, pareil, semblable, comparable*, etc.
Verbe	*provenir de, résulter de, découler de, être à l'origine de*, et tous les verbes qui introduisent la conséquence lorsqu'ils sont utilisés à la forme passive.	*causer, entraîner, provoquer, engendrer, influencer, générer, amener, occasionner, arriver, résulter, suivre, s'ensuivre, résulter, découler, venir, dériver*, etc.	*ressembler, paraître, sembler, comparer, faire penser à*, etc.
Nom	*cause, motif, origine, mobile, raison, source, facteur*, etc.	*résultat, effet, conséquence, répercussion, réaction, séquelle, retombée*, etc.	*comparaison*
Adverbe	*effectivement*	*conséquemment*	*comparativement à, contrairement à*
Préposition	*à cause de, grâce à, étant donné, en raison de, compte tenu de, en effet*, etc.	*au point de, jusqu'à, en conséquence, par conséquent*, etc.	*en comparaison, à côté de, par rapport à, à titre de comparaison, à la manière de*, etc.

Le vocabulaire exprimant le temps et le lieu

INDICES DE TEMPS ET LEURS FONCTIONS	
FONCTION	INDICE
Situer les éléments dans un contexte temporel général	siècle, époque, année, saison, mois, moment de la journée, heure, etc.
Situer dans le temps un élément par rapport à un autre	• **avant :** d'abord, premièrement, hier, la veille, la semaine passée, il y a un an, etc. • **pendant :** au moment où, durant, en même temps, pendant ce temps, etc. • **après :** ensuite, enfin, le lendemain, plus tard, l'année prochaine, etc.
Situer un élément à un moment précis	alors, quand, lorsque, aussitôt, etc.
Indiquer la durée liée à un élément	pendant une heure, toute la journée, durant des années, au cours de cette décennie, etc.
Indiquer la fréquence liée à un élément	chaque fois, chaque jour, souvent, plusieurs fois, etc.

INDICES DE LIEU ET LEURS FONCTIONS	
FONCTION	INDICE
Associer les éléments à des lieux précis	continent, pays, région, ville, quartier, maison, rue, désert, forêt, île, etc.
Situer un lieu par rapport à un autre dans la description d'un élément	près de, à côté de, devant, derrière, plus loin, etc.

Les champs lexicaux

En rassemblant des mots autour d'une idée centrale ou d'un sujet, on développe un **champ lexical.** L'utilisation de champs lexicaux permet d'établir des liens entre des idées et aide à créer une atmosphère particulière.

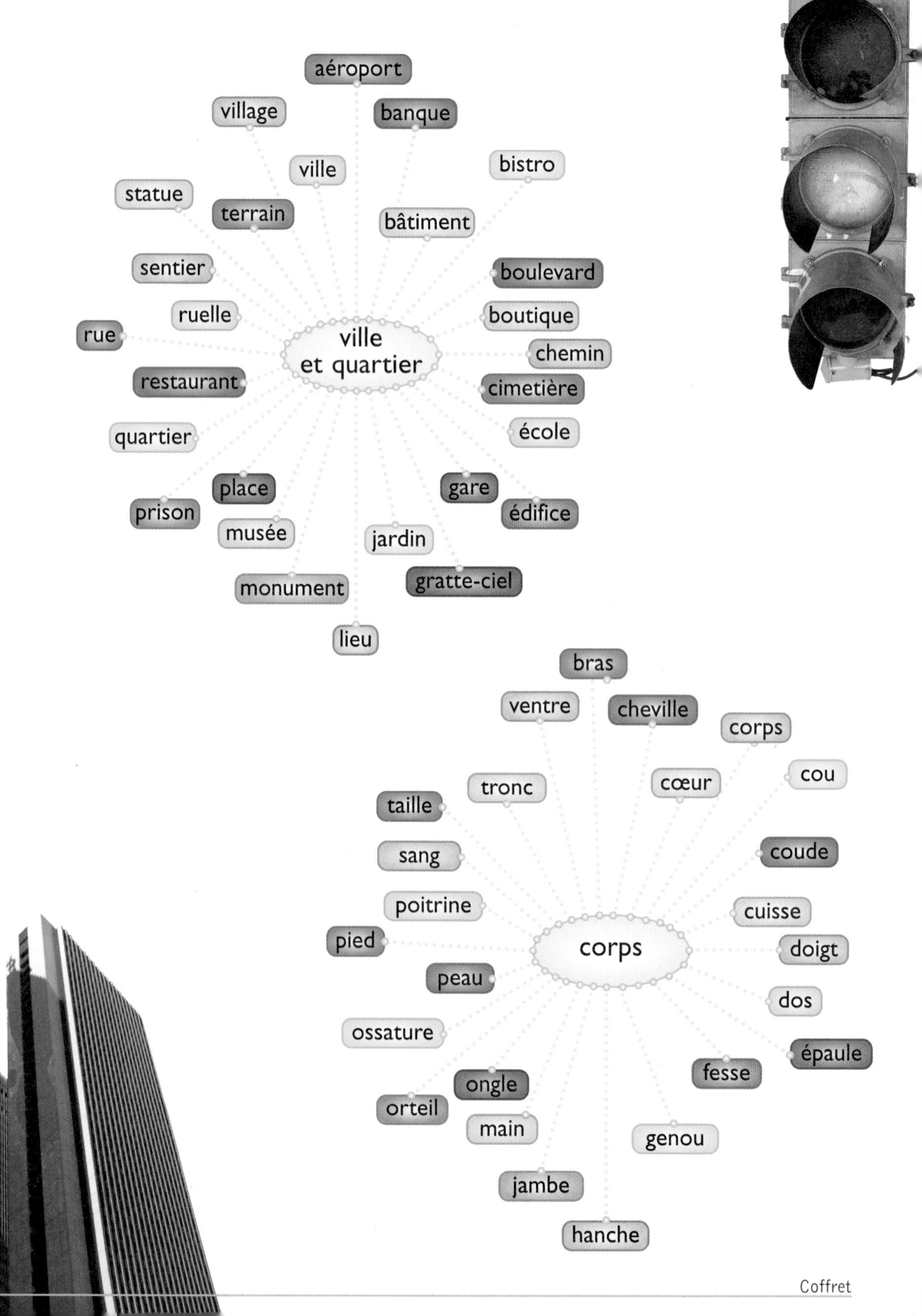

Les procédés stylistiques

Les procédés stylistiques permettent de varier l'expression de la pensée et des sentiments et de la nuancer, à l'écrit comme à l'oral. En voici quelques-uns.

- La comparaison

  Elle **met en relation deux éléments** qui ont un point commun **à l'aide d'un ou de plusieurs mots permettant l'expression de la comparaison.** Pour être un procédé stylistique, la comparaison entre les éléments doit être **inattendue** et doit produire une **image dans l'imaginaire** du lecteur ou de la lectrice.

  › Sa voix [fracassa] le silence de la foule **comme** un coup de tonnerre.
  (Sa voix : 1er élément ; fracassa : point commun ; comme : mot de comparaison ; un coup de tonnerre : 2e élément)

- La métaphore

  Ce procédé **met en relation deux éléments** qui ont un point commun, parfois implicite, **sans l'aide de mot permettant l'expression de la comparaison.** Il y a métaphore lorsque la **relation** entre les éléments est **inhabituelle** et qu'elle produit une **image dans l'imaginaire** du lecteur ou de la lectrice.

  › Une voix de tonnerre se fit entendre dans la foule.
  (Une voix : 1er élément ; de tonnerre : 2e élément)

  (Point commun implicite : la force du son ou du bruit)

- La répétition

  Ce procédé consiste à **reprendre un même mot** ou **un même groupe de mots** pour insister sur une **émotion** ou une **idée importante** et pour créer un **effet poétique, musical.**

  › Il faisait **froid,** si **froid** que son corps refusait d'avancer davantage.

- L'inversion

  Ce procédé consiste à **modifier l'ordre habituel** de la phrase (GS + GV + GCP) par le déplacement du groupe sujet (GS) ou d'une expansion du groupe verbal (GV) dans le but de créer un **effet poétique.**

  › Dans cette maison de Graceland vivait **le roi du rock-and-roll.**
  (le roi du rock-and-roll : inversion du sujet)

  › **Pour toi,** j'ai écrit un joli poème.
  (Pour toi : inversion du CI)

- L'hyperbole

  Ce procédé consiste à amplifier une idée pour la mettre en évidence, à l'exagérer pour la mettre en relief.

  › La pauvre versa des **torrents** de larmes.

  Parfois, l'hyperbole contient une indication de nombre.

  › J'ai **une tonne** de travail qui m'attend.

- L'antithèse

  Ce procédé stylistique consiste à mettre en parallèle des mots qui expriment des réalités opposées, des idées contraires.

  › Ces **quelques secondes** nous parurent une **éternité.**

  › Il **glaça** l'assistance avec sa verve de **feu.**

- La personnification

  Ce procédé consiste à attribuer des caractéristiques « humaines » à un objet, une idée ou une abstraction.

  › Tranquillement, la **nuit** vint me **prendre dans ses bras.**

5. La langue orale

Les éléments prosodiques et vocaux

Voici quelques éléments dont il faut tenir compte lorsqu'on communique oralement.

- **L'intonation**

  Il s'agit du **ton que l'on prend en parlant ou en lisant.** L'intonation doit varier selon les propos et les types de phrases employés. Un discours sans intonation peut sembler très monotone et sans intérêt malgré la pertinence des propos émis. L'intonation sera neutre ou expressive selon le point de vue adopté.

- **Le rythme**

  Il s'agit du **mouvement général de la phrase,** qui résulte de l'agencement des mots, des pauses, des accents toniques. Il est souhaitable de prendre des pauses de même longueur à la fin des phrases et de prendre le temps de bien respirer lorsqu'on parle afin de conserver un rythme régulier. Un discours dit à un rythme saccadé est plus difficile à suivre.

- **Le débit**

  Il s'agit de la **vitesse à laquelle on parle.** Le recours à une vitesse d'élocution modérée est souhaitable afin de bien se faire comprendre.

- **Le volume**

  Il s'agit de l'**intensité de la voix.** Le volume doit être adapté à la situation de communication. Par exemple, le volume peut être plus élevé pour insister sur un élément important du discours ou pour tenter de convaincre ses interlocuteurs et interlocutrices.

- **La prononciation**

  Il s'agit de la **manière dont les mots sont prononcés.** Les marques des variétés de langue peuvent être révélées par la prononciation. À l'occasion, tente de reconnaître certaines particularités de prononciation comme la diphtongaison, l'escamotage et les liaisons. Au besoin, tu peux recourir aux indications relatives à la prononciation des mots, incluses dans la plupart des dictionnaires.

Les éléments non verbaux

Les éléments **non verbaux** sont perçus par le canal visuel et sont considérés comme des éléments complémentaires aux éléments verbaux et paraverbaux. Il s'agit de la position, de la distance, du regard, des gestes et des mimiques ainsi que des supports visuels.

- Il importe de choisir la **position** et la **distance** qui favorisent une bonne communication avec le locuteur ou la locutrice, l'auditoire et l'interlocuteur ou l'interlocutrice. Par exemple, une position inadéquate entraîne une perte de crédibilité. De même, si l'on se tient trop loin de son auditoire ou de son interlocuteur ou interlocutrice, on peut difficilement établir un bon rapport avec lui ou elle.
- Le **regard,** les **gestes** et la **mimique** permettent de soutenir les propos énoncés et favorisent le maintien de l'intérêt de l'auditoire ou de l'interlocuteur ou l'interlocutrice. En observant ces éléments chez ces derniers, on peut également percevoir des indices concernant leur compréhension du discours (accord, désaccord, marques de scepticisme ou d'incompréhension, etc.).
- Les **supports visuels** (affiche, document synthèse, ordre du jour, logiciel de présentation, éclairage, décor, costume, etc.) sont utiles pendant une présentation orale, une pièce de théâtre ou encore un récital. Ils favorisent la compréhension du message et contribuent à augmenter l'intérêt de l'auditoire.

Les marques de l'oralité

De nombreux éléments caractérisent un message livré oralement. On peut souvent constater que dans le discours oral il y a :

- moins de précision lexicale (*ça, chose, affaire,* etc.) ;
  › Je comprends **ça.** Ces **affaires**-là arrivent souvent.
- des répétitions ;
  › **J'y pense, j'y pense** tout le temps.
- des erreurs dans le choix des marqueurs de relation ou des pronoms relatifs ;
  › ⊘ La fille **que** je te parle était avec sa sœur.
- des constructions d'interrogation propres à l'oral ;
  › C'est-**tu** celui-là ? (particule *tu*) Tu l'as vu ? (intonation)
- des hésitations ;
  › **Euh...,** je ne suis pas certain de bien comprendre.
- des omissions de mots ou de syllabes ;
  › ⊘ **J'**trouve pas (*j'* au lieu de *je* et absence du *ne* de négation) mon chandail bleu.
- des ajouts de son ;
  › ⊘ **Er'**garde (*regarde*) le temps qu'il fait.
- des mots de remplissage ;
  › **T'sais,** je le trouve un peu bizarre.
- des erreurs liées au genre et au nombre ;
  › ⊘ la trampoline ⟶ le trampoline
  › ⊘ Le monde disent qu'elle ne réussira pas. ⟶ Le monde dit qu'elle ne réussira pas.
- des liaisons incorrectes ;
  › ⊘ Vingt z'enfants participeront à l'événement.
- des erreurs dans la construction d'une hypothèse débutant par *si* de même que dans la conjugaison des verbes ;
  › ⊘ Si j'**aurais** (*avais*) eu un peu plus de temps, j'aurais été mieux préparé.
- des anglicismes lexicaux et sémantiques.
  › Il a **cancellé** (*annulé*) à la dernière minute.
  › Vous avez une **balance** (un *solde*) de 42,25 $ à payer.

Stratégies de communication 

1. Les virelangues constituent un excellent moyen d'améliorer la diction. Tu peux t'exercer à l'aide des exemples suivants. Dis-les à voix haute, et ce, de plus en plus rapidement.
   - Trois gros rats gris dans trois gros trous très creux.
   - Trois petites truites cuites, trois petites truites crues.
   - Ce cher Serge.
   - Françoise froisse fébrilement une feuille de frêne.
   - Didon dîna, dit-on, du dos dodu d'un dodu dindon.
   - Je veux et j'exige d'exquises excuses.
   - Panier, piano.
2. Afin d'améliorer ta prononciation, répète ton exposé à voix haute, en articulant exagérément ou en ayant un crayon dans la bouche.
3. La répétition est un facteur déterminant dans la réussite d'une présentation. Tu peux répéter ton exposé à voix haute, devant un miroir, ou, encore, en t'enregistrant ou en te filmant. Il te sera ainsi plus facile de relever les éléments à corriger.
4. Observe, écoute et analyse des gens reconnus pour leurs compétences orales, notamment certains présentateurs et certaines présentatrices de nouvelles. Exerce-toi ensuite en disant ton texte à la manière d'un présentateur ou une présentatrice de nouvelles, un politicien ou une politicienne, un reporter sportif, etc.
5. Au besoin, demande à ton enseignant ou enseignante de t'expliquer un élément demeuré obscur ou de confirmer ce qu'il ou elle attend de toi dans une activité de communication orale. Demande-lui de servir de modèle; remarque la variété de langue qu'il ou elle emploie, ses respirations, ses pauses, ses mouvements, le rythme de son discours, etc.
6. Pour t'aider à développer ton sens du rythme et pour te familiariser avec les différents tons que tu peux employer, lis un court texte à voix haute en variant l'émotion. Par exemple, tu peux lire comme si tu ressentais de la tristesse, de la colère, une surprise ou de la frayeur.
7. Fais régulièrement le point sur tes forces et tes faiblesses à l'oral. Joins-toi à des élèves qui éprouvent les mêmes difficultés que toi pour qu'ensemble vous trouviez des stratégies et des exercices pertinents pour améliorer les aspects ciblés.

8. Joins-toi à un ou une élève pour t'exercer à livrer un exposé. Commentez mutuellement vos façons de faire. Exercez-vous, notamment, en variant la distance entre vous et ajustez la portée de votre voix en conséquence.

9. Expérimente différents jeux de rôle dans diverses situations de communication : dialogue avec une jeune enfant, avec une personne étrangère, avec un supérieur, etc. En plus de te faire prendre conscience de l'importance d'adapter ton discours à ton ou ta destinataire, cet exercice te permettra d'associer différentes variétés de langue à diverses situations de communication.

10. Dans toutes tes communications, évite le vocabulaire inadéquat (les anglicismes, par exemple) et la présence de mots « fourre-tout » : *euh, ben, full, comme, genre,* etc. Cherche plutôt des synonymes appropriés et remplace les hésitations verbales comme *euh* et *ben* par des respirations et des pauses.

11. Le débit normal d'élocution est d'environ 125 mots par minute. Chronomètre-toi pour connaître ton débit d'élocution et ajuste-le au besoin. N'hésite pas à ponctuer ton exposé de pauses et de silences pour favoriser une meilleure compréhension.

12. Le contact visuel permet de maintenir l'attention de l'auditoire et de percevoir ses réactions. Pendant ton exposé, promène ton regard et arrête-le sur une personne à la fois pendant quelques secondes pour vérifier si elle réagit.

13. La crainte d'être jugé, de ne pouvoir retenir ni susciter l'attention provoque souvent la nervosité. L'expert ou l'experte de cette présentation, c'est toi ! Approprie-toi ton exposé en le répétant et aie confiance en toi au moment de le présenter.

14. La nervosité est souvent la conséquence d'images mentales négatives. Visualise des images associées à des moments agréables, paisibles, rassurants avant ta présentation orale.

15. Si tu es timide, rassure-toi en regardant souvent (pas trop longtemps ni uniquement) les élèves en qui tu as confiance et évite de porter ton regard trop souvent sur ceux et celles qui t'intimident.

16. La respiration favorise une bonne émission du son. Prends conscience des muscles inutilement contractés (cou, nuque, épaules, muscles du visage) et décontracte-les progressivement en respirant lentement et profondément. Travaille régulièrement cet aspect.

17. Ton exposé peut débuter par une accroche stimulante, comme une devinette ou une information surprenante, et se terminer de façon douce et originale. Explore diverses possibilités afin d'éviter les « Aujourd'hui, je vais vous parler de... » ou « Voilà, j'ai fini ! »

18. Il est important de bien connaître le contenu de ton exposé sans toutefois l'apprendre par cœur. Pour éviter de réciter ton exposé, utilise des fiches « aide-mémoire » contenant un plan de l'exposé ou quelques mots clés. Ne garde pas les yeux rivés sur ce plan ni sur un quelconque support visuel pendant ta communication orale.

19. La situation de communication orale est une occasion de partager des connaissances. La notion de partage suppose une relation entre toi et ton auditoire : tu n'es pas là uniquement pour montrer tout ce que tu sais, mais pour partager ton savoir avec d'autres qui peuvent avoir un point de vue différent du tien.

20. Essaie de te préparer à « l'imprévisible » : un ou une élève arrive en retard, quitte la classe plus tôt ou dérange, l'équipement audio ou le logiciel de présentation tombe en panne, etc. Si un événement de ce genre survient, attends que tout revienne à la normale sans démontrer trop d'agacement, ou emploie un autre moyen. Assure-toi que ton auditoire est de nouveau à l'écoute avant de continuer.

6. Variétés de langue

La langue familière et la langue standard

La **langue familière** s'inspire de l'oral. Elle est fréquemment employée dans les conversations courantes avec les camarades et la famille. Dans un texte, elle convient parfaitement aux dialogues : elle rend les personnages plus crédibles et réalistes, et révèle leur statut social et leur niveau d'éducation, par exemple. La langue familière présente certaines particularités :

- le vocabulaire employé est simple et souvent imprécis (*chose, ça, affaire,* etc.) ;
- les mêmes mots sont souvent répétés ;
- le *ne* de négation est absent ;
- des syllabes ou des mots entiers sont escamotés ou effacés.

Pour raconter une histoire ou pour expliquer ou décrire certains éléments d'un texte, on utilise souvent la **langue standard.** On l'emploie également dans des communications orales plus formelles, c'est-à-dire lorsqu'on s'adresse à un grand groupe, à des personnes qui ne nous sont pas familières ou, encore, à des personnes en position d'autorité. Les structures des phrases de cette langue sont conformes aux normes, et le vocabulaire utilisé est correct et compris par tout le monde.

Dans les dictionnaires, on trouve des renseignements relatifs aux variétés de langue. Il arrive que ceux-ci varient puisque les variétés de langue ne sont pas toujours interprétées de la même manière d'un dictionnaire à l'autre. Habituellement, si un mot appartient à la langue familière, il sera précédé de l'abréviation *fam.,* alors que si le mot n'est précédé d'aucune indication, il appartient à la langue standard.

› Braillard, arde *adj. fam.* 2. Qui crie, parle, chante ou pleure d'une voix assourdissante. *Dictionnaire HRW,* Éditions HRW, Laval, 2000, p. 162.

› Pleureur, euse *adj.* 2. Qui est larmoyant, plaintif. *Dictionnaire HRW,* Éditions HRW, Laval, 2000, p. 1114.

7. Guide de révision et de correction

Voici les principales étapes à suivre pour réviser et corriger un texte.

1. Vérifie la pertinence et la clarté du propos.
   a) Le texte respecte-t-il l'objectif du projet d'écriture?
   b) Les idées sont-elles bien développées ou l'intrigue est-elle bien menée?
   c) Les phrases ont-elles toutes du sens?
   d) Ton texte est-il bien adapté aux destinataires ciblés?
2. Vérifie l'organisation textuelle.
   a) Ton texte reflète-t-il un ordre évident (par exemple respect de la chronologie, du schéma narratif, du plan du texte courant, etc.)?
   b) As-tu utilisé certains des moyens ci-dessous pour organiser ton texte?
      - Des procédés typographiques.
      - Des procédés graphiques.
      - Des intitulés.
      - Le découpage en paragraphes.
      - Des organisateurs textuels.
      - Des marqueurs de relation marquant le temps, l'espace, le but, etc.
      - Différents choix syntaxiques révélant l'organisation du texte (types et formes de phrases, par exemple).
      - Des procédés stylistiques structurant ton texte.
      - Des champs lexicaux.
      - Un système verbal cohérent.
      - Un point de vue maintenu.
3. Vérifie la continuité et la progression de l'information.
   a) As-tu employé divers moyens de reprise de l'information, et de manière appropriée, pour permettre à tes lecteurs et lectrices de bien suivre ton propos?
   b) As-tu utilisé divers moyens d'intégrer de l'information nouvelle dans ton texte?
4. Assure-toi d'avoir utilisé un vocabulaire précis, varié et évocateur.
   a) Élimine les répétitions inutiles, les anglicismes et le vocabulaire imprécis.
   b) Vérifie la pertinence de la variété de langue utilisée.
   c) Intègre, s'il y a lieu, différents procédés stylistiques.
5. Vérifie si tes phrases sont bien structurées et si elles sont bien ponctuées. Consulte une grammaire, au besoin.
6. Vérifie si ton texte est bien orthographié.
   a) Recherche des erreurs liées à la conjugaison.
   b) Vérifie tes accords de base.
   c) Vérifie la graphie de certains mots inconnus.
   d) Utilise les outils à ta disposition: guide de conjugaison, dictionnaire, grammaire, etc.

Index

E

F

G

H

I

J

L

M

N

O

P

R

S

T

V

Références iconographiques

Légende – d : droite, g : gauche, h : haut, b : bas, c : centre, e : extrême

Page couverture : François Danaud/Search4Stock (c) • Randy Faris/Corbis (p. 331 hd) • Simon Taplin/Corbis (p. 331 bd) • Ariel Skelley/Corbis (p. 350 mère et enfant handicapé) • Simon Marcus/Corbis (p. 350 famille asiatique) • Images.com/Corbis (p. 362 g, p. 363 d) • La Gazette de la Mauricie (p. 374 hd) • Tim Pannell/Corbis (p. 375 bg) • LWA-Sharie Kennedy/Zefa/Corbis (p. 414 bg) • Stephan Poulin (p. 420 b, p. 422 bd, p. 429 hd, p. 447, p. 449) • Alex Gotfryd/Corbis (p. 468 cg) • ACDI (p. 511 cd, p. 521 bd, p. 522 hd, p. 523 bd, p. 524 bd, p. 529 bd) • Peter Manchester (p. 511 bd, p. 544 hg) • Village Miniature Baillargeon (p. 518 cd, p. 518 bd, p. 518 bg, p. 535 bd, p. 542 cg) • Société des arts indisciplinés (p. 519 cd, p. 519 bd, p. 520 cg, p. 520 cd, p. 535 hd, p. 536 bg) • Pierre Soulard/Musée de la civilisation (p. 522 cd, p. 522 cg, p. 522 bd, p. 522 bg, p. 523 cg, p. 525 cg, p. 529 bg, p. 550 bg) • Adrian Arbib/Corbis (p. 524 hg) • Caroline Penn/Corbis (p. 548 bg) • Olga Maksimova (p. 549 bd, p. 550 hd) • La Presse canadienne (p. 574 bd).

Illustrations

Jacques Lamontagne • Valérie Picard • Michel Rouleau • Pierre Rousseau • Martin Roy • Alain Salesse • François Thisdale.